法華経の
新しい解釈　3

庭野日敬

法華経の新しい解釈　3

庭野日敬

目次

索《さく》引《いん》

法師《ほっし》功徳《くどく》品《ほん》第《だい》十九

「随喜《ずいき》功徳《くどく》品第《ほんだい》十八」は、教《おし》えにはいったばかりの者《もの》の功徳《くどく》について説《と》いてありましたが、この品《ほん》では、もう一歩《いっぽ》進《すす》んだ段階《だんかい》の信仰者《しんこうしゃ》すなわち法師《ほっし》の功徳《くどく》について述《の》べてあります。

法師《ほっし》というのは、出家《しゅっけ》の僧《そう》にかぎらないのであって、出家《しゅっけ》でもよし、在家《ざいけ》でもよし、男子《だんし》でもよし、女子《じょし》でもよし、いやしくも仏《ほとけ》の教《おし》えを信《しん》じ、持《たも》ち、そしてそれを世《よ》にひろめる努力《どりょく》をなすものは、すべて法師《ほっし》です。

その「法師《ほっし》」のなすべき行《ぎょう》は、「法師《ほっし》品第《ほんだい》十」のところ（二四二―二四四頁《ページ》）でくわしく説明《せつめい》しましたように、受持《じゅじ》・読《どく》・誦《じゅ》・解説《げせつ》・書写《しょしゃ》の五つすなわち「五種法師《ごしゅほっし》」でありますが、この五つの行《ぎょう》を一《ひと》つ一《ひと》つ考《かんが》えていってみますと、信仰《しんこう》の次第《しだい》に進《すす》んでいく段階《だんかい》がよく示《しめ》されています。

まず、教《おし》えを聞《き》いて「なるほど」と信解《しんげ》し、「ありがたい」という随喜《ずいき》の心《こころ》が起《お》こったら、その信解《しんげ》した教《おし》えをしっかりと持《たも》ち、つぎに経典《きょうてん》をよく読《よ》み、そしてそれを誦《そら》んじて、心《こころ》に刻《きざ》みこみます。ここまでは自分《じぶん》のための行《ぎょう》といいましょうか、とにかく、みずから信仰者《しんこうしゃ》としての基礎《きそ》をしっかり築《きず》くための行《ぎょう》です。

ところが、そこまで信仰《しんこう》が進《すす》んでくると、自然《しぜん》と他人《たにん》に教《おし》えを伝《つた》えなくてはいられない、やむにやまれぬ心持《こころもち》が湧《わ》いてきます。そして、解説《げせつ》（説法《せつぽう》）とか書写《しよしや》（経文《きようもん》を書写《しよしや》すること、および、文書《ぶんしよ》によって布《ふ》教《きよう》すること）という行《ぎよう》へ発展《はつてん》していくのです。それでなくては、ほんとうの信仰《しんこう》とはいえません。

三〇三・一—五 そこで、世尊《せそん》は、常精進菩薩《じようしようじんぼさつ》に対《たい》して、そういう信仰《しんこう》の段階《だんかい》まで進《すす》んだ人《ひと》の受《う》ける功徳《くどく》についてお説《と》きになるのですが、まず——「五種法師《ごしゆほつし》」を行《ぎよう》ずるものは、まさに八百《ぴやく》の眼《まなこ》の功徳《くどく》・千《せん》二百《ひやく》の耳《みみ》の功《く》徳《どく》・八百《ぴやく》の鼻《はな》の功徳《くどく》・千《せん》二百《ひやく》の舌《した》の功徳《くどく》、八百《ぴやく》の身《み》の功徳《くどく》・千《せん》二百《ひやく》の意《こころ》の功徳《くどく》を得《え》るであろう。そして、その功徳《くどく》をもって、六根《ろつこん》（眼《げん》・耳《に》・鼻《び》・舌《ぜつ》・身《しん》・意《い》という六種《ろくしゆ》の感覚《かんかく》および知覚《ちかく》の器官《きかん》）の作用《さよう》がすべて美《うつく》しく清《きよ》らかなものになるであろう——とあります。

この八百《ぴやく》とか千《せん》二百《ひやく》とかいう数字《すうじ》は、「完全《かんぜん》に揃《そろ》った」という意味《いみ》を表《あら》わしているのであって、その数字《すうじ》にこだわる必要《ひつよう》はありません。

三〇三・五—三〇四・五 さて、眼にはどんな功徳《くどく》を受《う》けるかといいますと、まず「父母所生《ぶもしよしよう》の清浄《しようじよう》の肉眼《にくげん》をもって、三千大千《さんぜんだいせん》世界《せかい》の内外《ないげ》の所有《あらゆ》る山《せん》・林《りん》・河《が》・海《かい》を見《み》ること、下阿鼻地獄《しもあびじごく》に至《いた》り、上有頂《かみうちよう》に至《いた》らん。亦其《またそ》の中《なか》の一切《いつさい》衆生《しゆじよう》を見《み》、及《およ》び業《ごう》の因縁《いんねん》・果報《かほう》の生処《しようしよ》悉《ことごと》く見《み》、悉《ことごと》く知《し》らん」とあります。

すなわち、父母《ふぼ》から与《あた》えられた肉眼《にくがん》ですらも、信仰《しんこう》が進《すす》めば迷《まよ》いの雲《くも》のない清《きよ》らかな眼《まなこ》になりますから、下《した》は地獄《じごく》のどん底《ぞこ》から、上《うえ》は最高《さいこう》の天界《てんかい》まで、とにかくこの三界《さんがい》のあらゆるものの真相《しんそう》がはっきりわかるようになるというのです。そして、その中《なか》に住《す》んでいるあらゆる生《せい》あるものの生態《せいたい》を手《て》にとるように見《み》ることができるばかりでなく、その中《なか》で生《しょう》じたり滅《めつ》したりするすべてのものごとの原因《げんいん》から結果《けっか》まで、ことごとく知《し》ることができるというのです。

この偈《げ》の最後《さいご》に、「未《いま》だ天眼《てんげん》を得《え》ずと雖《いえど》も」とあります。まえの長行《じょうごう》にあった「肉眼《にくげん》をもって」を裏《うら》からいったのであって、すなわち天上界《てんじょうかい》の人《ひと》のようにありとあらゆるものの真相《しんそう》を見分《みわ》ける眼《まなこ》を具《そな》えていなくても、人間世界《にんげんせかい》にいながらそれができるようになるというわけです。

なぜそれができるかといいますと、まえにも述《の》べたように、眼《まなこ》に迷《まよ》いの雲《くも》がかかっていないからです。もっとわかりやすくいえば、心《こころ》が澄《す》みきって「我《が》」がないために、先入観《せんにゅうかん》とか主観《しゅかん》とかによって真《しん》相《そう》がゆがんで目《め》に映《うつ》るということがないからです。また、つねに心《こころ》が平静《へいせい》で、あらあらしい感情《かんじょう》の波《なみ》が立《た》っていないために、ものごとの正《ただ》しい像《ぞう》が目《め》に映《うつ》るのです。

他《た》のお経《きょう》の中《なか》で、釈尊《しゃくそん》は、「火《ひ》に熱《ねっ》せられて沸《わ》きかえっている水《みず》は、ものの相《すがた》をありのままに映《うつ》さない。水草《みずくさ》におおわれている水面《すいめん》も、ものの相《すがた》を如実《にょじつ》に映《うつ》さない。風《かぜ》によって波立《なみだ》っている水《みず》も、ものの相《すがた》をそのとおりには映《うつ》さない」と説《と》いておられます。こういう水面《すいめん》（心《こころ》の眼《まなこ》）を沸《わ》きかえらせたり、その上《うえ》をおおったり、波立《なみた》たせるような、自己本位《じこほんい》の考《かんが》えかたや感情《かんじょう》のざわめきなどの迷《まよ》いを去《さ》ったとき、はじめてものの実相《じっそう》を見《み》ることができるという教《おし》えです。

ここに説《と》いてある眼《まなこ》の功徳《くどく》も、そのように解釈《かいしゃく》したいと思《おも》います。

なお、ここに「無所畏《むしょい》の心《こころ》を以《もっ》て　是《こ》の法華経《ほけきょう》を説《と》かん」ということばがあります。「無所畏《むしょい》の心《こころ》」というのは、字《じ》の示《しめ》すとおり「畏《おそ》るる所《ところ》の無《な》い心《こころ》」で、なにものをも恐《おそ》れず、はばかることなく、信《しん》ずるところを説《と》く堂々《どうどう》たる態度《たいど》をいうのですが、むかしからこれをくわしく説明《せつめい》して、「菩薩《ぼさつ》の四無畏《しむい》」ということがいわれています。すなわち、つぎのような四つのことを心《こころ》がけておれば、「無畏《むい》の心《こころ》」をもって法《ほう》を説《と》くことができるという教《おし》えです。

菩薩《ぼさつ》の四無畏《しむい》

一、総持不忘《そうじふもう》
二、尽知法薬《じんちほうやく》
三、善能問答《ぜんのうもんどう》
四、能断物疑《のうだんもつぎ》

総持不忘《そうじふもう》　第一《だい》の「総持不忘《そうじふもう》」というのは、「総《す》べてを持《たも》ちて忘《わす》れず、法《ほう》を説《と》くこと無畏《むい》なり」で、自分《じぶん》が聞《き》いたすべての教《おし》えをしっかりと記憶《きおく》して忘《わす》れることがなければ、だれに対《たい》して法《ほう》を説《と》いても畏《おそ》れるところがないというのです。

これはわかりきったことのようですが、実際問題《じっさいもんだい》となるとそう簡単《かんたん》にできるものではありません。教《おし》えを聞《き》くときに、よほど心《こころ》をこめてしっかりと聞《き》き、疑問《ぎもん》があったら、おっくうがらずに必《かなら》ず納得《なっとく》するまで質《ただ》しておく。しかも、朝夕《あさゆう》にそれをくりかえして読誦《どくじゅ》し、頭《あたま》にも胸《むね》にも刻《きざ》みこんでおく。そういう努力《どりょく》を飽《あ》くことなくつづけなければ、この境地《きょうち》に達《たつ》することはできません。

尽知法薬《じんちほうやく》

第《だい》二の「尽知法薬《じんちほうやく》」は「尽《ことごと》く法薬《ほうやく》を知《し》り、及《およ》び衆生《しゅじょう》の根《こん》と欲《よく》と性《しょう》と心《しん》とを知《し》り、法《ほう》を説《と》くこと無畏《むい》なり」です。「法薬《ほうやく》」とは、文字《もじ》どおり、法《ほう》の薬《くすり》です。

医者《いしゃ》が病気《びょうき》のちがいや病状《びょうじょう》の軽重《けいじゅう》によって薬《くすり》の処方《しょほう》を変《か》えるのとおなじように、衆生《しゅじょう》のひとりひとりの機根《きこん》と、欲望《よくぼう》と、性質《せいしつ》と、心持《こころもち》のちがいによって、それに適応《てきおう》した教《おし》えを与《あた》えるその処方《しょほう》を知《し》り尽《つ》くしている人《ひと》は、なんの心配《しんぱい》もなく法《ほう》を説《と》くことができるというのです。

すなわち、菩薩《ぼさつ》ともあろう人《ひと》は、仏《ほとけ》の教《おし》えをただよく覚《おぼ》えているだけでなく、それを自由自在《じゆうじざい》に方便《ほうべん》して説《と》く能力《のうりょく》を養《やしな》わなければならないわけです。

善能問答《ぜんのうもんどう》

第《だい》三の「善能問答《ぜんのうもんどう》」は、「善《よ》く能《よ》く問答《もんどう》して、法《ほう》を説《と》くこと無畏《むい》なり」です。「問答《もんどう》」というのは、質問《しつもん》や反駁《はんばく》に対《たい》して答《こた》えることです。

ただその場《ば》かぎりに説《と》きっぱなしにするのなら、一夜漬《いちやづ》けの準備《じゅんび》でもできましょうし、ひととおり法《ほう》がわかっている人《ひと》ならだれでもできましょう。しかし、ほんとうの説法者《せっぽうしゃ》ならば、その説法《せっぽう》に対《たい》する質問《しつもん》に対《たい》しても明快《めいかい》に解答《かいとう》し、反駁《はんばく》に対《たい》しても理路整然《りろせいぜん》と論破《ろんぱ》するだけの力《ちから》がなくてはなりません。その解答《かいとう》なり、論破《ろんぱ》なりも、けっしてゴマカシやコジツケであってはなりません。かならず仏《ほとけ》の教《おし》えにかなっていなければなりません。「善《よ》く」というのは、それをいってあるのです。すなわち、答《こた》えの「内容《ないよう》」が「善《よ》い」こと、すなわち仏《ほとけ》の教《おし》えにかなって正《ただ》しいことを指《さ》しているわけです。

また、いくら答《こた》えの内容《ないよう》が正《ただ》しくても、それを相手《あいて》に解《わか》りやすく、あるいは相手《あいて》の考《かんが》えのまちがいを完全《かんぜん》に悟《さと》らせてやれるような説《と》きかたを知《し》らなければ、いい説法者《せっぽうしゃ》とはいえません。「能《よ》く」というのはそういう説得《せっとく》の能力《のうりょく》をいってあるのです。

つまり、どんな質問《しつもん》に対《たい》しても、どんな反駁《はんばく》に対《たい》しても、仏《ほとけ》の教《おし》えに照《て》らして、はっきりと、そしてだれにも納得《なっとく》できるように答《こた》えてやれる人《ひと》であってこそ、畏《おそ》るることなく法《ほう》を説《と》くことができるわけです。

能断物疑《のうだんもつぎ》

第《だい》四の「能断物疑《のうだんもつぎ》」は、「能《よ》く物疑《もつぎ》を断《だん》じて、法《ほう》を説《と》くこと無畏《むい》なり」です。

「物疑《もつぎ》」というのは、いろいろな疑《うたが》いという意味《いみ》です。仏法《ぶっぽう》は非常《ひじょう》に深遠《しんえん》なものですし、広《こう》大無辺《だいむへん》のものでもありますから、その解釈《かいしゃく》のしかたには疑問《ぎもん》がいくらでも生《しょう》じます。むかしから「百人《ひゃくにん》の僧《そう》がおれば、法《ほう》の解釈《かいしゃく》も百通《ひゃくとお》りある」といわれているくらいです。それを、これはこうだと断定《だんてい》するには、非常《ひじょう》に明晰《めいせき》な頭脳《ずのう》も必要《ひつよう》でありましょうが、つまるところは、徳《とく》においてすぐれていなければなりません。慈悲《じひ》に徹《てつ》した人《ひと》でなければなりません。

なぜならば、こうも解釈《かいしゃく》できる、ああもとれるというようなむずかしい問題《もんだい》になりますと、ただ頭《あたま》で考《かんが》えただけでは、仏《ほとけ》さまの真意《しんい》を察《さつ》することができないからです。仏《ほとけ》さまの大慈悲《だいじひ》に直入《ちょくにゅう》するような境《きょう》地《ち》に達《たつ》した人《ひと》であってこそ、はじめてその微妙《びみょう》な疑問《ぎもん》に対《たい》して「仏《ほとけ》さまの真意《しんい》はこうであったのだ」という断案《だんあん》をくだすことができるのです。そして、こうして「能《よ》く物疑《もつぎ》を断《だん》ずる」ことのできる人《ひと》こそ、畏《おそ》るるところなく法《ほう》を説《と》くことができるというわけです。

こう見《み》てきますと、人《ひと》に法《ほう》を説《と》くということは、まことに容易《ようい》ならぬことであると、すっかりおじけづいてしまう人《ひと》があるかもしれません。しかし、おじけてしまってはいけません。ここに述《の》べてあるのは説法者《せっぽうしゃ》の理想《りそう》であって、ここまで達《たっ》したらそれこそ大菩薩《だいぼさつ》です。その大菩薩《だいぼさつ》にしても、はじめから大《だい》菩薩《ぼさつ》だったのではありません。長《なが》い長《なが》い修行《しゅぎょう》によってこの境地《きょうち》に達《たっ》したのです。

ですから、われわれ菩薩行《ぼさつぎょう》を修《しゅ》しているものは、この四つの理想《りそう》をいつも胸《むね》におき、この四つを心《こころ》の戒《いまし》めとして、法《ほう》を説《と》けばいいのです。もし、むずかしい問題《もんだい》につきあたったり、もてあますような質問《しつもん》を受《う》けたりした場合《ばあい》は、率直《そっちょく》に——これは自分《じぶん》の力《ちから》に余《あま》ることがらであるから、しかるべき人《ひと》に教《おし》えをこうて、後日《ごじつ》それをお取次《とりつ》ぎしましょう——と答《こた》えるべきであって、その場《ば》をいいかげんにゴマかすようなことをしてはなりません。そして、そういう答《こた》えは、けっしてその説法者《せっぽうしゃ》のねうちを低《ひく》くするものではなく、かえって聞《き》く人《ひと》の信頼性《しんらいせい》を高《たか》める結果《けっか》となるものです。

三〇四・六—三〇七・二

つぎに、耳の功徳《くどく》についてお説《と》きになります。すなわち、「五種法師《ごしゅほっし》」の行《ぎょう》の進《すす》んだ人《ひと》は、清浄《しょうじょう》の耳《みみ》をもってあらゆるものの音《おと》や声《こえ》を聞《き》き分《わ》けることができるようになる、と説《と》かれています。

すべて音《おと》というものは、ものが動《うご》くときに起《お》こるものです。その振動《しんどう》によって音《おと》が出《で》るのです。ですから、信仰《しんこう》が進《すす》んで心《こころ》が澄《す》みきった人《ひと》は、その音《おと》によって、ものの動《うご》きの微妙《びみょう》なところまではっきりととらえることができるのです。

ここに多《おお》くの音響《おんきょう》や音声《おんせい》が挙《あ》げてありますが、そのうちの火声《かせい》・水声《すいせい》・風声《ふうせい》などは自然物《しぜんぶつ》の発《はっ》する音《おと》です。火《ひ》の燃《も》える音《おと》、水《みず》のせせらぎ、風《かぜ》のひびきなどを耳《みみ》に聞《き》いただけで、自然《しぜん》の動《うご》きが手《て》にとるようにわかるのです。

ですから、現実《げんじつ》の問題《もんだい》として、こういう人《ひと》は、おだやかな自然《しぜん》の音《おと》を聞《き》いてはそれを美《うつく》しい音楽《おんがく》として心《こころ》を楽《たの》しませることができるでしょうし、またそれがただならぬひびきを持《も》っているときは、その真《しん》相《そう》を敏感《びんかん》に感《かん》じとって、突風《とっぷう》・旋風《せんぷう》・津波《つなみ》・洪水《こうずい》などの危険《きけん》から、自《みずか》らものがれ、他《た》の人《ひと》びとをも救《すく》うことができるでしょう。

まして、人間《にんげん》が吹《ふ》いたりする螺《ら》（ほらがい）、鼓《く》（つづみ）、鐘《しゅ》（かね）、鈴《りょう》（すず）などにこもる、その人《ひと》の心《こころ》の動《うご》きなどは、ずっとたやすく聞《き》き分《わ》けることができるはずです。

熟練《じゅくれん》した機械《きかい》の技師《ぎし》は、ちょっと工場《こうじょう》にはいって、無数《むすう》の機械《きかい》の発《はっ》する轟音《ごうおん》に耳《みみ》を傾《かたむ》けただけで、どの機械《きかい》のどこがいたんでいるか、どこの調子《ちょうし》がわるいかを知《し》ることができます。オーケストラの名指揮《めいしき》者《しゃ》は、百何十人《ひゃくなんじゅうにん》もの楽士《がくし》がいろいろな楽器《がっき》を演奏《えんそう》しているのに、どの人《ひと》のどの音《おと》がほんのすこし低《ひく》かったとか、高過《たかす》ぎたとかだけでなく、どの人《ひと》の演奏《えんそう》には気分《きぶん》が出《で》ていないとか、どの人《ひと》の演奏《えんそう》は力《りき》みすぎているとか、そういうところまでわかるのです。

まして、生《せい》あるものの発《はっ》する音声《おんせい》ともなれば、人生《じんせい》の技師《ぎし》であり指導者《しどうしゃ》である「法師《ほっし》」に、その音声《おんせい》にこもる気持《きもち》がわからないはずはありません。

生《せい》あるものの出《だ》す声《こえ》も、やはり「動《うご》き」によって起《お》こることはいうまでもありませんが、それはたんに声帯《せいたい》などの振動《しんどう》ということだけでなく、感情《かんじょう》や意志《いし》の動《うご》きが音声《おんせい》となって現《あら》われるのです。感情《かんじょう》がはげしく動《うご》いたとき、すなわち嬉《うれ》しいとき、悲《かな》しいとき、苦《くる》しいときに発《はっ》する声《こえ》もあり、自分《じぶん》の意志《いし》を人《ひと》に伝《つた》えようとするときに出《だ》す声《こえ》（言語《げんご》）もあります。鳥獣《ちょうじゅう》のなきごえも、ほぼおんなじようなものです。

高《たか》い信仰《しんこう》に達《たっ》している人《ひと》は、これらの声《こえ》の真意《しんい》をことごとく聞《き》き分《わ》けることができるのです。地獄《じごく》にいるものの苦痛《くつう》の叫《さけ》び声《ごえ》（地獄声《じごくしょう》）、さまざまな悩《なや》みにさいなまれている声《こえ》（畜生声《ちくしょうしょう》）、飢《う》えをうったえている声《こえ》（餓鬼声《がきしょう》）、争《あらそ》いあい、いがみあっている声《こえ》（諸《もろもろ》の阿修羅《あしゅら》）……それまで聞《き》き分《わ》けることができます。また、天上界《てんじょうかい》の住人《じゅうにん》のいっていることばも、比丘《びく》や比丘尼《びくに》や菩薩《ぼさつ》が教《おし》えを説《と》いていることばも、すべてはっきりと聞《き》き分《わ》けることができます。すなわち、どこでどんな教《おし》えが説《と》かれていて、それがどんな価値《かち》のある教《おし》えであるかということがはっきりわかるのです。

そして、最後《さいご》に「諸仏大聖尊《しょぶつだいしょうそん》の　衆生《しゅじょう》を教化《きょうけ》したもう者《もの》　諸《もろもろ》の大会《だいえ》の中《なか》に於《お》て　微妙《みみょう》の法《ほう》を演説《えんぜつ》したもう　此《こ》の法華《ほっけ》を持《たも》たん者《もの》は　悉《ことごと》く皆之《みなこれ》を聞《き》くことを得《え》ん」とあります。「法華経《ほけきょう》」の中《なか》には如来《にょらい》の全《ぜん》身《しん》がましますのですから、「法華経《ほけきょう》」を持《たも》つものが、如来《にょらい》の法《ほう》をお説《と》きになるのを聞《き》くことができるのは、当然《とうぜん》のことといえましょう。

ここに二《ふた》つの大切《たいせつ》なことばがあります。一《ひと》つは「之《これ》を聴《き》いて著《じゃく》せじ」、もう一《ひと》つは「耳根《にこん》を壊《やぶ》らじ」

ということです。「之《これ》を聴《き》いて著《じゃく》せじ」というのは、美《うつく》しい音楽《おんがく》や、歌声《うたごえ》などを聞《き》いて、それに執着《しゅうじゃく》しないということです。美《うつく》しいな、いい音色《ねいろ》だな——と、聞《き》きほれることはあっても、その音楽《おんがく》や歌声《うたごえ》にいつまでもとらわれて、大切《たいせつ》なことを忘《わす》れてしまうようなことがないのです。これは、娯楽《ごらく》というものについてのよい戒《いまし》めだと思《おも》います。「耳根《にこん》を壊《やぶ》らじ」というのは、三千世界《さんぜんせかい》のあらゆる声《こえ》を聞《き》いても、耳《みみ》がつぶれることはないというのですが、それはつまり、ありとあらゆる音声《おんせい》を聞《き》いても、精神《せいしん》が混乱《こんらん》することがないという意味《いみ》です。普通《ふつう》の人《ひと》なら、一方《いっぽう》では悩《なや》み苦《くる》しむ悲痛《ひつう》な叫《さけ》び声《ごえ》を聞《き》き、一方《いっぽう》では、争《あらそ》いあい、いがみあっている声《こえ》などを聞《き》いたりすれば、それに巻《ま》きこまれて精神《せいしん》が混乱《こんらん》してしまうでしょうが、信仰《しんこう》の深《ふか》いものにはそんなことがなく、「此《こ》の間《あいだ》に安住《あんじゅう》して」、平静《へいせい》な心《こころ》で、それらを聞《き》き分《わ》けることができるのです。

三〇七・三―三一二・一

つぎに、鼻の功徳《くどく》について述《の》べられています。鼻《はな》というものは、人間《にんげん》の五官《ごかん》のうちでも最《もっと》も動物的《どうぶつてき》なものであって、匂《にお》いの芸術《げいじゅつ》というものが、眼《め》の芸術《げいじゅつ》（絵画《かいが》・彫刻《ちょうこく》など）や耳《みみ》の芸術《げいじゅつ》（音楽《おんがく》）などに比《くら》べて発達《はったつ》していないのはそのせいですが、しかし、それだけに、人間《にんげん》の感情《かんじょう》を直接的《ちょくせつてき》にひどく左右《さゆう》するものです。ある匂《にお》いを嗅《か》げば食欲《しょくよく》がなくなったり、頭痛《ずつう》がしてきたりしますし、また反対《はんたい》に、なんともいえずうっとりするような香《かお》りもあります。

このように、匂《にお》いというものはじつにとらえがたいものでありますが、それすらも、自由自在《じゆうじざい》に嗅《か》ぎ分《わ》けるようになる――ということは、やはりものの本質《ほんしつ》がはっきりつかめるようになるということにほかなりません。

三二二・二―三二四・四 つぎは、舌の功徳《くどく》です。これは二《ふた》つに分《わ》かれていて、第《だい》一は食物《しょくもつ》の味《あじ》がよくなるということ、第《だい》二は、自分《じぶん》の説《と》くことがよく人《ひと》を動《うご》かすようになるということです。

第《だい》一については、信仰《しんこう》の高《たか》まった、心《こころ》の静《しず》かな状態《じょうたい》になれば、食事《しょくじ》の味《あじ》がすべておいしく感《かん》じられるのは当然《とうぜん》のことでしょう。第《だい》二については、もはや説明《せつめい》の必要《ひつよう》もありますまい。

三二四・五―三二五・一〇 つぎは、身の功徳《くどく》です。よく「五種法師《ごしゅほっし》」を行《ぎょう》ずるものは、すべての衆生《しゅじょう》に仰《あお》がれるような、そしてすべてのものの実相《じっそう》をその身《み》に反映《はんえい》するような清浄身《しょうじょうしん》になるとあります。というのはつまり、菩薩行《ぼさつぎょう》を一心《いっしん》に行《ぎょう》ずる人《ひと》には「私《わたくし》」というものがなくなりますから、その身《み》にはこの世《よ》のすべてのものの相《すがた》が、歪《ゆが》みなく、曇《くも》りもなく、ありのままに映《うつ》るということにほかなりません。

だから、衆生《しゅじょう》はその人《ひと》を導師《どうし》として尊敬《そんけい》し、その姿《すがた》を見《み》ることを、心《こころ》の喜《よろこ》びとするのです。「衆生皆《しゅじょうみな》見《み》んと憙《ねが》わん」というのが、それです。

三二五・一一―三二七・一一 つぎは意の功徳です。「五種法師《ごしゅほっし》」を行《ぎょう》ずるものは、千《せん》二百《ひゃく》の意《こころ》の功徳《くどく》を得《え》、「是《こ》の清浄《しょうじょう》の意根《いこん》を以《もっ》て乃至《ないし》一偈《いちげ》・一句《いっく》を聞《き》くに、無量無辺《むりょうむへん》の義《ぎ》を通達《つうだつ》せん。是《こ》の義《ぎ》を解《さと》り已《おわ》って、能《よ》く一句《いっく》・一偈《いちげ》を演説《えんぜつ》すること、一月《がつ》・四月《がつ》・乃至《ないし》一歳《いっさい》に至《いた》らん。諸《もろもろ》の所説《しょせつ》の法《ほう》、其《そ》の義趣《ぎしゅ》に随《したが》って、皆実相《みなじつそう》と相違背《あいいはい》せじ」とあります。こういう人《ひと》は、心《こころ》の奥底《おくそこ》（意根《いこん》）から清《きよ》らかに澄《す》みきっていますから、仏《ほとけ》の教《おし》えのただ一偈《いちげ》もしくは一句《いっく》を聞《き》いただけで、それに含《ふく》まれている無量無辺《むりょうむへん》の意味《いみ》をくまなく知《し》ることができるであろうというのです。

また、その意味《いみ》をすっかり理解《りかい》してしまったら、その一偈《いちげ》・一句《いっく》について一カ月《げつ》ないし四カ月《げつ》、いや一年間《いちねんかん》も説法《せっぽう》しつづけることができるというのです。つまり、その教《おし》えにあまねく通達《つうだつ》していますから、いろいろな角度《かくど》から、またいろいろな説《と》きかたにより、いかようにも、そしてどんなに長《なが》くでも説《と》くことができるのです。ここに、仏法《ぶっぽう》の広大無辺《こうだいむへん》さと、教《おし》えに通達《つうだつ》した人《ひと》の智慧《ちえ》の深《ふか》さが、よく示《しめ》されています。

つぎに、「若《も》し俗間《ぞっけん》の経書《きょうしょ》・治世《じせ》の語言《ごごん》・資生《ししょう》の業等《ごうとう》を説《と》かんも、皆正法《みなしょうぼう》に順《じゅん》ぜん」とあります。現《げん》実生活《じっせいかつ》の問題《もんだい》として、非常《ひじょう》に大切《たいせつ》なことです。

「俗間《ぞっけん》の経書《きょうしょ》」というのは、宗教以外《しゅうきょういがい》の人生《じんせい》の指導書《しどうしょ》すなわち倫理《りんり》・哲学《てつがく》などの本《ほん》をいいます。いや、本《ほん》にかぎるわけでなく、口《くち》で説《と》く場合《ばあい》も同様《どうよう》であり、この経書《きょうしょ》というのは教《おし》えそのもののことと考《かんが》えていいのです。

「治世《じせ》の語言《ごごん》」というのは、政治《せいじ》・経済《けいざい》・法律《ほうりつ》というようなことがらについて説《と》くことをいいます。

「資生《ししょう》の業《ごう》を説《と》く」というのは、農業《のうぎょう》・工業《こうぎょう》・商業《しょうぎょう》というような産業《さんぎょう》のことについて論《ろん》じたり、指導《しどう》したりすることです。

深《ふか》い信仰《しんこう》に到達《とうたつ》している人《ひと》は、こういう実際生活上《じっさいせいかつじょう》のことがらについて説《と》いても、それがおのずから正法《しょうぼう》（仏《ほとけ》の教《おし》え）に一致《いっち》してくるというのです。

宗教《しゅうきょう》の専門家《せんもんか》は、精神的《せいしんてき》な問題《もんだい》、心《こころ》の世界《せかい》だけを説《と》くのが正道《せいどう》であって、政治問題《せいじもんだい》・外交問題《がいこうもんだい》などに直接《ちょくせつ》タッチするのはよくないことですが、その根本《こんぽん》になる心構《こころがま》えを説《と》くのは、大切《たいせつ》な役目《やくめ》です。釈尊《しゃくそん》も、政治《せいじ》をとるものの心得《こころえ》はもとより、職業《しょくぎょう》についても、経済《けいざい》についても、いろいろと教《おし》えてくださっています。

まして、「法華経《ほけきょう》」の信仰者《しんこうしゃ》の大部分《だいぶぶん》は宗教《しゅうきょう》の専門家《せんもんか》ではありません。在家《ざいけ》の人《ひと》びとです。ですから、その持場《もちば》持場《もちば》によって、「俗間《ぞっけん》の経書《きょうしょ》」について説《と》くこともありましょうし、「治世《じせ》の語言《ごごん》」を述《の》べることもありましょうし、まして「資生《ししょう》の業《ごう》」について語《かた》ることは、ほとんど毎日《まいにち》の必要事《ひつようじ》でありましょう。

こういう実生活《じっせいかつ》についての言論《げんろん》には、利害関係《りがいかんけい》が大《おお》きくからまっていますから、どうしても「我《が》」が強《つよ》く出《で》がちであります。すると、いきおいものの考《かんが》えかたが目《め》さきのものだけになり、あるいはわがまま勝手《かって》になり、「われ人共《ひととも》に生《い》かす」という大《おお》きな見《み》かたができないことが多《おお》いのです。ところが、真《しん》の信仰《しんこう》に達《たつ》している人《ひと》は、ものの考《かんが》えかたが「すべてのものを生《い》かす」という仏《ほとけ》の見《み》かたに近《ちか》くなっていますから、その説《と》くところも自然《しぜん》と仏《ほとけ》の教《おし》えと一致《いっち》するようになるのです。このことは、現代《げんだい》のような世相《せそう》においては特《とく》に大切《たいせつ》なことだと思《おも》います。

もっとくわしくそれを説明《せつめい》すれば、「三千大千世界《さんぜんだいせんせかい》の六趣《ろくしゅ》の衆生《しゅじょう》、心《こころ》の行《ぎょう》ずる所《ところ》、心《こころ》の動作《どうさ》する所《ところ》、心《こころ》の戯論《けろん》する所《ところ》、皆悉《みなことごと》く之《これ》を知《し》らん。未《いま》だ無漏《むろ》の智慧《ちえ》を得《え》ずと雖《いえど》も、而《しか》も其《そ》の意根《いこん》の清浄《しょうじょう》なること此《かく》の如《ごと》くならん。是《こ》の人《ひと》の思惟《しゆい》し籌量《ちゅうりょう》し言説《ごんぜつ》する所《ところ》あらんは、皆是《みなこ》れ仏法《ぶっぽう》にして真実《しんじつ》ならざることなく、亦《また》是《こ》れ先仏《せんぶつ》の経《きょう》の中《なか》の所説《しょせつ》ならん」となるわけです。

すなわち、この三千大千世界《さんぜんだいせんせかい》のありとあらゆる境遇《きょうぐう》にいる衆生《しゅじょう》が、心《こころ》の中《なか》でどんなことを思《おも》っているか、心《こころ》がどんなはたらきをしているか、あるいはどんなつまらないこと（戯論《けろん》）を考《かんが》えているか、そのようなことをことごとく知《し》ることができるというのです。

なぜ、それができるかといえば、その人《ひと》はまだ無漏《むろ》の智慧《ちえ》（迷《まよ》いをすっかり払《はら》い去《さ》って、実相《じっそう》をありのままに見通《みとお》す智慧《ちえ》）を得《え》るまでにはいたっていないけれども、心《こころ》の奥底《おくそこ》から清浄《しょうじょう》になっているから、そういう神通力《じんづうりき》を得《え》られるわけです。

そして、この人《ひと》が、あることについてこうであると考《かんが》え（思惟《しゆい》し）、またはこうしなければならないと考《かんが》え（籌量《ちゅうりょう》し）、そして、それを口《くち》に出《だ》して説《と》くときは、それがそのまま仏法《ぶっぽう》にあてはまっていて、真実《しんじつ》でないことはひとつもない。そして、あらゆる仏《ほとけ》がかつて説《と》かれたことと一致《いっち》するのである、というのです。

「先仏《せんぶつ》」というのは、釈尊《しやくそん》のご出世《しゆつせい》以前《ぜん》の過去《かこ》の世《よ》におけるもろもろの仏《ほとけ》のことですが、仏法《ぶつぽう》はいつの世《よ》においても真理《しんり》ですから、真《しん》に信仰《しんこう》の奥所《おうしよ》に至《いた》った人《ひと》の説《と》くことは、つねに過去《かこ》・現在《げんざい》・未来《みらい》を通《つう》ずる真理《しんり》と一致《いつち》するものであるという意味《いみ》です。

こうして、眼《げん》・耳《に》・鼻《び》・舌《ぜつ》・身《しん》・意《い》の六根《ろつこん》がすべて清浄《しようじよう》になるということが説《と》かれているわけですが、最後《さいご》に、この説法《せつぽう》の目的《もくてき》はどこにあるのかと考《かんが》えてみますと、これには、二《ふた》つの意味《いみ》が含《ふく》まれていると思《おも》われます。

第《だい》一は、「法華経《ほけきよう》」を真《しん》に行《ぎよう》ずれば、心身《しんしん》ともにこのような高《たか》い境地《きようち》に達《たつ》することができるのであるから、一心不乱《いつしんふらん》に行《ぎよう》ぜよ――というお励《はげ》ましの意味《いみ》です。

第《だい》二は、真《しん》の「法華経《ほけきよう》」の行者《ぎようじや》は、大切《たいせつ》な仏法《ぶつぽう》を伝《つた》える役目《やくめ》を果《は》たさねばならぬうえからは、このような「すべてを明《あき》らかに見《み》とおす力《ちから》」を具《そな》えているのが当然《とうぜん》であるから、これほどの境地《きようち》に達《たつ》していないものは、まだ修行《しゆぎよう》が足《た》りないわけである。だから、つねに自分《じぶん》を省《かえり》みて増上慢《ぞうじようまん》におちいらぬようにせよ――という戒《いまし》めの意味《いみ》です。

この品《ほん》の真意《しんい》は、この二点《てん》にあると悟《さと》らねばなりません。

常不軽《じょうふきょう》菩薩《ぼさつ》品第《ぼんだい》二十

「法師《ほっし》功徳《くどく》品第《ほんだい》十九」の説法《せっぽう》をうかがった弟子《でし》たち全部《ぜんぶ》が、その説法《せっぽう》に含《ふく》まれた励《はげ》ましと戒《いまし》めの真意《しんい》をそっくり会得《えとく》しえたとは考《かんが》えられません。ある者《もの》は「とうていわれわれごときには、『法華経《ほけきょう》』の教《おし》えのすべてを完全《かんぜん》に実行《じっこう》することはできそうにもない」という弱気《よわき》を起《お》こしたかもしれませんし、ある者《もの》は、「ただ形式的《けいしきてき》に『五種法師《ごしゅほっし》』を行《ぎょう》ずれば、なんとか功徳《くどく》が得《え》られるだろう」というような、安易《あんい》な気持《きもち》になったかもしれません。またある者《もの》は、「自分《じぶん》たち菩薩《ぼさつ》は、声聞《しょうもん》・縁覚《えんがく》など二乗《にじょう》の徒《と》とちがって、こんな神通力《じんづうりき》が得《え》られるのだ。ちがったものだ」というような増上慢《ぞうじょうまん》の気持《きもち》が心《こころ》の一隅《いちぐう》をかすめたかもしれません。

釈尊《しゃくそん》の説法《せっぽう》は、いつの場合《ばあい》でも至《いた》れり尽《つ》くせりで、弟子《でし》たちのほんのすこしの迷《まよ》いでもそれをお見通《みとお》しになって、完全《かんぜん》な悟《さと》りに達《たっ》するまで教《おし》えの手《て》をさしのべられるのですが、この場合《ばあい》もおそらくそうであったろうと思《おも》われます。

釈尊《しゃくそん》は、にわかにことばを改《あらた》められ、得大勢菩薩《とくだいせいぼさつ》にむかって、つぎのような話《はなし》をお始《はじ》めになったのです。

三一八・一―四
「みんな、いまこそしっかりと悟《さと》らなければなりません。もし、『法華経《ほけきょう》』の教《おし》えを信《しん》じ、実践《じっせん》している比丘《びく》・比丘尼《びくに》・優婆塞《うばそく》・優婆夷《うばい》に対《たい》して悪口《わるぐち》をいったり、ののしったり、または欠点《けってん》をいい立《た》ててそしったりするようなことがあったならば、その大《おお》きな罪《つみ》の報《むく》いを受《う》けなければならないでありましょう。このことは、まえにも説《と》いたとおりです。それと反対《はんたい》に、『法華経《ほけきょう》』を行《ぎょう》ずる人《ひと》びとの受《う》ける功徳《くどく》というものは、いま説《と》いたように、眼《げん》・耳《に》・鼻《び》・舌《ぜつ》・身《しん》・意《い》の六根《ろっこん》が清浄《しょうじょう》となるほど、広大無辺《こうだいむへん》なものであります。その実例《じつれい》として、ひとつ、むかしの話《はなし》をしてきかせましょう。」

そうして、語《かた》りいだされたのが、常不軽菩薩《じょうふきょうぼさつ》の話《はなし》であります。

三一八・四―三一九・一 「得大勢菩薩よ。かぎりないむかしのこと、威音王如来《いおんのうにょらい》という仏《ほとけ》がおられました。その時代《じだい》を離衰《りすい》、国《くに》を大成《だいじょう》といいましたが、そこで威音王如来《いおんのうにょらい》は衆生《しゅじょう》のために法《ほう》をお説《と》きになりました。声聞《しょうもん》を求《もと》める者《もの》には、それにふさわしい四諦《したい》の法《ほう》を説《と》いて、人生《じんせい》の変化《へんか》にとらわれない悟《さと》りを開《ひら》かせ、あらゆる苦《くる》しみから解脱《げだつ》させ、縁覚《えんがく》を求《もと》める者《もの》にはそれに応《おう》じた十二因縁《じゅうにいんねん》の法《ほう》を説《と》き、またもろもろの菩薩《ぼさつ》のためには、最高《さいこう》の悟《さと》りを得《え》る道《みち》として六波羅蜜《ろくはらみつ》を説《と》かれました。

三一九・一―七 その威音王如来《いおんのうにょらい》がなくなられてからも、説《と》かれた真理《しんり》がそのまま実行《じっこう》された時代《じだい》（正法《しょうぼう》）は非常《ひじょう》に長《なが》く、また真理《しんり》が見失《みうしな》われはしないけれども形式《けいしき》におちいってしまった時代《じだい》（像法《ぞうぼう》）もまたそれに数倍《すうばい》するほどの長《なが》いものでした。そして、正法《しょうぼう》の時代《じだい》も像法《ぞうぼう》の時代《じだい》も終《お》わって、真理《しんり》がまったく見失《みうしな》われる時《じ》代《だい》がくると、また同《おな》じく威音王如来《いおんのうにょらい》という仏《ほとけ》がお出《で》になって、真理《しんり》をお説《と》きになり、このようにして、いままで二万億《まんおく》の威音王如来《いおんのうにょらい》がつぎつぎに出現《しゅつげん》され、仏《ほとけ》の教《おし》えというものは、いつの時代《じだい》にも絶《た》えることなく説《と》かれてきたのです。

三一九・七―三二〇・一
さて、その最初《しょ》の威音王如来《いおんのうにょらい》が入滅《にゅうめつ》されて、像法《ぞうぼう》の時代《じだい》にはいったころは、教《おし》えを研究的《けんきゅうてき》に学《まな》んだり、戒《いまし》めを形式的《けいしきてき》に行《おこ》なったりして、悟《さと》り顔《がお》をしている増上慢《ぞうじょうまん》の僧《そう》たちがほとんどでした。そのころ一人《ひとり》の菩薩修行者《ぼさつしゅぎょうじゃ》がいて、その名《な》を常不軽《じょうふきょう》といいました。

得大勢《とくだいせい》よ。どうして常不軽《じょうふきょう》という名《な》がついたかといえば、つぎのようなわけがあるのです。この修行《しゅぎょう》者《しゃ》は、出家《しゅっけ》であれ、在家《ざいけ》であれ、とにかく人《ひと》さえ見《み》れば、だれにむかっても、ていねいにそれを拝《おが》み、そして、『わたしはあなたがたを敬《うやま》います。けっして軽《かろ》んじはしません。なぜなら、あなたがたはみんな菩薩《ぼさつ》の道《みち》を行《ぎょう》ずる人《ひと》たちで、かならず仏《ほとけ》になる人《ひと》たちだからです』といって、讃歎《さんたん》するのでした。

三二〇・一―二
この常不軽は、経典《きょうでん》を読誦《どくじゅ》することはしないで、ただ人《ひと》を見《み》れば、近《ちか》づいていって礼拝《らいはい》するのです。そして、一《ひと》つ覚《おぼ》えのように『あなたがたを軽《かろ》んじません。あなたがたは仏《ほとけ》になられる方々《かたがた》ですから』というばかりです。

ところが、大《おお》ぜいの中《なか》には、心《こころ》が濁《にご》っているために、そんなことをいわれて腹《はら》を立《た》てる者《もの》もあります。『このバカな比丘《びく》め。おまえはどこからやってきたんだ。おれたちを軽《かろ》んじようが軽《かろ》んじまいが、大《おお》きなお世話《せわ》だ。おれたちが仏《ほとけ》になれるなんて、そんなデタラメな保証《ほしょう》なんか聞《き》きたくもないよ』などと、口《くち》をきわめて罵《ののし》ります。

こうして、長《なが》い年月《としつき》のあいだ罵《ののし》られつづけていましたが、その菩薩《ぼさつ》はけっして怒《おこ》りません。あいかわらず、人《ひと》を見《み》れば『あなたは仏《ほとけ》になるお方《かた》です』といいます。その真意《しんい》のわからない群衆《ぐんしゅう》は、すっかり腹《はら》を立《た》てて、棒《ぼう》でたたいたり、石《いし》や瓦《かわら》をぶっつけたりするのですが、そうするとその菩薩《ぼさつ》は遠《とお》く走《はし》って逃《に》げて、それでもなお大声《おおごえ》で、『わたしには、どうしても、あなたがたを軽《かろ》んずることができません。あなたがたは、かならず仏《ほとけ》になる人《ひと》たちだからです』と唱《とな》えるのでした。

いつもかわらず『あなたがたを軽《かろ》んじません』と、おなじことをいいますので、世間《せけん》の増上慢《ぞうじょうまん》の比丘《びく》・比丘尼《びくに》・優婆塞《うばそく》・優婆夷《うばい》たちは、その比丘《びく》に『常不軽《じょうふきょう》』というあだ名《な》をつけました。

三三〇・一一—三三一・六
この『常不軽』がだんだん年《とし》をとって、一生《いっしょう》を終《お》わろうとするとき、さきに威音王如来《いおんのうにょらい》がお説《と》きになった『法華経《ほけきょう》』の教《おし》えを、臨終《りんじゅう》のさいの澄《す》みきった心《こころ》の中《なか》に、強《つよ》く自得《じとく》したのです。そして、それをことごとく受持《じゅじ》しましたので、その功徳《くどく》によって、さきに説《と》いたような六根《ろっこん》の清浄《しょうじょう》を得《え》、まさに終《お》わろうとするこの世《よ》での生命《せいめい》が延《の》びて、さらに二百万億那由《ひゃくまんのくなゆ》他《た》歳《さい》の寿命《じゅみょう》の増益《ぞうやく》を得《え》ました。そうして、ひろく人《ひと》のために『法華経《ほけきょう》』の教《おし》えを説《と》きました。

そうなると、この人《ひと》をばかにして『常不軽《じょうふきょう》』などというあだ名《な》をつけた比丘《びく》・比丘尼《びくに》・優婆塞《うばそく》・優婆《うば》夷《い》たちも、その『常不軽《じょうふきょう》』が人《ひと》びとの迷《まよ》いを除《のぞ》く偉大《いだい》な力《ちから》（大神通力《だいじんづうりき》）を得《え》、また楽《ねが》って法《ほう》を説《と》いてあらゆる人《ひと》を説得《せっとく》する力《ちから》（楽説弁力《ぎょうぜつべんりき》）を得《え》、さらに善《ぜん》を持《たも》ってなにものにも動《うご》かされぬ力《ちから》（大善寂力《だいぜんじゃくりき》）を得《え》たのを見《み》て、その説《と》くところに耳《みみ》を傾《かたむ》ける気持《きもち》になりました。そして、ひとたび教《おし》えを聞《き》くと、すっかりそれに信伏《しんぶく》し、常不軽《じょうふきょう》の教《おし》えに従《したが》うようになりました。

三二一・六—一二 この菩薩は、その人《ひと》びとのほかにも無数《むすう》の人《ひと》びとを教化《きょうけ》して、阿耨多羅三藐三菩提《あのくたらさんみゃくさんぼだい》を求《もと》める道《みち》にひき入《い》れましたが、その寿命《じゅみょう》を終《お》わったのちに、また二千億《せんのく》というたくさんの仏《ほとけ》に会《あ》いたてまつることができました。その仏《ほとけ》はすべて日月燈明仏《にちがつとうみょうぶつ》という名号《みょうごう》でした。

その日月燈明仏《にちがつとうみょうぶつ》という仏《ほとけ》たちのもとで、『常不軽《じょうふきょう》』はさらに『法華経《ほけきょう》』の教《おし》えを説《と》きましたので、その因縁《いんねん》をもってまたまた二千億《せんのく》の仏《ほとけ》に会《あ》いたてまつることができました。その仏《ほとけ》たちはすべて雲自在燈《うんじざいとう》王仏《おうぶつ》という名号《みょうごう》でした。

このたくさんの雲自在燈王仏《うんじざいとうおうぶつ》のもとにおいても、やはりこの教《おし》えを受持《じゅじ》し、読誦《どくじゅ》し、かつ人《ひと》びとのためにそれを説《と》きましたので、その報《むく》いをもってますます六根《ろっこん》の清浄《しょうじょう》を得《え》、なにものをも畏《おそ》れることのない心《こころ》で法《ほう》を説《と》くことができるようになりました。

三二一・一二—三二二・三 得大勢よ。この常不軽大菩薩《じょうふきょうだいぼさつ》は、いま述《の》べたように、はじめいくらか（若干《そこばく》）の諸仏《しょぶつ》を供養《くよう》し、尊重《そんちょう》し、讃歎《さんだん》して、修行《しゅぎょう》を積《つ》んで善根《ぜんごん》を植《う》えたので（仏《ほとけ》に近《ちか》い徳《とく》を具《そな》えるようになったのですが、それでも増上慢《ぞうじょうまん》におちいらずに菩薩行《ぼさつぎょう》をつづけたので）、その後《ご》また多《おお》くの仏《ほとけ》に会《あ》いたてまつり、そのみもとにおいてさらにこの法《ほう》を説《と》きつづけましたので、ついに功徳《くどく》が成就《じょうじゅ》して、仏《ほとけ》となることができたのです。

三二二・三—七 得大勢よ。あなたはどう思《おも》いますか。そのときの常不軽菩薩《じょうふきょうぼさつ》というのは、ほかでもない、このわたしだったのです。もし、わたしが過去《かこ》の世《よ》において、この『法華経《ほけきょう》』の教《おし》えを受持《じゅじ》し、読誦《どくじゅ》し、人《ひと》のために説《と》くことをしなかったならば、こうしてまっすぐに阿耨多羅三藐三菩提《あのくたらさんみゃくさんぼだい》に達《たっ》することはできなかったことでしょう。わたしも、先仏《せんぶつ》のみもとにおいてこの経《きょう》を受持《じゅじ》し、読誦《どくじゅ》し、人《ひと》のために説《と》いたために、まわり道《みち》をすることなく仏《ほとけ》の悟《さと》りを得《え》ることができたのです。

三二・七―一〇
得大勢よ、そのときの比丘《びく》・比丘尼《びくに》・優婆塞《うばそく》・優婆夷《うばい》は、怒《いか》りの心《こころ》をもってわたしに対《たい》し、わたしを軽《かろ》んじ賤《いや》しめたので、その心《こころ》は自《みずか》ら報《むく》いを受《う》けて二百億劫《ひゃくおっこう》のあいだ仏《ほとけ》に会《あ》うこともなく、仏《ほとけ》の教《おし》えを聞《き》くこともなく、信者《しんじゃ》たちに会《あ》う機会《きかい》もありませんでした。こうして、さまざまな苦《くる》しみから救《すく》われるという機縁《きえん》に触《ふ》れることができませんでしたから、千劫《せんこう》のあいだ阿鼻地獄《あびじごく》において大苦悩《だいくのう》の人生《じんせい》を送《おく》っていたのです。そして、ようやくその宿業《しゅくごう》が尽《つ》きて罪《つみ》が消《き》えたときに、その人《ひと》たちはまた、常不軽菩薩《じょうふきょうぼさつ》が人《ひと》びとを阿耨多羅三藐三菩提《あのくたらさんみゃくさんぼだい》に引《ひ》き入《い》れるために教化《きょうけ》しているのに会《あ》ったのです。

三二・一〇―三三・一
得大勢よ。あなたはどう思《おも》いますか。そのむかし常不軽菩薩《じょうふきょうぼさつ》を軽《かろ》しめた四衆《しゅ》の人《ひと》たちというのは、ほかでもありません。いまこの説法会《せっぽうえ》の中《なか》にいる跋陀婆羅《ばつだばら》ほか五百《ひゃく》の菩薩《ぼさつ》、師子月《ししがつ》ほか五百《ひゃく》の比丘《びく》・尼《に》思《し》仏《ぶつ》ほか五百《ひゃく》の優婆塞《うばそく》たちなのです。いままでは、仏《ほとけ》の教《おし》えによって阿耨多羅三藐三菩提《あのくたらさんみゃくさんぼだい》に達《たっ》しようという志《こころざし》が固《かた》く、退転《たいてん》することのないその人《ひと》たちが、それだったのです。

三三・一―四
得大勢よ。いまこそしっかりと悟《さと》らなければなりません。この『法華経《ほけきょう》』は、もろもろの菩薩《ぼさつ》に大《おお》きな功徳《くどく》を与《あた》え、菩薩《ぼさつ》の境界《きょうがい》からだんだん上《のぼ》って仏《ほとけ》の智慧《ちえ》を具《そな》えるように導《みちび》くものであります。それゆえに、もろもろの菩薩《ぼさつ》・大菩薩《だいぼさつ》よ、わたしが入滅《にゅうめつ》したのちは、つねにこの教《おし》えを受持《じゅじ》し、読誦《どくじゅ》し、解説《げせつ》し、書写《しよしや》することに励《はげ》まねばなりません。」

こういうお話《はなし》をなさった釈尊《しやくそん》は、重《かさ》ねてその意《い》を偈《げ》にお説《と》きになって「常不軽菩薩品《じようふきようぼさつぽん》」は終《お》わりになるのですが、「法華経《ほけきよう》」を最初《さいしよ》から読《よ》んできてここまできますと、この品《ほん》がこれまでとはずいぶんちがった味《あじ》わいをもっていることに気《き》づかれることと思《おも》います。これまでの諸品《しよほん》に出《で》てくるさまざまな国土《こくど》の光景《こうけい》は、おおむねこの世《よ》には見《み》られぬような、夢幻的《むげんてき》な美《うつく》しい世界《せかい》であったり、まことにおそろしげな地獄相《じごくそう》の世界《せかい》であったりでした。また、そこに説《と》き出《だ》される人《ひと》びとも——仏《ほとけ》さまは申《もう》すまでもないことですが——いかにも超人的《ちようじんてき》な、理想《りそう》の姿《すがた》をもった人《ひと》びとが大部分《だいぶぶん》でした。

ところが、この「常不軽品《じようふきようほん》」にきますと、じつに人間臭《にんげんくさ》い感《かん》じが溢《あふ》れています。場所《ばしよ》の様子《ようす》はべつに描写《びようしや》してはありませんけれども、いかにもわれわれの身《み》のまわりに見《み》られるような、普通《ふつう》の町《まち》の一角《いつかく》が目《め》に浮《う》かんできます。

また、そこに登場《とうじよう》する人物《じんぶつ》も、どこにも見《み》られるような庶民《しよみん》の姿《すがた》ばかりです。ここに比丘《びく》・比丘尼《びくに》・優婆塞《うばそく》・優婆夷《うばい》とあるのは、出家《しゆつけ》や信仰家《しんこうか》ばかりとはかぎりません。ありとあらゆる人間《にんげん》という意味《いみ》です。すなわち、威勢《いせい》のいい下《した》っぱの武士《ぶし》、ちょっと無頼《ぶらい》がかったような町《まち》の若者《わかもの》、分別《ふんべつ》くさい顔《かお》をした中年《ちゆうねん》の商人《しようにん》、人《ひと》はいいが気《き》の強《つよ》いおかみさん……そういった人《ひと》たちにまじって、仏教《ぶつきよう》のことならなんでも知《し》っているといばっている学僧《がくそう》や、戒律《かいりつ》を固《かた》く守《まも》っていることが自慢《じまん》の中年《ちゆうねん》の僧《そう》や、また、托鉢《たくはつ》に町《まち》へ出《で》てきても説法《せっぽう》ひとつせずに超然《ちょうぜん》としている老僧《ろうそう》の姿《すがた》などが目《め》に見《み》えるようです。話《はなし》の主人公《しゅじんこう》の常不《じょうふ》軽《きょう》でさえ、そのへんの街頭《がいとう》で見《み》かける、まじめそうだがちょっと変《か》わったところもある、どこか気品《きひん》の高《たか》い、若《わか》い僧侶《そうりょ》の姿《すがた》として、目《め》の前《まえ》に浮《う》かんできます。

「法華経《ほけきょう》」は、その全体《ぜんたい》が文学的《ぶんがくてき》であるといわれていますが、中《なか》でもこの「常不軽品《じょうふきょうほん》」は文学的《ぶんがくてき》であるといっていいでしょう。いかにも人間的《にんげんてき》であり、しかも、たいへんわれわれに身近《みぢか》なものとして感《かん》じられます。

それもそのはずです。ここには、とりわけえらくもない一人《ひとり》の人間《にんげん》が、ただ一《ひと》つ「仏性礼拝《ぶっしょうらいはい》」という美徳《びとく》を行《ぎょう》じただけで、真《しん》の信仰《しんこう》を自得《じとく》し、そしてついに人格《じんかく》の完成《かんせい》にまでいたったその過程《かてい》が生《い》き生《い》きと描《えが》き出《だ》されているからです。

これまでに世尊《せそん》は、「五種法師《ごしゅほっし》」を行《ぎょう》ぜよということを、くりかえしくりかえしお説《と》きになりました。そして、その広大無辺《こうだいむへん》な功徳《くどく》をお説《と》きになりました。そうすると、いきおい凡夫《ぼんぷ》の心《こころ》には、――とうてい自分《じぶん》には「五種法師《ごしゅほっし》」を完全《かんぜん》に実行《じっこう》することなどできそうにもない――というあきらめが頭《あたま》をもたげることもありましょうし、――まあ、なんとか形《かたち》だけでもやってみよう――という安易《あんい》な迎合心《げいごうしん》が起《お》こったりすることもありましょう。凡夫《ぼんぷ》の心《こころ》は、残念《ざんねん》ながらその程度《ていど》のものです。

釈尊《しゃくそん》は、教《おし》えを聞《き》く人《ひと》びとのそういう気持《きもち》を見通《みとお》しておられますから、ここで説法《せっぽう》の様式《ようしき》を一転《いってん》されたものとおもわれます。そして、過去《かこ》の因縁《いんねん》を語《かた》る説法《せっぽう》のなかにふくませて、つぎの三つのかんじんなことを再認識《さいにんしき》させようとなさったのです。

その第《だい》一は、ただ一《ひと》つの美徳《びとく》だけでもよい、それに徹《てっ》しきるのはじつに尊《とうと》いことである。それが救《すく》いの道《みち》に入《はい》る第一歩《だいいっぽ》であるぞ——という教《おし》えです。

その第《だい》二は、形式《けいしき》だけをいかに多《おお》く学《まな》び、形式《けいしき》だけをいかに多《おお》く行《ぎょう》じても、価値《かち》はない。ただ一《ひと》つのことがらでも、それを真心《まごころ》から、しかも根気《こんき》づよく実行《じっこう》するところに、人生《じんせい》の創造《そうぞう》があるのだ——という教《おし》えです。

その第《だい》三は、菩薩行《ぼさつぎょう》の根本《こんぽん》は、仏性《ぶっしょう》を礼拝《らいはい》することである。仏性《ぶっしょう》を礼拝《らいはい》するとは、あらゆる人間《にんげん》の中《なか》にある仏性《ぶっしょう》を認《みと》めることである。仏性《ぶっしょう》を認《みと》めないでその人《ひと》を救《すく》おうというのは、形式《けいしき》だけの空虚《くうきょ》な行《おこ》ないに過《す》ぎない。その人《ひと》の仏性《ぶっしょう》を認《みと》め、拝《おが》み出《だ》すところに、真《しん》の済度《さいど》はあるのだ——という教《おし》えです。

この三つのことを、常不軽《じょうふきょう》といういかにも「人間的《にんげんてき》な」人物《じんぶつ》の物語《ものがたり》として、お示《しめ》しになったのです。

しかも、そのいかにも「人間的《にんげんてき》な」人物《じんぶつ》が、ほかならぬ釈尊《しゃくそん》の過去《かこ》の世《よ》のお姿《すがた》だったというのですから、いままで遠《とお》くにおられた釈尊《しゃくそん》が、にわかにわれわれの近《ちか》くにいらっしゃるような気持《きもち》になるのです。温《あたた》かい血《ち》の通《かよ》うような親《した》しみを感《かん》ぜずにはいられないのです。

と同時《どうじ》に、われわれも常不軽菩薩《じょうふきょうぼさつ》のたどった道《みち》をたどれば、たしかに人格完成《じんかくかんせい》の境地《きょうち》に達《たっ》せられるのだということが、現実《げんじつ》の問題《もんだい》として実感《じっかん》できるのです。いままで、釈尊《しゃくそん》というお方《かた》は、まるで雲《くも》の上《うえ》におられるような、われわれとかけはなれた存在《そんざい》として感《かん》じられていたのですが、常不軽《じょうふきょう》という親《した》しみ深《ぶか》い、人間的《にんげんてき》な、前世《ぜんせ》の姿《すがた》をお示《しめ》しになったので、その雲《くも》の上《うえ》へ上《あ》がる梯子《はしご》が見《み》えてきたような感《かん》じがするのです。

そこで、われわれは大《おお》きな励《はげ》みを覚《おぼ》えます。なにもむずかしいことではない、まず常不軽《じょうふきょう》の真似《まね》をすることから始《はじ》めればいいのだ――と、新《あたら》しい勇気《ゆうき》をふるい起《お》こすことができるのです。

「常不軽品《じょうふきょうほん》」は、こういう意味《いみ》で、流通分《るつうぶん》の中《なか》で、いや「法華経《ほけきょう》」全体《ぜんたい》の中《なか》でも、特別《とくべつ》な価値《かち》をもった一章《いっしょう》であると思《おも》います。そればかりでなく、この説話《せつわ》の中《なか》には、いろいろ大切《たいせつ》な教《おし》えがたくさん含《ふく》まれていますから、それを一《ひと》つ一《ひと》つ学《まな》んでいくことにしましょう。

仏性《ぶっしょう》を拝《おが》み出《だ》す

常不軽比丘《じょうふきょうびく》が世《よ》に出《で》たころは、像法《ぞうぼう》の時代《じだい》だったとあります。像法《ぞうぼう》というのは、仏《ほとけ》の説《と》かれた真実《しんじつ》の教《おし》えは伝《つた》えられているけれども、それが形式的《けいしきてき》に学《まな》ばれ、形式的《けいしきてき》に行《おこ》なわれている時代《じだい》のことです。ですから、僧《そう》といえば、仏教《ぶっきょう》の表面《ひょうめん》や形式《けいしき》だけに精通《せいつう》して、みずからを高僧《こうそう》と思《おも》いこんでいる人《ひと》や、ひとり戒律《かいりつ》を守《まも》って行《おこ》ないをすまし、世《よ》の中《なか》とは没交渉《ぼっこうしょう》の信仰生活《しんこうせいかつ》をしている人《ひと》、およびその亜流《ありゅう》（おなじ仲間《なかま》の二流《にりゅう》・三流《さんりゅう》）というところでした。すなわち、仏教《ぶっきょう》のほんとうの生命《いのち》が見失《みうしな》われていたのです。

仏教《ぶっきょう》のほんとうの生命《いのち》というのは何《なに》かといえば、「一切衆生悉有仏性《いっさいしゅじょうしつうぶっしょう》（すべての衆生《しゅじょう》に、仏性《ぶっしょう》がある）」ということを、しん底《そこ》から悟《さと》ることにほかなりません。すべては、そこから出発《しゅっぱつ》するのです。

自分《じぶん》にも仏性《ぶっしょう》があるのだということを自覚《じかく》し、その仏性《ぶっしょう》を明《あか》るみへ引《ひ》き出《だ》し、育《そだ》てあげ、生《い》き生《い》きと展開《てんかい》させていく……これが信仰生活《しんこうせいかつ》の第一歩《だいいっぽ》であり、声聞《しょうもん》・縁覚《えんがく》の境地《きょうち》であります。

自分《じぶん》にも仏性《ぶっしょう》があれば、人《ひと》にも仏性《ぶっしょう》があるはずです。自分《じぶん》に仏性《ぶっしょう》のあることをしんから悟《さと》れば、自然《しぜん》のなりゆきとして、他《た》の人《ひと》びとにも平等《びょうどう》に仏性《ぶっしょう》があることを認《みと》めるようになります。それを認《みと》められない人《ひと》は、まだほんとうに自分《じぶん》の仏性《ぶっしょう》を悟《さと》っていない人《ひと》です。

われわれの周囲《しゅうい》を見《み》まわしてみても、いろいろよくない人《ひと》がいます。どう見《み》ても悪人《あくにん》としか考《かんが》えられないような人《ひと》もいます。人《ひと》を殺《ころ》して金《かね》を奪《うば》ったり、つぎからつぎへと人《ひと》を欺《だま》して財産《ざいさん》を乗《の》っ取《と》ったり、まったく同情《どうじょう》の余地《よち》のないような人《ひと》があります。しかし、それは新聞記事《しんぶんきじ》などに出《で》た犯罪事実《はんざいじじつ》だけからの判断《はんだん》であって、その人《ひと》の全生活《ぜんせいかつ》に触《ふ》れてみたとしたら、人間《にんげん》らしいところの一《ひと》つ破片《かけら》もないような人《ひと》というのはないはずです。

人殺《ひとごろ》しの犯人《はんにん》が、うちに帰《かえ》れば赤《あか》んぼうを抱《だ》いて、よしよしとあやしているかもしれません。人《ひと》に対《たい》して冷酷無比《れいこくむひ》な行為《こうい》をする人《ひと》も、自分《じぶん》の飼犬《かいいぬ》はなめずるようにかわいがっているかもしれません。良民《りょうみん》を泣《な》かせる暴力団《ぼうりょくだん》の親分《おやぶん》も、肉親《にくしん》の弟《おとうと》に対《たい》するような愛情《あいじょう》を感《かん》じている子分《こぶん》がいるかもしれません。

だからといって、その人《ひと》たちの罪業《ざいごう》を割引《わりび》きして考《かんが》えるような不合理《ふごうり》や、または映画中《えいがちゅう》の人物《じんぶつ》に対《たい》するような感傷《かんしょう》は禁物《きんもつ》ですけれど、そういった甘《あま》い同情《どうじょう》でなく、平静《へいせい》な、公平《こうへい》な眼《まなこ》でその人間《にんげん》をジッと見《み》つめてみるとき、その「悪人《あくにん》」たちが、無心《むしん》に赤《あか》んぼうをあやしたり、飼犬《かいいぬ》をかわいがったり、子分《こぶん》をしんからいとしく思《おも》ったりするその瞬間《しゅんかん》の心《こころ》に、一片《いっぺん》の人間《にんげん》らしさを認《みと》めないわけにはゆきません。その一片《いっぺん》の人間《にんげん》らしさ……それが仏性《ぶっしょう》の芽《め》です。罪業《ざいごう》の塵《ちり》あくたに深《ふか》くおおいかくされ、汚《け が》れはてたその心《こころ》の中《なか》から、ほんの一点《いってん》だけ仏性《ぶっしょう》がのぞいているのです。暗《くら》い牢獄《ろうごく》の壁《かべ》にある小《ちい》さな明《あか》り窓《まど》です。そういう明《あか》り窓《まど》を持《も》たない人間《にんげん》というものはないはずです。

人《ひと》を見《み》たら、その一点《いってん》の明《あか》り窓《まど》を見《み》つける。そしてその明《あか》り窓《まど》を讃歎《さんたん》する。讃歎《さんたん》することによって、その人《ひと》を自分《じぶん》の明《あか》り窓《まど》に気《き》づかせる。明《あか》り窓《まど》に気《き》づいた人《ひと》は、もっと光《ひかり》を入《い》れたい、もっと光《ひかり》を入《い》れたいと、ひとりでに明《あか》り窓《まど》をおしひろげていくでしょう。これが「仏性《ぶっしょう》を拝《おが》み出《だ》す」ことであり、「自《みずか》らの仏性《ぶっしょう》を自覚《じかく》する」ことです。そして、人《ひと》の「仏性《ぶっしょう》を拝《おが》み出《だ》す」ことこそ、菩薩行《ぼさつぎょう》の大眼目《だいがんもく》なのです。

そこに生《い》きた仏教《ぶっきょう》があるのです。

「而《しか》も是《こ》の比丘《びく》、専《もっぱ》らに経典《きょうでん》を読誦《どくじゅ》せずして」という一句《いっく》も、この意味《いみ》において見逃《みのが》してはならないものです。専心《せんしん》に教《おし》えを読誦《どくじゅ》することをしないで、人《ひと》を拝《おが》んでばかりいたというのですが、これはなにも読誦《どくじゅ》が必要《ひつよう》でないというのではありません。像法《ぞうぼう》の世《よ》の、形式《けいしき》に流《なが》れた読誦《どくじゅ》の無価値《むかち》をいってあるのです。それよりも、人《ひと》の「仏性《ぶっしょう》を拝《おが》み出《だ》す」ことが大切《たいせつ》である、それが仏道修行《ぶつどうしゅぎょう》の根本《こんぽん》であり、すべてに先行《せんこう》するものなのである――ということを強調《きょうちょう》されているのです。

常不軽《じょうふきょう》があらゆる人《ひと》に対《たい》して、「わたしはあなたを敬《うやま》います。なぜなら、あなたは仏《ほとけ》になる人《ひと》だからです」といって拝《おが》んだのは、「仏性《ぶっしょう》を拝《おが》み出《だ》す」ことにほかなりません。「あなたは仏《ほとけ》になる人《ひと》です」というのは、つまりその人《ひと》の本質《ほんしつ》である仏性《ぶっしょう》を認《みと》めることです。そして、その仏性《ぶっしょう》を拝《おが》むのです。讃歎《さんたん》するのです。

人《ひと》に、自分《じぶん》の仏性《ぶっしょう》を自覚《じかく》させる方法《ほうほう》には、二《ふた》つの方向《ほうこう》があります。一《ひと》つはその人《ひと》の善《ぜん》を認《みと》め、それを伸《の》ばしていくことによって、自然《しぜん》に悪《あく》を消滅《しょうめつ》させていく方法《ほうほう》です。これは、人間《にんげん》の本質《ほんしつ》である仏性《ぶっしょう》を引《ひ》きだす「順《じゅん》」の道《みち》ですから、これを「順化《じゅんけ》」といいます。

もう一《ひと》つは、その人《ひと》の悪《あく》を指摘《してき》し、それを呵責《かしゃく》することによって、おおいかくされた善《ぜん》を表《おもて》にあらわそうというやりかたであり、「逆《ぎゃく》」の力《ちから》を加《くわ》えて仏性《ぶっしょう》を自覚《じかく》させる方法《ほうほう》ですから、これを「逆化《ぎゃっけ》」といいます。

この二《ふた》つは、表裏一体《ひょうりいったい》をなすもので、人《ひと》により、場合《ばあい》によってたくみに使《つか》い分《わ》けるのが理想的《りそうてき》であります。

しかし、たいていの場合《ばあい》、「順化《じゅんけ》」のほうが効果的《こうかてき》です。なぜならば、それが文字通《もじどお》り「順《じゅん》」だからです。人間《にんげん》の心理《しんり》の普通《ふつう》の流《なが》れかたに従《したが》っているからです。すなわち、だれしもほめられて、わるい気《き》持《もち》のする人《ひと》はありません。いい気持《きもち》になれば、自然心《しぜんこころ》の窓《まど》は開《ひら》きます。そこから暖《あたた》かい光《ひかり》がさしこみます。すると、その中《なか》にあった仏性《ぶっしょう》が生《い》き生《い》きと活動《かつどう》しはじめるのです。

子《こ》どもの教育《きょういく》にしても、むかしは叱《しか》る教育《きょういく》でした。「逆化《ぎゃっけ》」の教育《きょういく》でした。ところが、いまはほめる教育《きょういく》すなわち「順化《じゅんけ》」の教育《きょういく》に変《か》わってきています。ほめるほうが子《こ》どもの性格《せいかく》をのびのびと伸《の》ばし、またほんとうの才能《さいのう》を引《ひ》き出《だ》すのに効果的《こうかてき》だということがわかったからです。(その反面《はんめん》、すこし「順化《じゅんけ》」にかたより過《す》ぎて、人間《にんげん》を甘《あま》く育《そだ》てる傾向《けいこう》もないではありません。「逆化《ぎゃっけ》」によって精神《せいしん》を鍛錬《たんれん》するということも必《ひつ》要《よう》だと思《おも》います。)

それはともかく、ほめられるということは、うれしいことです。もっとも、心《こころ》の純粋《じゅんすい》さを失《うしな》って分別《ふんべつ》くさくなっている大人《おとな》だと、最初《さいしょ》のうちは、あるいはほめてくれるのをうす気味《きみ》わるく感《かん》じたり、おべっかを使《つか》われているようにいやらしく思《おも》ったりすることもありましょうが、その讃歎《さんたん》が心《こころ》からのものであれば、そういう誤解《ごかい》はいつかはなくなります。そうして、いくら固《かた》く閉《と》ざされていた心《こころ》でも、次第《しだい》に開《ひら》かれてくるのです。

常不軽《じょうふきょう》に拝《おが》まれた人《ひと》びともそうでした。はじめのうちは、バカにしていると腹《はら》を立《た》てたり、ののしったり、石《いし》を投《な》げつけたり、杖《つえ》で打《う》とうとしたりしましたが、そういう暴力行為《ぼうりょくこうい》に対《たい》して、常不軽《じょうふきょう》はすこしも怒《おこ》ろうとせず、あいかわらずおなじことをくりかえしていました。その態度《たいど》があくまでも真面目《まじめ》なので、人《ひと》びとの心《こころ》は次第《しだい》にほぐれてきたのです。

常不軽《じょうふきょう》などというあだ名《な》をつけたのがその証拠《しょうこ》です。どこかに親《した》しみを覚《おぼ》えないと、あだ名《な》をつけるものではありません。はじめは、人《ひと》をバカにしているとか、いらぬおせっかいをするやつだとか、ほんとうに怒《おこ》っていた人《ひと》たちも、だんだんと常不軽《じょうふきょう》を見《み》る目《め》がちがってきて、——石《いし》をなげつけても、杖《つえ》で打《う》っても怒《おこ》りもしない、あいかわらず「わたしはあなたを軽《かろ》んじません」といって拝《おが》んでいる、ずいぶん変《か》わった比丘《びく》だ——ぐらいに考《かんが》えるようになりました。街《まち》の名物《めいぶつ》というような親《した》しみと同時《どうじ》に、この比丘《びく》にはどこかえらいところがあるぞ——ということを、うすうす感《かん》じるようになったのです。畏敬《いけい》の念《ねん》が人《ひと》びとの心《こころ》の中《なか》に生《しょう》じてきたのです。

一《ひと》つの行《ぎょう》でも根気《こんき》よく

そこが非常《ひじょう》に大切《たいせつ》なところです。人《ひと》を見《み》れば拝《おが》むという変《か》わった動作《どうさ》をひとつ覚《おぼ》えのようにやっていても、それが心《こころ》からの行《おこ》ないであり、そしてどんな迫害《はくがい》を受《う》けてもひるまずに根気《こんき》よくやっておれば、ついには人《ひと》を動《うご》かさずにはいないのです。人《ひと》びとの胸《むね》に一種《いっしゅ》の畏敬《いけい》の念《ねん》を抱《いだ》かさずにはいないのです。

人《ひと》びとの胸《むね》にそういう畏敬《いけい》の念《ねん》が生《しょう》じていたからこそ、常不軽《じょうふきょう》が「法華経《ほけきょう》」の教《おし》えを自得《じとく》してそれを説《と》きはじめたときに、みんないっせいに信伏《しんぷく》し、随従《ずいじゅう》したのです。

耶馬渓《やばけい》の岩山《いわやま》に独力《どくりょく》で洞門《どうもん》（トンネル）をくり抜《ぬ》いて人《ひと》びとの便利《べんり》をはかった禅海《ぜんかい》にしても、はじめは村人《むらびと》にまともに相手《あいて》にもされず、ときにはさまざまな迫害《はくがい》まで受《う》けたのですが、それを振《ふ》り向《む》きもせず岩山《いわやま》と取組《とりく》んでいる姿《すがた》は、ついに村人《むらびと》たちを感動《かんどう》させました。

そのほか、人《ひと》のため、世《よ》の中《なか》のために、道《みち》をつくったり、荒地《あれち》を開拓《かいたく》したり、用水路《ようすいろ》を掘《ほ》ったりして奉仕《ほうし》した人《ひと》が、禅海《ぜんかい》とおなじような径路《けいろ》をたどった実例《じつれい》はたくさんありますが、これらの実例《じつれい》はすべて、「正《ただ》しいと思《おも》う一《ひと》つのことを」、「まごころをこめて」、「どのような事態《じたい》が起《お》こってもくじけずに根《こん》気《き》よくやりとおす」ことが、どんなに大《おお》きな結果《けっか》を生《う》むかという教訓《きょうくん》を、われわれに示《しめ》してくれております。

不惜身命《ふしゃくしんみょう》と柔輭《にゅうなん》

つぎに大切《たいせつ》なことは、「衆人或《しゅにんあるい》は杖木《じょうもく》・瓦石《がしゃく》を以《もっ》て之《これ》を打擲《ちょうちゃく》すれば、避《さ》け走《はし》り遠《とお》く住《じゅう》して、猶《な》お高声《こうしょう》に唱《とな》えて言《い》わく、我敢《われあえ》て汝等《なんだち》を軽《かろ》しめず、汝等皆当《なんだちみなまさ》に作仏《さぶつ》すべしと」ということです。ここから二《ふた》つの教《おし》えをくみとることができます。

その第《だい》一は、人《ひと》びとが常不軽《じょうふきょう》の身体《からだ》に暴力《ぼうりょく》を加《くわ》えようとしたとき、常不軽《じょうふきょう》が逃《に》げていったことです。杖《つえ》で打《う》たれて腕《うで》が折《お》れても、石《いし》が当《あ》たって額《ひたい》が割《わ》れても、常不軽《じょうふきょう》はすこしも動《うご》かなかった――というほうが、あるいは日本人《にっぽんじん》には受《う》けるかもしれません。しかし、それは「不惜身命《ふしゃくしんみょう》」ということを誤《あやま》って受《う》け取《と》っている、かたよった気持《きもち》によるものといえましょう。

不惜身命《ふしゃくしんみょう》ということをほんとうに理解《りかい》しておれば、法《ほう》が第《だい》一であるということに徹《てっ》しられるはずです。法《ほう》が第《だい》一であれば、なんとかして法《ほう》を守《まも》り、法《ほう》を育《そだ》て、法《ほう》をひろめていかねばならぬということを第《だい》一に考《かんが》えますから、逃《に》げるのは恥《はじ》だというようなちっぽけな考《かんが》えはケシ飛《と》んでしまいます。できるだけ生《い》き延《の》びて、いつまでも根気《こんき》よく法《ほう》を説《と》こう――という心《こころ》が確固《かっこ》としていますから、肉体《にくたい》が危険《きけん》にさらされたら、さっさと逃《に》げていくのです。

日本人《にっぽんじん》にとっては、特《とく》にこれは大切《たいせつ》な教訓《きょうくん》だと思《おも》います。どうも日本人《にっぽんじん》には生命尊重《せいめいそんちょう》の心《こころ》が不足《ふそく》しているようです。むやみに命《いのち》を安売《やすう》りしたがるのです。太平洋戦争《たいへいようせんそう》の記憶《きおく》をたどってみても、失《うしな》わなくてもよい生命《せいめい》がずいぶんむだに失《うしな》われました。玉砕《ぎょくさい》につぐ玉砕《ぎょくさい》、無益《むえき》な出撃《しゅつげき》による全滅《ぜんめつ》、そのようなことがくりかえされました。

これは、逃《に》げることをいやしめ、敵《てき》に降《くだ》ることを最大《さいだい》の恥《はじ》とした、とらわれた考《かんが》えによるものでした。ひとたびは逃《に》げても、最後《さいご》に勝《か》ったものがほんとうの勝利者《しょうりしゃ》だという柔軟《じゅうなん》なところがなく、ただもうガムシャラに突進《とっしん》する一方《いっぽう》だった戦争指導者《せんそうしどうしゃ》の罪《つみ》です。

それに反《はん》して、マッカーサーは、マニラで負《ま》けたらバターンに逃《に》げ、バターンを落《お》とされたら、潜水艦《せんすいかん》で豪州《ごうしゅう》へ逃《に》げました。逃《に》げたばっかりに、ふたたび攻《せ》め返《かえ》してこられたのです。そして、日本本土《にっぽんほんど》まで占領《せんりょう》することができたのです。こういう事実《じじつ》は、心《こころ》を空《むな》しくしてよくよく考《かんが》えなければならないことだと思《おも》います。

しかし、日本人《にっぽんじん》でも、むかしはそんなにとらわれた気持《きもち》もなかったようです。たとえば、楠正成《くすのきまさしげ》は、赤坂城《あかさかじょう》を幕府《ばくふ》の大軍《たいぐん》に囲《かこ》まれたとき、戦《たたか》いはここがおしまいではないのだから——といって、さっさと逃《に》げ出《だ》しています。楠正成《くすのきまさしげ》は深《ふか》く仏法《ぶっぽう》に帰依《きえ》していましたから、ほんとうの「柔輭《にゅうなん》」な心《こころ》を体得《たいとく》していたのでしょう。そうして赤坂城《あかさかじょう》から逃《に》げ出《だ》したからこそ、あとでふたたび赤坂城《あかさかじょう》や千早城《ちはやじょう》その他《た》でさんざん幕府勢《ばくふぜい》を苦《くる》しめることができたのです。

島津義弘《しまづよしひろ》は、関《せき》が原《はら》の戦《たたか》いで敗戦確実《はいせんかくじつ》とわかったら、敵中《てきちゅう》を突破《とっぱ》して薩摩《さつま》まで逃《に》げのびています。だからこそ、後日徳川幕府《ごじつとくがわばくふ》も恐《おそ》れるような大藩《たいはん》として栄《さか》え、明治維新《めいじいしん》を成功《せいこう》させる原動力《げんどうりょく》ともなったのです。そういえば、この島津義弘《しまづよしひろ》も仏教《ぶっきょう》の篤信者《とくしんしゃ》でありました。

ところで、不思議《ふしぎ》なことには、日本人《にっぽんじん》のだれもが楠正成《くすのきまさしげ》を卑怯者《ひきょうもの》とさげすんだり、島津義弘《しまづよしひろ》をいくじなしとののしる人《ひと》はありません。その場《ば》で玉砕《ぎょくさい》せずに落《お》ちのびたことを、善《ぜん》として認《みと》めています。それなのに、日本人《にっぽんじん》はどういうわけで、そしていつのころから、このような精神《せいしん》と行動《こうどう》の柔軟性《じゅうなんせい》を失《うしな》うようになったのでしょうか。

仏教《ぶっきょう》よりあとに中国《ちゅうごく》から渡《わた》ってきた儒教《じゅきょう》の影響《えいきょう》でしょうか。しかし、儒教《じゅきょう》でも「君子《くんし》危《あやう》きに近寄《ちかよ》らず」などと、生命《せいめい》の尊重《そんちょう》をはっきり教《おし》えています。とすると、日本人固有《にっぽんじんこゆう》の性格《せいかく》でしょうか。これも、古《ふる》いむかしの歴史《れきし》をいろいろ調《しら》べてみると、そうとは断定《だんてい》できません。とすると、やはりいつからか、ある支配的思想《しはいてきしそう》によって、そういう性格《せいかく》が築《きず》きあげられたものと考《かんが》えざるをえません。学者《がくしゃ》の人《ひと》たちが研究《けんきゅう》して、この点《てん》を明《あき》らかにしてくださると、たいへん参考《さんこう》になることと思《おも》います。

いずれにしても、これは非常《ひじょう》に大切《たいせつ》なことです。近年《きんねん》、政治的《せいじてき》なあるいは経済的《けいざいてき》な闘争《とうそう》が暴力化《ぼうりょくか》する傾向《けいこう》が強《つよ》く、デモやストライキなどの様相《ようそう》が非常《ひじょう》に険悪《けんあく》になってきました。それは、帰《き》するところ、お互《たが》いの心《こころ》に柔軟性《じゅうなんせい》というものが欠《か》けているからだと思《おも》われます。

見《み》かけは弱々《よわよわ》しい感《かん》じでも、柳《やなぎ》は風《かぜ》に折《お》れません。いかにも強《つよ》く雄々《おお》しく見《み》えても、樫《かし》はよくボッキリ折《お》れてしまいます。日本人《にっぽんじん》がほんとうに大国民《だいこくみん》になるためには、何《なに》よりも心《こころ》の柔軟性《じゅうなんせい》を養《やしな》うことが先決《せんけつ》の要件《ようけん》ではないでしょうか。それには、仏教《ぶっきょう》の教《おし》えをほんとうに理解《りかい》することがいちばん早《はや》い、そして正《ただ》しい道《みち》だと、わたしは信《しん》じます。なぜならば、仏教《ぶっきょう》は心《こころ》の「柔輭《にゅうなん》」ということを強《つよ》く教《おし》えているからであり、したがってそのほんとうの帰依者《きえしゃ》は、例外《れいがい》なく柔輭《にゅうなん》な心《こころ》の持主《もちぬし》になるからであります。

常不軽菩薩《じょうふきょうぼさつ》の生涯《しょうがい》は、そういう生《い》きかたの理想像《りそうぞう》を示《しめ》しているものといわなければなりません。

信念《しんねん》はあくまでも曲《ま》げない

もう一《ひと》つの大切《たいせつ》な教《おし》えは、常不軽菩薩《じょうふきょうぼさつ》は肉体《にくたい》に対《たい》する迫害《はくがい》からは逃《に》げまわっていたけれども、信念《しんねん》は絶対《ぜったい》に曲《ま》げなかった、正法《しょうぼう》はあくまでも捨《す》てなかったということです。ここが「軟弱《なんじゃく》」と「柔輭《にゅうなん》」のちがう点《てん》です。軟弱《なんじゃく》な精神《せいしん》の持主《もちぬし》は、すこしばかり外部《がいぶ》の圧力《あつりょく》が加《くわ》われば、簡単《かんたん》に信念《しんねん》を曲《ま》げたり、捨《す》ててしまったりします。ところが真《しん》の信仰者《しんこうしゃ》は、どんなことがあってもかならず信念《しんねん》をつらぬきます。正法《しょうぼう》はどこまでも守《まも》りぬきます。柔輭《にゅうなん》な態度《たいど》をとるのは、あくまでも正法《しょうぼう》を守《まも》りぬくためにほかならないのです。

常不軽菩薩《じょうふきょうぼさつ》は、あっちへ逃《に》げ、こっちへ逃《に》げしながらも、「仏性礼拝《ぶっしょうらいはい》」という菩薩行《ぼさつぎょう》は、あくまでも止《や》めませんでした。そして、ついにみんなの心《こころ》の中《なか》の仏性《ぶっしょう》の芽《め》をふき出《だ》させたのです。真《しん》の勇者《ゆうしゃ》とは、このような人《ひと》をいうべきでありましょう。

こうして常不軽菩薩《じょうふきょうぼさつ》は、「仏性礼拝《ぶっしょうらいはい》」というただ一《ひと》つの行《ぎょう》だけによって、非常《ひじょう》に高《たか》い心《こころ》の境地《きょうち》に達《たっ》することができました。それで、臨終《りんじゅう》の際《さい》に、「虚空《こくう》の中《なか》に於《おい》て」さきに威音王仏《いおんのうぶつ》の説《と》きたもうた「法華《ほけ》経《きょう》」の教《おし》えを聞《き》くことができたのです。虚空《こくう》の中《なか》で聞《き》くというのは、心《こころ》の中《なか》にひびく声《こえ》を聞《き》く、すなわちひとりでに悟《さと》ることです。

ひとりでに悟《さと》るといえば、何《なに》か神秘的《しんぴてき》な感《かん》じがするかもしれませんが、けっして神秘的《しんぴてき》ではありません。真理《しんり》というものは、だれかがそれを発見《はっけん》するのが当然《とうぜん》だからです。

また、それが真理《しんり》であるかぎり、限《かぎ》りない過去《かこ》からあるものです。非常《ひじょう》にすぐれた人《ひと》ならば、過去《かこ》においてもそれを発見《はっけん》した人《ひと》があったはずです。ここには威音王如来《いおんのうにょらい》という仏《ほとけ》がそれを悟《さと》り、それを説《と》かれたとあります。しかし、それは過去《かこ》の世《よ》のことであって、常不軽菩薩《じょうふきょうぼさつ》の生《う》まれた時代《じだい》には、それは教《おし》えとしては存在《そんざい》しなかった。しかし、それが真理《しんり》であるかぎり永遠不滅《えいえんふめつ》の存在《そんざい》ですから、非常《ひじょう》にすぐれた人《ひと》が世《よ》に出《で》れば、その人《ひと》がふたたびその真理《しんり》を発見《はっけん》することもありましょう。その再発見者《さいはっけんしゃ》が常不軽《じょうふきょう》菩薩《ぼさつ》だったのです。

こういうことは、文字《もじ》その他文化《たぶんか》の伝達機関《でんたつきかん》の発達《はったつ》した現代《げんだい》においては、理《り》くつに合《あ》わない話《はなし》のように考《かんが》える人《ひと》があるかもしれませんが、そういう考《かんが》えこそ目先《めさき》のことしか見《み》ていないのであって、この悠《ゆう》久《きゅう》な宇宙《うちゅう》の歴史《れきし》のうちには、いま人間《にんげん》がつくっている文化《ぶんか》のようなものは、いくど出来《でき》、いくど滅《ほろ》びたかわかったものではないのです。

こういう悠久《ゆうきゅう》な宇宙《うちゅう》の歴史《れきし》を考《かんが》えるとき、数多《かずおお》くの威音王如来《いおんのうにょらい》が真理《しんり》を説《と》かれたことも、その真理《しんり》を臨終《りんじゅう》の常不軽菩薩《じょうふきょうぼさつ》がひとりでに悟得《ごとく》したことも、けっして不思議《ふしぎ》なことではないのです。

自行《じぎょう》と化《け》他《た》の循環《じゅんかん》

さて、それから以後《いご》の常不軽菩薩《じょうふきょうぼさつ》はどう生《い》きたか――ここにもまた大《おお》きな教訓《きょうくん》があります。

常不軽菩薩《じょうふきょうぼさつ》は「法華経《ほけきょう》」の教《おし》えを自得《じとく》しました。そして、それを深《ふか》く心《こころ》に信仰《しんこう》しましたので終《お》わるべき寿命《じゆみよう》の増益《ぞうやく》を得《え》ました。そしてその二百万億那由《ひやくまんのくなゆ》他《た》歳《さい》において何《なに》をしたかといえば、ひろく人《ひと》のために「法華経《ほけきよう》」を説《と》いたのです。すなわち、ただ仏性《ぶつしよう》を礼拝《らいはい》するという基本的《きほんてき》な菩薩行《ぼさつぎよう》だけでなく、こんどはくわしく仏《ほとけ》の教《おし》えを説《と》いたのです。菩薩行《ぼさつぎよう》において一歩《いつぽ》も二歩《にほ》も前進《ぜんしん》したのです。そこで、さきに大謗法《だいほうぼう》の罪《つみ》をおかした増上慢《ぞうじようまん》の人《ひと》たちを、のこらず教化《きようけ》したわけです。

しかも、それで終《お》わりとなるのではありません。その功徳《くどく》によって二千億《せんのく》の仏《ほとけ》に会《あ》いたてまつり、その仏《ほとけ》を供養《くよう》し、恭敬《くぎよう》し、讃歎《さんたん》し、そのみもとにおいて「法華経《ほけきよう》」を説《と》き、その功徳《くどく》によってまた二千億《せんのく》の仏《ほとけ》に会《あ》いたてまつり、そのみもとでおなじく「法華経《ほけきよう》」を説《と》き、その功徳《くどく》をもって「常眼清浄《じようげんしようじよう》・耳《に》・鼻《び》・舌《ぜつ》・身《しん》・意《に》の諸根《しよこん》の清浄《しようじよう》を得《え》て、四衆《しゆ》の中《なか》に於《お》いて法《ほう》を説《と》くに、心畏《こころおそ》るる所《ところ》なかりき」という境地《きようち》に達《たつ》しました。

こうして、もろもろの善根《ぜんごん》を植《う》えてはその功徳《くどく》によって数多《かずおお》くの仏《ほとけ》に会《あ》いたてまつり、その教《おし》えを受《う》けてはまた「法華経《ほけきよう》」を説《と》き、その功徳《くどく》によりまた数多《かずおお》くの仏《ほとけ》に会《あ》いたてまつってその教《おし》えを受《う》ける……というふうに、自行《じぎよう》と化他行《けたぎよう》をかわりばんこに数《かぞ》えきれないほどくりかえしていったのです。そうして、その数限《かずかぎ》りない功徳《くどく》の積《つ》みかさねによって、ついに仏《ほとけ》となったわけです。

ここに常不軽菩薩《じようふきようぼさつ》の信仰生活《しんこうせいかつ》のすばらしさがあります。あくまで初一念《しよいちねん》をつらぬきとおす不退転《ふたいてん》の勇猛心《ゆうみようしん》——それもガムシャラな荒々《あらあら》しいものでなく、ジックリした粘《ねば》り強《づよ》い勇猛心《ゆうみようしん》がうかがわれます。すなわち、学《まな》んでは行《おこ》ない、行《おこ》なっては学《まな》び、自行化他《じぎようけた》をひとつひとつ積《つ》み重《かさ》ねつつ確実《かくじつ》に成道《じようどう》への道《みち》をたどっていったのです。

　われわれも、その足跡《あしあと》を一歩《いっぽ》一歩《いっぽ》たどっていかなければなりません。初《はじ》めは一《ひと》つの菩薩行《ぼさつぎょう》からはいってもよい。それをまごころから行《ぎょう》じつづけていけば、教《おし》えの根本《こんぽん》は一《ひと》つですから、かならずその一《ひと》つの根本《こんぽん》から出《で》たいろいろな法《ほう》を悟《さと》ることができるようになる。そうしたら、それを自分《じぶん》だけで握《にぎ》っていないで、かならず人《ひと》に説《と》いてあげる。説《と》いてあげれば、その人《ひと》に功徳《くどく》を与《あた》えるだけでなく、自分《じぶん》もますますそれらの法《ほう》を多《おお》く知《し》るようになれるのです。すなわち、つぎつぎに数限《かずかぎ》りない仏《ほとけ》に会《あ》いたてまつるのです。つぎつぎと新《あたら》しい仏《ほとけ》（法《ほう》）に会《あ》いたてまつるごとにその教《おし》えを供養《くよう》し、恭敬《くぎょう》し、讃歎《さんたん》し、それを人《ひと》に説《と》いてあげる。説《と》いてあげることが機縁《きえん》となって、ますます多《おお》くの仏《ほとけ》（法《ほう》）に会《あ》いたてまつる――これをくりかえしていくごとに、一歩《いっぽ》一歩《いっぽ》確実《かくじつ》に仏《ほとけ》の境界《きょうがい》に近《ちか》づきうることを、身《み》をもって証明《しょうめい》してくださったのが、ほかならぬ釈尊《しゃくそん》であられます。すなわち、常不軽菩薩《じょうふきょうぼさつ》とは、じつはわたしの前身《ぜんしん》だったのである――とお明《あ》かしになったことによって、常不軽菩薩《じょうふきょうぼさつ》の生《い》きかたは、まっすぐに仏《ほとけ》になる道《みち》であることを証明《しょうめい》されたわけです。

　ですから、この品《ほん》の最初《さいしょ》に書《か》いたような、信仰生活《しんこうせいかつ》に弱気《よわき》を抱《いだ》く人《ひと》は、これによって大《おお》いに力《ちから》づけられざるをえません。――まだ自分《じぶん》は完全《かんぜん》に法《ほう》を理解《りかい》していないから、人《ひと》に説《と》くなんて、とうていできない――というような引《ひ》っこみ思案《じあん》を抱《いだ》いている人《ひと》も、――そうではないのだ、教《おし》えられただけをそのとおり人《ひと》に説《と》けばいいのだ、人《ひと》に説《と》けばそれだけ理解《りかい》が深《ふか》まるのだ、そしてこの「学《まな》ぶ」ということと

「説《と》く」ということを、あくことなくくりかえすうちに、一歩《いっぽ》一歩《いっぽ》確実《かくじつ》に人格完成《じんかくかんせい》の道《みち》を進《すす》んでいくのだ——という信仰生活《しんこうせいかつ》の原理《げんり》がわかって、新《あたら》しい大《おお》きな勇気《ゆうき》を得《え》るのです。

遠《とお》く四衆《ししゅ》を見《み》ても故《ことさ》らに往《ゆ》いて

ここで、もうひとつ、この品《ほん》の初《はじ》めのほうにあった大切《たいせつ》なことばを思《おも》い出《だ》すことにしましょう。それは、「乃至遠《ないしとお》く四衆《ししゅ》を見《み》ても、亦復故《またまたことさ》らに往《ゆ》いて礼拝讃歎《らいはいさんだん》して……」という一節《いっせつ》です。「遠《とお》く四衆《ししゅ》を見《み》ても」「故《ことさ》らに往《ゆ》いて」ということが、大切《たいせつ》なのです。なぜ大切《たいせつ》かといえば、人《ひと》に法《ほう》を説《と》くばあいにもこの精神《せいしん》が必要《ひつよう》だからです。すなわち、むこうから聞《き》きにきたら教《おし》えてやるとか、ご縁《えん》があったら説《と》いてあげるというような、消極的《しょうきょくてき》な態度《たいど》ではなく、遠《とお》くにいる人《ひと》に対《たい》しても、わざわざ（故《ことさ》らに）こちらから出《で》かけていって、法《ほう》を説《と》いてあげるほどの積極性《せっきょくせい》がなければなりません。それが、ほんとうに人《ひと》を救《すく》ってあげようという菩薩《ぼさつ》の心《こころ》です。

常不軽《じょうふきょう》はそれをあえて行《おこ》ないました。最初《さいしょ》は、いらぬおせっかいだときらわれたり、怒《いか》りを買《か》ったりしましたが、まごころはついに多《おお》くの人《ひと》びとに通《つう》じたのです。この積極的《せっきょくてき》な布教《ふきょう》の態度《たいど》、これもわれわれが大《おお》いに学《まな》ばなければならないところです。

仏《ほとけ》に値《あ》わず、法《ほう》を聞《き》かず、僧《そう》を見《み》ず

つぎに、「彼《か》の時《とき》の四衆《ししゅ》の比丘《びく》・比丘尼《びくに》・優婆塞《うばそく》・優婆夷《うばい》は、瞋恚《しんに》の意《こころ》を以《もっ》て我《われ》を軽《きょう》賤《せん》せしが故《ゆえ》に、二百億劫《にひゃくおっこう》常《つね》に仏《ほとけ》に値《あ》わず、法《ほう》を聞《き》かず、僧《そう》を見《み》ず、千劫阿鼻地獄《せんこうあびじごく》に於《お》いて大苦悩《だいくのう》を受《う》く」という一節《いっせつ》——ここも、よく心《こころ》して読《よ》むことがかんじんです。

仏《ほとけ》の教《おし》えにおける「罰《ばつ》」というものの真《しん》の姿《すがた》が、ここに明《あき》らかに示《しめ》されています。そして、これこそ「罰《ばつ》」というものの実体《じったい》であることが、よく理解《りかい》できます。すなわち、ここには神《かみ》が罰《ばつ》をくだすとも、仏《ほとけ》が罰《ばつ》を与《あた》えるとも述《の》べられていません。人《ひと》の仏性《ぶっしょう》を拝《おが》み出《だ》そうという尊《とうと》い行《ぎょう》をしている人《ひと》に対《たい》して、怒《いか》りの心《こころ》を抱《いだ》き、それをいやしめたために、二百億劫《にひゃくおっこう》のあいだ仏《ほとけ》に会《あ》うことができなかった、法《ほう》を聞《き》くこともできなかった、僧《そう》（仏法《ぶっぽう》を信《しん》じている人《ひと》たち）にも会《あ》うことができなかった――とあります。

これはだれが罰《ばつ》を与《あた》えたのでもない、自分《じぶん》が心《こころ》の目《め》を閉《と》じて仏《ほとけ》を見《み》ず、自分《じぶん》の耳《みみ》をふさいで法《ほう》を聞《き》かなかったのです。そして、そのために心《こころ》の中《なか》に燃《も》えさかる煩悩《ぼんのう》の火《ひ》をうち消《け》すことができず、千劫《せんこう》のあいだ阿鼻地獄《あびじごく》のような人生苦《じんせいく》を味《あじ》わいつづけてきたのです。

これが、「罰《ばつ》」というものの実質《じっしつ》です。仏《ほとけ》さまは、けっして人間《にんげん》に対《たい》して罰《ばつ》をくだされる方《かた》ではありません。つねに大慈悲《だいじひ》をもって、衆生《しゅじょう》を救《すく》ってくださるだけです。しかし、人間《にんげん》のほうで仏《ほとけ》および仏《ほとけ》の教《おし》えをつたえる人《ひと》たちに会《あ》おうとしなければ、それを無理《むり》にすくってくださるようなことはなさらずに、じっと機《き》の熟《じゅく》するのを待《ま》っておられるのです。機《き》の熟《じゅく》するというのは、その業《ごう》が尽《つ》きるときです。

どんな悪業《あくごう》でも、その報《むく》いによって長《なが》いあいだ大苦悩《だいくのう》を受《う》ければ、その大苦悩《だいくのう》の報《むく》いによって消《き》えてしまうものです。そして、その業《ごう》の消《き》える瞬間《しゅんかん》には、かならず心《こころ》の目《め》が開《ひら》きます。長《なが》いあいだ大《おお》きな人生苦《じんせいく》にうちのめされた心《こころ》には、つくづくと真《しん》の救《すく》いを求《もと》める願《ねが》いが起《お》こるからです。なにか絶対《ぜったい》なものにすがりたいという恋慕渇仰《れんぼかつごう》の心《こころ》が生《しょう》ずるからです。すなわち、仏性《ぶっしょう》が目《め》を覚《さ》ますわけです。「是《こ》の罪《つみ》を畢《お》え已《おわ》って、復常不軽菩薩《またじようふきようぼさつ》の阿耨多羅三藐三菩提《あのくたらさんみやくさんぼだい》に教化《きようけ》するに遇《あ》いにき」というのは、そういう意味《いみ》なのであります。こうして、一度《いちど》仏《ほとけ》の教《おし》えに触《ふ》れた人《ひと》は、いつかはかならず救《すく》われるのです。

法縁《ほうえん》の尊《とうと》さ

この増上慢《ぞうじようまん》の人《ひと》びとも、前世《ぜんせ》において常不軽菩薩《じようふきようぼさつ》に「あなたにも仏性《ぶつしよう》があるんですよ」とくりかえし、くりかえし教《おし》えられました。しかし、それを素直《すなお》に受《う》け入《い》れなかったので、長《なが》いあいだ苦悩《くのう》の生活《せいかつ》をつづけたのですが、その苦悩《くのう》にうちのめされたあげく、かつて教《おし》えられたことのある「悉有仏性《しつうぶつしよう》」が、心《こころ》の中《なか》によみがえってきたわけです。そこで、ようやく救《すく》いの道《みち》にはいることができたのです。ところが、もしこの人《ひと》たちが、かつて常不軽菩薩《じようふきようぼさつ》に「悉有仏性《しつうぶつしよう》」を教《おし》えられなかったとしたら、どうでしょう。いつまでも人生苦《じんせいく》からのがれることが、できなかったにちがいありません。

ですから、相手《あいて》がどんな人《ひと》であっても、その人《ひと》の仏性《ぶつしよう》を拝《おが》み、仏性《ぶつしよう》をもっていることを教《おし》えてあげることは、じつに大《おお》きな功徳《くどく》であり、いつかはその人《ひと》を救《すく》いとぐちになることを、忘《わす》れてはならないのです。

「常不軽品《じようふきようほん》」の最大《さいだい》の要点《ようてん》は、じつにここにあるといわなければなりません。

つぎに、偈《げ》をもって、これまでにお説《と》きになった教《おし》えの意味《いみ》を、重《かさ》ねてお説《と》きになります。これも大《たい》切《せつ》な偈《げ》の一《ひと》つですし、短《みじ》かい文章《ぶんしよう》に要約《ようやく》してありますから、できうれば暗誦《あんしよう》できるぐらいになりたいものです。

偈《げ》の意味《いみ》は、まえの長行《じようごう》の内容《ないよう》をよく会得《えとく》しておれば、おのずから理解《りかい》できることと思《おも》いますが、

二、三ちがった辞句《じく》が使《つか》ってありますから、解説《かいせつ》しておきましょう。

「一切《いっさい》を将導《しょうどう》したもう」というのは、一切《いっさい》の衆生《しゅじょう》をお導《みちび》きになるという意味《いみ》です。

また「法《ほう》に計著《けいじゃく》し」とありますが、「計《けい》」というのは計算《けいさん》の計《けい》で、ただ学問的《がくもんてき》に分析《ぶんせき》して研究《けんきゅう》することと、「著《じゃく》」というのはとらわれるという意味《いみ》、すなわち、法《ほう》の精神《せいしん》はそっちのけにして、形式《けいしき》だけにとらわれることです。あとにある「著法《じゃくほう》」というのも同《おな》じ意味《いみ》です。

つぎに「清信士女《しょうしんじにょ》」ということばがありますが、これは在家《ざいけ》の信者《しんじゃ》のことです。

あとは、ほとんどお解《わか》りになることと思《おも》います。

如来神力品第二十一《にょらいじんりきほんだい》

この品《ほん》も非常《ひじょう》に大切《たいせつ》な品《ほん》であります。なぜ大切《たいせつ》かといえば、ここで迹門《しゃくもん》と本門《ほんもん》の教《おし》えの総《そう》まとめがしてあるからです。そして、迹門《しゃくもん》の教《おし》えも、本門《ほんもん》の教《おし》えも別《べつ》なものではない、別《べつ》なように見《み》えてもその神《しん》髄《ずい》に達《たつ》すればすべての点《てん》において一《ひと》つであることを、つよく教《おし》えられているからです。

迹門《しゃくもん》とは、釈尊《しゃくそん》が成道以来《じょうどういらい》ずっとお説《と》きになった教《おし》えの目的《もくてき》と内容《ないよう》を明《あき》らかにされた部分《ぶぶん》です。そこには、——この世《よ》のすべてのものごとはこのようになっている、そして人間《にんげん》とはこんなものだ、だから人間《にんげん》はこう生《い》きなければならぬ、人間《にんげん》どうしの関係《かんけい》はこうあらねばならぬ——という哲学的《てつがくてき》な、倫理的《りんりてき》な教《おし》えが説《と》かれてありました。

ところが、本門《ほんもん》にいきますと、仏《ほとけ》とは、地上《ちじょう》に出現《しゅつげん》された釈尊《しゃくそん》という限《かぎ》りある寿命《じゅみょう》をもったお方《かた》だけでなくて、すべてのものごとを生《い》かしている久遠実成《くおんじつじょう》の本仏《ほんぶつ》であることを、お明《あ》かしになりました。そして、人間《にんげん》が最終的《さいしゅうてき》に救《すく》われるのは、また人間世界《にんげんせかい》にほんとうの平和《へいわ》をうちたてるのは、すべての人間《にんげん》がこの仏《ほとけ》と一体《いったい》になる(帰依《きえ》する、帰命《きみょう》する)ことよりほかにはないのだ、ということを教《おし》えられたのです。

そうすると、迹門《しゃくもん》は、地上《ちじょう》に出現《しゅつげん》された人間《にんげん》としての釈尊《しゃくそん》の教《おし》えであり、本門《ほんもん》は不生不滅《ふしょうふめつ》である久遠《くおん》実成《じつじょう》の本仏《ほんぶつ》の顕現《けんげん》である——とか、迹門《しゃくもん》は、人間《にんげん》および人間関係《にんげんかんけい》の正《ただ》しいありかたが説《と》かれ、そのような相対関係《そうたいかんけい》には正《ただ》しい智慧《ちえ》が何《なに》より大切《たいせつ》だから、迹門《しゃくもん》は智慧《ちえ》の教《おし》えであり、それに対《たい》して本門《ほんもん》は宇宙《うちゅう》の万物《ばんぶつ》を生《い》かしている久遠本仏《くおんほんぶつ》の顕現《けんげん》が説《と》かれている。久遠本仏《くおんほんぶつ》の顕現《けんげん》とは、すなわち本仏《ほんぶつ》の大慈悲《だいじひ》であるから、本門《ほんもん》の教《おし》えは慈悲《じひ》の教《おし》えである——というような区別《くべつ》を立《た》てることができます。「法華経《ほけきょう》」の教《おし》えを詳細《しょうさい》に研究《けんきゅう》するためには、こういう区別《くべつ》を立《た》てることも、たしかに必要《ひつよう》に相違《そうい》ありません。

およそものごとをくわしく調《しら》べるには、「分析《ぶんせき》」ということが大切《たいせつ》です。そのものを細《こま》かく分《わ》けて、どんな構造《こうぞう》になっているか、どんな要素《ようそ》から成《な》り立《た》っているか、その一《ひと》つ一《ひと》つにはどんな意味《いみ》や役目《やくめ》があるのか、ということを調《しら》べあげるのが分析《ぶんせき》です。

しかし、分析《ぶんせき》だけに終《お》わってしまっては、中途半端《ちゅうとはんぱ》です。研究《けんきゅう》の成果《せいか》は出《で》てきません。細《こま》かく分《わ》けて、その一《ひと》つ一《ひと》つについてくわしく研究《けんきゅう》したら、こんどはその全体《ぜんたい》を大《おお》きくまとめて考《かんが》えてみなければなりません。そこではじめて、全体《ぜんたい》に通《つう》ずる真理《しんり》というものが確《たし》かめられるのです。これを「総合《そうごう》」といいます。どんな学問《がくもん》の研究《けんきゅう》でも、この「分析《ぶんせき》」と「総合《そうごう》」の二《ふた》つが揃《そろ》わなければ、真《しん》の成果《せいか》はあげられません。

「法華経《ほけきょう》」を学《まな》ぶにしてもおんなじです。われわれは、教《おし》えを正《ただ》しく理解《りかい》するために、一応《いちおう》こまかに分《ぶん》析《せき》して学《まな》びました。しかし、分析《ぶんせき》しっぱなしでは、よほどすぐれた人《ひと》でないかぎり、いままで教《おし》えられた多《おお》くのことが、なんとなくバラバラな形《かたち》で頭《あたま》に残《のこ》っていて、まとまりがつきません。それでは、真《しん》に理解《りかい》したとはいえません。

ましてわれわれが「法華経《ほけきょう》」を学《まな》ぶのは、学問《がくもん》として学《まな》ぶのではありません。ですから、よく理解《りかい》したといっても、それだけではほんものではないのです。「理解《りかい》」から「信仰《しんこう》」へ進《すす》み、理解《りかい》と信仰《しんこう》すなわち「解《げ》」と「信《しん》」が渾然《こんぜん》として一体《いったい》になった境地《きょうち》にまで達《たっ》しなければ、自分《じぶん》がほんとうに救《すく》われ、また世《よ》の中全体《なかぜんたい》をも救《すく》うことはできません。

その意味《いみ》で、この「如来神力品《にょらいじんりきほん》」には、いままでの二十品《ぽん》にわたる説法《せっぽう》を総合《そうごう》して、その全体《ぜんたい》をつらぬく真理《しんり》はただ一《ひと》つであることを説《と》かれたわけです。ここにおいて、迹門《しゃくもん》の教《おし》えと本門《ほんもん》の教《おし》えが渾然《こんぜん》として一体《いったい》であることが明《あき》らかになり、われわれの帰依《きえ》の念《ねん》も一本《いっぽん》の太《ふと》い線《せん》にまとまって、いよいよ強《つよ》いものとなってくるのです。

ところで、この品《ほん》をずっと読《よ》んでみても、いっこうにそういうことは述《の》べられていないように思《おも》われます。ただ非常《ひじょう》に神秘的《しんぴてき》な、不可思議《ふかしぎ》な如来《にょらい》の神力《じんりき》が説《と》かれているだけのように見《み》えます。そこがこの品《ほん》の難解《なんかい》なところであって、まえにもなんべんも説明《せつめい》しましたように、そういう神秘的《しんぴてき》な現象《げんしょう》に、如来《にょらい》の大慈悲心《だいじひしん》を象徴《しょうちょう》してあり、またその不可思議《ふかしぎ》な現象《げんしょう》の一《ひと》つ一《ひと》つに、本門《ほんもん》と迹門《しゃくもん》の渾然一体《こんぜんいったい》である意味《いみ》が含《ふく》まれているのです。

そこで、また分析《ぶんせき》のような形《かたち》にはなりますけれども、一応《いちおう》むかしのえらい人《ひと》たちの説《と》いたところに従《したが》って、如来《にょらい》の十大神力《じゅうだいじんりき》に含《ふく》まれている意味《いみ》を説明《せつめい》していくことにします。とすると、どうしても記述《きじゅつ》がすこしばかり専門的《せんもんてき》になり、専門語《せんもんご》などが出《で》てくることになりますが、それにあまりこだわらないようにしていただきたいと思《おも》います。それはあくまでも理解《りかい》のための方便《ほうべん》であって、ほんとうの目的《もくてき》はこの品《ほん》の精神《せいしん》をしっかり会得《えとく》することにあるのは、いうまでもありません。

それでは、本文《ほんもん》にはいることにしましょう。

「常不軽菩薩品第二十《じょうふきょうぼさつぼんだい》」の説法《せっぽう》の最後《さいご》に、世尊《せそん》が「是《こ》の故《ゆえ》に行者《ぎょうじゃ》　仏《ほとけ》の滅後《めつご》に於《おい》て　是《かく》の如《ごと》き経《きょう》を聞《き》いて　疑惑《ぎわく》を生《しょう》ずることなかれ　応当《まさ》に一心《いっしん》に　広《ひろ》く此《こ》の経《きょう》を説《と》くべし　世世《せせ》に仏《ほとけ》に値《あ》いたてまつりて疾《と》く仏道《ぶつどう》を成《じょう》ぜん」とお説《と》きになったのをうかがった三二六・一―五無数（千世界微塵等《せんぜかいみじんとう》）の地涌《じゆ》の菩薩《ぼさつ》たちは、みな一心《いっしん》に合掌《がっしょう》して世尊《せそん》のお顔《かお》を仰《あお》ぎ見《み》ながら、申《もう》しあげました。

「世尊《せそん》、わたくしどもは世尊《せそん》が入滅《にゅうめつ》あそばされましても、この娑婆世界《しゃばせかい》はもとより、世尊《せそん》の分身《ふんじん》のいらっしゃるあらゆる国土《こくど》において、かならずこの教《おし》えを説《と》きひろめます。なぜかともうしますと、わたくしどもも、この真実《しんじつ》かつ清浄《しょうじょう》の偉大《いだい》な教《おし》え（真浄《しんじょう》の大法《だいほう》）を得《え》ましたうえは、それを受持《じゅじ》・読誦《どくじゅ》・解説《げせつ》・書写《しょしゃ》して、その教《おし》えのご恩《おん》にお報《むく》い（供養《くよう》）いたしたいからでございます。」

地涌《じゆ》の菩薩《ぼさつ》とは、さきに「従地涌出品第十五《じゅうじゆじゅつほんだい》」において、地中《ちちゅう》から涌《わ》き出《だ》してきた大菩薩《だいぼさつ》たちで、文《もん》殊《じゅ》菩薩《ぼさつ》や弥勒菩薩《みろくぼさつ》よりすぐれた徳《とく》をもった人《ひと》とされていますが、この人《ひと》たちが、仏前《ぶつぜん》において、きっと教《おし》えを説《と》きひろめますとお誓《ちか》いしたわけです。

そして、なぜ説《と》きひろめるのかという理由《りゆう》をもうしあげていますが、それがなかなか意味深《いみぶか》いものであげています。──この大法《だいほう》を得《え》たからには、それをしっかりと自分《じぶん》のものとし、くりかえしくりかえし学《まな》び、人《ひと》のためにも説《と》き、またそれを書写《しょしゃ》し、そしてこの教《おし》えを供養《くよう》したいからです──ともうしあるとい思《おも》います。

供養《くよう》というのは感謝《かんしゃ》の意《い》を表《あら》わすことであり、ご恩《おん》に報《むく》いることです。ですから、つまり、この教《おし》えを説《と》きひろめるのは、この教《おし》えを受《う》けたご恩《おん》に報《むく》いるためだというのです。これが地涌《じゆ》の菩薩《ぼさつ》たちの大《だい》菩薩《ぼさつ》たるゆえんであって、もっと低《ひく》い段階《だんかい》の人《ひと》なら「これによって自分《じぶん》も救《すく》われよう」などと、自分《じぶん》のことも考《かんが》えるはずです。ところが、この人《ひと》たちにはもう「私《わたくし》」というものはないのです。

人《ひと》に功徳《くどく》を施《ほどこ》すことによって自分《じぶん》も功徳《くどく》を受《う》けるというのは、当然《とうぜん》のことであって、それを拒否《きよひ》するような潔癖《けっぺき》さは、かえってこだわった心《こころ》といわなければなりません。そういうかたくなな心《こころ》をもてとは、仏法《ぶっぽう》のどこにも教《おし》えられてはいません。ですから、さきに「法華経《ほけきょう》」を説《と》くことによって人《ひと》に与《あた》える功徳《くどく》と共《とも》に、そのために受《う》ける功徳《くどく》についてもくりかえして説《と》かれたわけです。

ところが、この品《ほん》にいたって、菩薩《ぼさつ》のうちでもとりわけ徳《とく》のすぐれた大菩薩《だいぼさつ》になりますと、もう「私《わたくし》」のことは考《かんが》えなくなってしまうことがわかります。すなわち、信仰者《しんこうしゃ》としての理想《りそう》の境地《きょうち》が示《しめ》されているわけです。

もうひとつ大切《たいせつ》なことは、このような大菩薩《だいぼさつ》であっても、やはり受持《じゅじ》・読誦《どくじゅ》・書写《しょしゃ》という「自行《じぎょう》」をおろそかにしないということです。

大菩薩《だいぼさつ》ともなれば、法《ほう》に対《たい》する理解《りかい》は至《いた》れり尽《つ》くせりであるはずなのに、それでもなお、この教《おし》えをしっかりと心《こころ》に持《たも》っている努力《どりよく》、くりかえしくりかえし学《まな》んで理解《りかい》を求《もと》める勉強《べんきよう》、それを書写《しよしや》することによってさらに強《つよ》く心《こころ》に彫《ほ》りつける修行《しゆぎよう》に精進《しようじん》するというのは、じつに尊《とうと》いことです。すこし法《ほう》の理解《りかい》が進《すす》めばすぐ増上慢《ぞうじようまん》におちいりがちなわれわれにとって、大《おお》きな戒《いまし》めであると思《おも》います。

三二六・五―一〇
地涌の菩薩たちが、このようにお誓《ちか》いもうしあげますと、世尊《せそん》は満足《まんぞく》そうにおうなずきになりました。そして、それに対《たい》しては一言《いちごん》もおっしゃいませんでしたが、そこにいならぶありとあらゆる人間《にんげん》および人間以外《にんげんいがい》の生《せい》あるものたち、すなわち文殊菩薩《もんじゆぼさつ》をはじめ以前《いぜん》から娑婆世界《しやばせかい》にいた多《おお》くの菩薩《ぼさつ》たち（旧住娑婆世界《くじゆうしやばせかい》の菩薩摩訶薩《ぼさつまかさつ》）や、多《おお》くの比丘《びく》・比丘尼《びくに》・優婆塞《うばそく》・優婆夷《うばい》や、天《てん》とか竜《りゆう》とか夜叉《やしや》をはじめとする娑婆《しやば》以外《いがい》の住人《じゆうにん》、および人間以外《にんげんいがい》の生《せい》あるものたちの眼前《がんぜん》において、素晴《すば》らしい大神力《だいじんりき》を現《げん》じたもうたのです。

三二六・八
どういう神力《じんりき》かといいますと、まず「広長舌《こうちようぜつ》を出《いだ》して上梵世《かみぼんぜ》に至《いた》らしめ」とあります。

出広長舌《すいこうちようぜつ》

これは、仏《ほとけ》さまが非常《ひじよう》に大《おお》きな舌《した》をお出《だ》しになって、その舌《した》が梵天《ぼんでん》までとどいたというのです。日本人《にっぽんじん》にとっては、おかしな感《かん》じを受《う》けるでしょうが、これはインドの習慣《しゆうかん》にもとづくことであって、むかしのインドでは、舌《した》を出《だ》すのは、自分《じぶん》のいったことは誓《ちか》って真実《しんじつ》である――ということを表《あら》わす行為《こうい》でした。まことに理《り》くつに合《あ》った習慣《しゆうかん》だと思《おも》われますが、とにかく仏《ほとけ》さまが無限《むげん》に広《ひろ》くて長《なが》い舌《した》を出《だ》されて、それが最上《さいじょう》の天界《てんかい》まで達《たっ》したということは、仏《ほとけ》さまのいままでお説《と》きになった教《おし》えがすべて真実《しんじつ》であり、永遠《えいえん》に真実《しんじつ》であることを示《しめ》されたのです。俗《ぞく》なことばでいえば、二枚舌《にまいじた》はないということです。

それはつまり、いままで説《と》かれた教《おし》えが、形《かたち》のうえでは「迹仏《しゃくぶつ》の教《おし》え」と「本仏《ほんぶつ》の教《おし》え」とに分《わ》かれているように見《み》えるが、そうではない、窮極《きゅうきょく》においてはただ一《ひと》つであるぞ――ということを表《あら》わしているのです。

二門信一《にもんしんいつ》

それで、のちの人《ひと》がそれを解説《かいせつ》して、「出広長舌《すいこうちょうぜつ》」という不可思議《ふかしぎ》な現象《げんしょう》には、「二門信一《にもんしんいっ》」ということが表《あら》わされていると説明《せつめい》したわけです。

二門《にもん》というのは迹門《しゃくもん》と本門《ほんもん》です。はじめ世尊《せそん》は、娑婆世界《しゃばせかい》の住人《じゅうにん》として、娑婆世界《しゃばせかい》の人間《にんげん》たちの生《い》きかたについて、現実的《げんじつてき》にいろいろとお教《おし》えくださった。ところが、あとになって、自分《じぶん》は本来不生不滅《ほんらいふしょうふめつ》の本仏《ほんぶつ》であるとおっしゃり、そして、その本仏《ほんぶつ》に生《い》かされているという自覚《じかく》を得《え》ることが真《しん》の救《すく》いであるということを、われわれに悟《さと》らせてくださった。両方《りょうほう》に相当《そうとう》な開《ひら》きがあるように思《おも》えるが、これはどう考《かんが》えたらいいのだろうか？　そういう疑問《ぎもん》を起《お》こす人《ひと》もあることと思《おも》われます。

ところが、釈尊《しゃくそん》というお方《かた》は、久遠実成《くおんじつじょう》の本仏《ほんぶつ》の、衆生済度《しゅじょうさいど》のやむにやまれぬ慈悲心《じひしん》から、この世《よ》に現《あら》われてこられたお姿《すがた》であって、釈尊《しゃくそん》（人間釈迦牟尼如来《にんげんしゃかむにによらい》）と本仏《ほんぶつ》とのあいだに区別《くべつ》を立《た》てることはできない。また、釈尊《しゃくそん》というお方《かた》がこの世《よ》に出《で》てこられなければ、われわれは本仏《ほんぶつ》を知《し》ることができなかったのだから、迹仏《しゃくぶつ》と本仏《ほんぶつ》とどちらが上《うえ》だとも下《した》だとも区別《くべつ》を立《た》てることはできない。

そこで、本仏《ほんぶつ》も迹仏《しゃくぶつ》もつまるところは一《ひと》つである、「法華経《ほけきょう》」全体《ぜんたい》を通《つう》じて、われわれが信仰《しんこう》する対象《たいしょう》はただ一《ひと》つである——というので、「二門信一《にもんしんいつ》」というわけです。仏《ほとけ》さまが舌《した》を出《だ》されて、それが天《てん》までとどいたというのには、このような深《ふか》い意味《いみ》があるわけです。

三二六・八—三二七・一　つぎに「一切の毛孔《もうく》より無量無数色《むりょうむしゅしき》の光《ひかり》を放《はな》って、皆悉《みなことごと》く偏《あまね》く十方世界《じっぽうせかい》を照《てら》したもう。衆《もろもろ》の宝樹下《ほうじゅげ》の師子座上《ししざじょう》の諸仏《しょぶつ》も亦復是《またまたかく》の如《ごと》く、広長舌《こうちょうぜつ》を出《いだ》し、無量《むりょう》の光《ひかり》を放《はな》ちたもう。釈迦牟尼仏及《しゃかむにぶつおよ》び宝樹下《ほうじゅげ》の諸仏《しょぶつ》、神力《じんりき》を現《げん》じたもう時百千歳《ときひゃくせんざい》を満《まん》ず」とあります。

こんどは、仏《ほとけ》さまの全身《ぜんしん》から、なんともいえない美《うつく》しいさまざまな色《いろ》の光《ひかり》が出《で》て、それが十方世界《じっぽうせかい》をくまなく照《て》らし出《だ》したのです。そうすると、もろもろの宝樹《ほうじゅ》の下《した》の師子座《しし ざ》の上《うえ》にすわっておられた諸仏《しょぶつ》も、釈迦牟尼仏《しゃかむにぶつ》とおなじように広長舌《こうちょうぜつ》を出《だ》され、そしてやはり全身《ぜんしん》から無量無数色《むりょうむしゅしき》の光《ひかり》をお出《だ》しになりました。こういう美《うつく》しくもありがたいありさまが、百年《ひゃくねん》も千年《せんねん》もつづいたというのです。

毛孔《もうく》放光《ほうこう》

釈迦牟尼仏《しゃかむにぶつ》の全身《ぜんしん》から美《うつく》しい光《ひかり》が出《で》ると、十方世界《じっぽうせかい》がすみからすみまでパッと明《あか》るくなったというのは、真理《しんり》は光《ひかり》であり、迷《まよ》いの暗《やみ》をうち破《やぶ》るものであるということです。

まえにも申《もう》しましたように、暗黒《あんこく》というものは実在《じつざい》するものではありません。ただ光《ひかり》がないから暗《くら》いというだけのことです。だから、光《ひかり》がさしこみさえすれば、暗黒《あんこく》はたちまち消《き》え去《さ》ってしまうのです。

それほど、はかないものです。

迷《まよ》いも、暗黒《あんこく》と同様《どうよう》です。迷《まよ》いという実在《じつざい》があるのではない。実在《じつざい》するのは真理《しんり》だけです。迷《まよ》いというのは、心《こころ》がまだ真理《しんり》を悟《さと》っていない状態《じょうたい》をいうのです。ですから、真理《しんり》を悟《さと》りさえすれば、迷《まよ》いはたちまち消《き》え去《さ》ってしまうのです。

だから、人間《にんげん》ともあろうものが、そんな他愛《たあい》のない迷《まよ》いなどに悩《なや》まされていてはいけない、ただ真理《しんり》を悟《さと》りさえすればいいのだ、それだけで迷《まよ》いは消滅《しょうめつ》してしまうのだよ――と教《おし》えられました。その根本《こんぽん》をなすものが、諸法実相《しょほうじっそう》の教《おし》えであり、それにもとづく〈十如是《じゅうにょぜ》〉の法門《ほうもん》です。つまり、迹門《しゃくもん》においては、まずその原理《げんり》によってすべてのものごとのありようを詳細《しょうさい》に教《おし》えてくださいました。

そして、本門《ほんもん》にはいっていよいよギリギリの真実《しんじつ》を説《と》かれました。すなわち「絶対《ぜったい》の真理《しんり》を久遠実成《くおんじつじょう》の本仏《ほんぶつ》」という、温《あたた》かい血《ち》のかよった慈悲《じひ》に満《み》ち満《み》ちたものとして表現《ひょうげん》され、その本仏《ほんぶつ》は無限《むげん》の過去《かこ》から永遠《えいえん》の未来《みらい》まで生《い》きとおしのものであり、あらゆるものを生《い》かしているものであり、われわれ人間《にんげん》は、その本仏《ほんぶつ》の子《こ》どもなのである、いいかえれば、「われわれ人間《にんげん》はすべて仏《ほとけ》に生《い》かされている」ということを教《おし》えられたのです。

二門理一《にもんりいつ》

ですから、迹門《しゃくもん》に説《と》かれてあることも、本門《ほんもん》にあることも、窮極《きゅうきょく》においてはおんなじ原理《げんり》にもとづくものであるというので、このことを「二門理一《にもんりいつ》」といい、仏《ほとけ》さまの全身《ぜんしん》から出《で》た光《ひかり》が、十方世界《じっぽうせかい》のありとあらゆる暗黒《あんこく》を消滅《しょうめつ》させてしまったという瑞相《ずいそう》には、このような深《ふか》い意味《いみ》があるとされているのです。

また、釈迦牟尼仏《しやかむにぶつ》が広長舌《こうちようぜつ》を出《いだ》され、毛孔放光《もうくほうこう》されると、諸仏《しよぶつ》もいっせいにおなじく広長舌《こうちようぜつ》を出《いだ》され、毛孔放光《もうくほうこう》されたというのも、真理《しんり》は一《ひと》つであるということを象徴《しようちよう》しています。そして、仏《ほとけ》の数《かず》は無数《むすう》であっても、すべておなじ真理《しんり》を悟《さと》ったお方《かた》であるということを表《あら》わしているのです。

真理《しんり》は真理《しんり》を呼《よ》ぶ。真理《しんり》と真理《しんり》は共鳴《きようめい》し合《あ》う。真理《しんり》と真理《しんり》は一《ひと》つに溶《と》け合《あ》う。——釈迦牟尼仏《しやかむにぶつ》の全身《ぜんしん》から尊《とうと》い光《ひかり》がさしいでると、たちまち無数《むすう》の仏《ほとけ》のおからだからもおなじような光《ひかり》が放《はな》たれ、それが一《ひと》つに溶《と》け合《あ》ってこの宇宙全体《うちゆうぜんたい》を輝《かがや》くほどに照《て》らしだした——これこそ、「法華経《ほけきよう》」を信《しん》ずるものが窮極《きゆうきよく》の理想《りそう》とする「全人類成仏《ぜんじんるいじようぶつ》、娑婆即寂光土《しやばそくじやつこうど》」の姿《すがた》でなくてなんでありましょうか。そう理解《りかい》して読《よ》みかえすと、この短《みじ》かい一節《いつせつ》がどんなに尊《とうと》いものであるかが、しみじみ感《かん》じられることと思《おも》います。

一時謦欬《いちじきようがい》

三二七・一―二 つぎに「然《しこう》して後《のち》に還《かえ》って舌相《ぜつそう》を摂《おさ》めて、一時《いちじ》に謦欬《きようがい》し」とあります。まえに述《の》べられたような瑞相《ずいそう》が長《なが》くつづいてから、広長舌《こうちようぜつ》の相《そう》をおさめて、こんどは釈迦牟尼仏《しやかむにぶつ》をはじめとする無数《むすう》の諸仏《しよぶつ》が一時《いちじ》に咳《せき》ばらいをされたというのです。

これにはどんな意味《いみ》があるかといいますと、声《こえ》を出《だ》すというのは、教《おし》えを説《と》くということを表《あら》わしています。そこで、すべての仏《ほとけ》さまが一時《いちじ》に咳《せき》ばらいをされたということは、すべての教《おし》えは一《ひと》つに帰《き》するという意味《いみ》なのです。

二門教一《にもんきょういつ》

釈尊《しゃくそん》は、はじめは方便《ほうべん》の教《おし》えを説《と》かれました。方便《ほうべん》の教《おし》えも、正法《しょうぼう》であることにちがいはなく、そして低《ひく》い教《おし》えでもありません。ただ、ギリギリの最終的《さいしゅうてき》な法《ほう》を説《と》くための過程《かてい》であったというに過《す》ぎないのであって、それぞれ大切《たいせつ》な法《ほう》であり、ありがたい教《おし》えであります。たとえていえば、本門《ほんもん》の教《おし》えを掛《か》け算《ざん》だとすれば、迹門《しゃくもん》の教《おし》えは足《た》し算《ざん》にあたります。2掛《か》ける3は6であるという掛《か》け算《ざん》を最初《さいしょ》から教《おし》えたのでは、ほんとうの理解《りかい》はできません。そこで、まず最初《さいしょ》は足《た》し算《ざん》を教《おし》えるのです。そして、2足《た》す2足《た》す2は6になるという理《り》くつが解《わか》れば、2掛《か》ける3というのは、2を3度《ど》足《た》すのとおんなじことだということがはっきり理解《りかい》できる。ところが、最初《さいしょ》から二三《にさん》が六《ろく》という九九《くく》をまる覚《おぼ》えにさせたところで、けっして真《しん》に掛《か》け算《ざん》を覚《おぼ》えたとはいえません。

信仰《しんこう》もそれとおんなじです。足《た》し算《ざん》も正《ただ》しい教《おし》えであり、掛《か》け算《ざん》も正《ただ》しい教《おし》えです。それと同《おな》じように、迹門《しゃくもん》の教《おし》えも、本門《ほんもん》の教《おし》えも正《ただ》しい教《おし》えであります。さきに、信仰《しんこう》は掛《か》け算《ざん》であるといいましたが、それも足《た》し算《ざん》がしっかり解《わか》ったうえでの掛《か》け算《ざん》でないと、ほんものではないのです。

まえの「随喜功徳品第十八《ずいきくどくほんだい》」の説明《せつめい》で、「信仰《しんこう》の対象《たいしょう》×信仰《しんこう》の心《こころ》＝信仰《しんこう》の結果《けっか》」という数式《すうしき》を書《か》きましたが、最初《さいしょ》からいきなり「信仰《しんこう》の対象《たいしょう》は無始無終《むしむしゅう》の仏《ほとけ》でなければならぬ」といっても、聞《き》いた人《ひと》はただめんくらうだけで、「信仰《しんこう》の心《こころ》」はなかなか湧《わ》いてこないでしょう。ましてや、まちがった信仰《しんこう》の対象《たいしょう》などをもってきた日《ひ》には、たいへんなことになります。

ところが、迹門《しゃくもん》の教《おし》えにおいて、この世《よ》の中《なか》はこういう成《な》り立《た》ちになっている、人間《にんげん》とはこういうものだ、だからこういう生《い》きかたをしなければならない、そして人間《にんげん》どうしの関係《かんけい》はこうなければならない――ということを一《ひと》つ一《ひと》つ教《おし》えられて、結局《けっきょく》はそういうものごと一切《いっさい》をつらぬく真理《しんり》に従《したが》うこと、すなわち「三法印《さんぽういん》」、「十二因縁《じゅうにいんねん》」の法門《ほうもん》を悟《さと》り、それに即《そく》して「四諦《したい》」、「八正道《はっしょうどう》」、「六波羅蜜《ろくはらみつ》」を行《ぎょう》ずるのが正《ただ》しい生《い》きかたであることが解《わか》ってきた――これが、足《た》し算《ざん》の段階《だんかい》です。

それが解《わか》ったところで、いよいよギリギリの真実《しんじつ》すなわち、われわれすべてを生《い》かしているのは不生《ふしょう》不滅《ふめつ》の久遠《くおん》の本仏《ほんぶつ》である――ということを明《あ》かされると、われわれの胸《むね》には「そうだ、その仏《ほとけ》と一体《いったい》になることができれば、ひとりでに真理《しんり》のままの生《い》きかたができるのだ、それがほんとうの救《すく》いなのだ」ということが、パッとひらめいてくるのです。

ですから、「法華経《ほけきょう》」の前半《ぜんぱん》で説《と》かれた「方便《ほうべん》」の教《おし》えも、後半《こうはん》で説《と》かれた「真実《しんじつ》」の教《おし》えも、どちらも真理《しんり》であることに変《か》わりはなく、それは結局《けっきょく》一《ひと》つの救《すく》いへ帰着《きちゃく》するものだという意味《いみ》で「二門教一《にもんきょういつ》」というのであり、諸仏《しょぶつ》が一時《いちじ》に謦欬《きょうがい》されたということには、こういう意味《いみ》が表《あら》わされているのです。

三二七・二 つぎに「倶共《とも》に弾指《たんじ》したもう」とあります。これもインドの習慣《しゅうかん》によることで、日本人《にっぽんじん》には

倶共弾指《くぐたんじ》

奇異《きい》に感《かん》じられるかもしれませんが、人《ひと》さし指《ゆび》とおや指《ゆび》とで円《まる》をつくって、それをポンと弾《はじ》くことを弾指《たんじ》というのです。これにはどういう意味《いみ》があるかといいますと、「承知《しょうち》しました」とか「たしかに約束《やくそく》します」といって請合《うけあ》うしるしです。

それで、釈迦牟尼仏《しゃかむにぶつ》はじめ、もろもろの仏《ほとけ》がいっせいに弾指《たんじ》されたということは、みんないっしょに

この教《おし》えを説《と》きひろめようと固《かた》く約束《やくそく》されたことを表《あら》わしています。すなわち、菩薩行《ぼさつぎよう》の実行《じつこう》をお誓《ちか》いあいになったのです。

ところで、菩薩行《ぼさつぎよう》の根本精神《こんぽんせいしん》は何《なに》かといえば、「自《じ》他《た》一体《いったい》」ということです。あの人《ひと》がかわいそうだから救《すく》ってやろう——というのは、まだ菩薩行《ぼさつぎよう》の入口《いりぐち》であって、人《ひと》の苦《くる》しみを見《み》れば、ひとりでに救《すく》いの手《て》をさしのべずにはいられなくなるのが、ほんとうの菩薩心《ぼさつしん》です。

赤《あか》ちゃんがお乳《ちち》を欲《ほ》しがって泣《な》く。お母《かあ》さんがそれを抱《だ》き上《あ》げておっぱいをふくませる。そのときのお母《かあ》さんの心《こころ》というものは、「かわいそうだから」という気持《きもち》などからは超越《ちようえつ》したものです。赤《あか》ちゃんのおなかの空《す》いたのが、まるで自分《じぶん》のおなかが空《す》いたように切実《せつじつ》にわかる。そこで、なんの計《はか》らい心《ごころ》もなく、抱《だ》き上《あ》げる。お乳《ちち》をふくませる。赤《あか》んぼうは無心《むしん》にお乳《ちち》を吸《す》う。お母《かあ》さんも無心《むしん》にそれを見守《みまも》る。お母《かあ》さんと赤《あか》ちゃんとは完全《かんぜん》に一体《いったい》です。そこに紙一重《かみひとえ》の他《た》人行儀《にんぎようぎ》もない。「してやる」という気《き》持《もち》もない。——これが菩薩心《ぼさつしん》の純粋《じゆんすい》な相《すがた》です。

教《おし》えを説《と》く人《ひと》と聞《き》く人《ひと》とのあいだも、こうなったら、まったく素晴《すば》らしいものです。釈尊《しやくそん》とそのお弟《で》子《し》たちとの間柄《あいだがら》は、きっとこうだったろうと想像《そうぞう》されます。とにかく「衆生病《しゆじようや》めば、すなわち仏病《ほとけや》む」で、「自《じ》他《た》一体《いったい》」が菩薩行《ぼさつぎよう》の理想《りそう》の境地《きようち》であります。

二門人一《にもんにんいつ》

そこで、「法華経《ほけきよう》」の教《おし》えを初《はじ》めからずっと考《かんが》えていってみると、すべてはこの「自《じ》他《た》一体《いったい》」ということに帰一《きいつ》します。

「十二因縁《じゅうにいんねん》」、「四諦《したい》」、「八正道《はっしょうどう》」の教《おし》えによって、迷《まよ》いを去《さ》り、自分《じぶん》の人格《じんかく》を高《たか》めていくことは、自分《じぶん》だけのことのようであるが、じつは自分《じぶん》がよくなることは、ひいては周囲《しゅうい》の人《ひと》びとをよくすることです。「自行《じぎょう》」即《そく》「化他《けた》」です。これは、なまじっか口《くち》で教《おし》えを説《と》くことよりも確実《かくじつ》で、効果的《こうかてき》です。「六《ろく》波羅蜜《はらみつ》」は、むろん菩薩行《ぼさつぎょう》の軌範《きはん》ですから、つまり「自他一体《じたいったい》」を行《ぎょう》ずることです。

本門《ほんもん》の教《おし》えにはいると、いよいよ実感《じっかん》としての「自他一体《じたいったい》」が解《わか》ってくる。すなわち、われわれすべては、久遠本仏《くおんほんぶつ》の実子《じっし》なのだということが解《わか》ってくる。ということは、とりもなおさずわれわれ人間《にんげん》はひとりひとり別々《べつべつ》のように見《み》えていても、その根元《こんげん》においては一体《いったい》なのだということです。それを悟《さと》らないから、争《あらそ》いや不和《ふわ》が起《お》こるのであって、すべての人間《にんげん》がほんとうにそれを悟《さと》り、すべての人間《にんげん》が「自他一体《じたいったい》」の心境《しんきょう》にはいれば、この世《よ》はたちまち寂光土《じゃっこうど》に変《へん》ずるのです。

このように、「法華経《ほけきょう》」の教《おし》え全体《ぜんたい》が、結局《けっきょく》は「自他一体《じたいったい》」の精神《せいしん》に帰一《きいつ》するわけで、これを「二門《にもん》人一《にんいつ》」といい、仏《ほとけ》さまたちがいっせいに指《ゆび》を弾《はじ》いて鳴《な》らされたというのは、この自他一体《じたいったい》の精神《せいしん》をこの世《よ》にひろめようと約束《やくそく》なさったことを示《しめ》しているのです。

六種地動《ろくしゅじどう》

三二七・二―三 つぎに、「是《こ》の二《ふた》つの音声《おんじょう》、偏《あまね》く十方《じっぽう》の諸仏《しょぶつ》の世界《せかい》に至《いた》って、地皆六種《じみなろくしゅ》に震動《しんどう》す」とあります。

地《ち》が六種《ろくしゅ》に震動《しんどう》するというのは、まえにもたびたび説明《せつめい》しましたとおり、天地《てんち》のあらゆるものが心《こころ》から感動《かんどう》したことを表《あら》わしています。「是《こ》の二《ふた》つの音声《おんじょう》」というのは、「一時謦欬《いちじきょうがい》」の声《こえ》と「倶共弾指《くぐたんじ》」のひびきのことで、仏《ほとけ》さまたちが、「法華経《ほけきょう》」に教《おし》えられている真理《しんり》は一《ひと》つであることを声高《こえたか》らかに宣言《せんげん》され、そして、菩薩行《ぼさつぎょう》の理想《りそう》である自他一体《じたいったい》の精神《せいしん》をこの世界《せかい》に確立《かくりつ》しようと固《かた》く約束《やくそく》し合《あ》われたその弾指《たんじ》のひびきが、あまねく十方《じっぽう》にひびきわたって、天地《てんち》のあらゆる生《せい》あるものがうち震《ふる》うほどの感動《かんどう》を覚《おぼ》えたのです。

うち震《ふる》うほどの感動《かんどう》を覚《おぼ》えれば、だれでもそれを実行《じっこう》に移《うつ》さずにはおられません。ただあたまで解《わか》っただけでは、それを知識《ちしき》としてあたまにしまっておくだけで実行《じっこう》しない人《ひと》もありましょう。しかし、からだも心《こころ》もうち震《ふる》うほどの感動《かんどう》を覚《おぼ》えれば、ひとりでにそれを実行《じっこう》するのが必然《ひつぜん》のことです。

その実行《じっこう》というのは何《なに》かといえば、つまり菩薩行《ぼさつぎょう》ということになります。「法華経《ほけきょう》」の教《おし》え

二門行一《にもんぎょういつ》

は、すべて菩薩行《ぼさつぎょう》によって顕現《けんげん》されるわけです。迹門《しゃくもん》の教《おし》えもつまるところは「六波羅蜜《ろくはらみつ》」の菩薩行《ぼさつぎょう》をおすすめになっておられるのであり、本門《ほんもん》の教《おし》えにしても仏《ほとけ》と自分《じぶん》との一体《いったい》を悟《さと》ることは自《じ》他一体《たいったい》を悟《さと》ることであり、その悟《さと》りはひとりでに他《た》を救《すく》う菩薩行《ぼさつぎょう》に顕現《けんげん》せざるをえないのです。そして、世界平和《せかいへいわ》・娑婆即寂光土《しゃばそくじゃっこうど》の達成《たっせい》という大菩薩行《だいぼさつぎょう》にまで展開《てんかい》せざるをえないわけです。このことを「二門行一《にもんぎょういつ》」といい、地《ち》が六種《ろくしゅ》に震動《しんどう》したということには、そういう深《ふか》い意味《いみ》が示《しめ》されているわけです。

さて、これまでに出《で》てきました五大神力《ごだいじんりき》は、釈迦牟尼仏《しゃかむにぶつ》および他《た》の諸仏《しょぶつ》ご自身《じしん》の悟《さと》りと、教《おし》えと、誓《ちか》

いの現《あら》われでしたが、これから出《で》てくる五大神力《ごだいじんりき》は、その仏《ほとけ》の悟《さと》りや教《おし》えや誓《ちか》いが天地《てんち》のあらゆる衆生《しゅじょう》におよぼされた場合《ばあい》、どういう結果《けっか》が起《お》こるかということ、すなわち衆生《しゅじょう》への反響《はんきょう》に現《あら》われた仏《ほとけ》の神力《じんりき》を示《しめ》しているのです。

普見大会《ふげんだいえ》

三二七・三一九 そこで、大地《だいち》が六種《ろくしゅ》に震動《しんどう》したところが、「其《そ》の中《なか》の衆生《しゅじょう》、天《てん》・龍《りゅう》・夜叉《やしゃ》・乾闥婆《けんだつば》・阿修羅《あしゅら》・迦楼羅《かるら》・緊那羅《きんなら》・摩睺羅伽《まごらが》・人《にん》・非人《ひにん》等《とう》、仏《ほとけ》の神力《じんりき》を以《もっ》ての故《ゆえ》に、皆《みな》此《こ》の娑婆世界《しゃばせかい》の無量無辺《むりょうむへん》百千万億《ひゃくせんまんのく》の衆《もろもろ》の宝樹下《ほうじゅげ》の師子座上《ししざじょう》の諸仏《しょぶつ》を見《み》、及《およ》び釈迦牟尼仏《しゃかむにぶつ》、多《た》宝如来《ほうにょらい》と共《とも》に宝塔《ほうとう》の中《うち》に在《ましま》して、師《し》子《し》の座《ざ》に坐《ざ》したまえるを見《み》たてまつり、又無量無辺百千万億《またむりょうむへんひゃくせんまんのく》の菩薩摩訶薩《ぼさつまかさつ》及《およ》び諸《もろもろ》の四衆《ししゅ》の、釈迦牟尼仏《しゃかむにぶつ》を恭敬《くぎょう》し囲繞《いにょう》したてまつるを見《み》る。既《すで》に是《こ》れを見已《みおわ》って、皆大《みなおお》いに歓喜《かんぎ》して未曾有《みぞう》なることを得《う》」とあります。

人間《にんげん》ばかりではありません。天地間《てんちかん》の生《い》きとし生《い》けるものが、仏《ほとけ》の神力《じんりき》によって、この娑婆世界《しゃばせかい》の霊《りょう》鷲山《じゅせん》にもろもろの仏《ほとけ》さまが集《あつ》まっていらっしゃるのを見《み》ることができたというのです。釈迦牟尼仏《しゃかむにぶつ》と多《た》宝如来《ほうにょらい》は宝塔《ほうとう》の中《なか》にならんですわっていらっしゃいます。その他《た》の諸仏《しょぶつ》は宝樹《ほうじゅ》の下《した》の師子座《ししざ》にすわっていらっしゃいます。そして、無数《むすう》の菩薩《ぼさつ》たちが釈迦牟尼仏《しゃかむにぶつ》をとりかこんで、恭敬《くぎょう》もうしあげているのです。それを見《み》て、すべてのものが、かつて経験《けいけん》したことのない心《こころ》の喜《よろこ》びを覚《おぼ》えたというわけです。

そこで、こういう尊《とうと》い大会《だいえ》の光景《こうけい》を、すべての生《せい》あるものつまり、天人《てんにん》から虫《むし》にいたるまで普《あまね》く見《み》ることができたわけですから、専門語《せんもんご》で「普見大会《ふげんだいえ》」といいます。

これは何《なに》を意味《いみ》していますかといいますと、あらゆる生《い》きものが、すべて仏《ほとけ》を見《み》たてまつったというのですから、すべてのものが平等《びょうどう》に仏《ほとけ》の教《おし》えを悟《さと》ることができるということになるのです。

未来機《みらいき》一《いつ》

現在《げんざい》においては、それぞれの機根《きこん》が相違《そうい》している。それで、早《はや》く悟《さと》れるものもあれば、なかなか悟《さと》れないものもある。だから、教化《きょうけ》する方便《ほうべん》というものも、その機根《きこん》に応《おう》じていろいろとちがえなければならない。ところが、それは現在《げんざい》における姿《すがた》であって、はるかな未来《みらい》のことを考《かんが》えると、いつかはすべてのものが悟《さと》りを得《え》ることができるのです。

早《はや》いおそいはそこにゆきつくまでの過程《かてい》であり、機根《きこん》のちがいというのもそこにゆきつくまでの間《あいだ》のことに過《す》ぎないのであって、彼岸《ひがん》に到達《とうたつ》してしまえばすべてがおなじ仏《ほとけ》なのですから、機根《きこん》のちがいなどありはしません。このことを、未来《みらい》においては機根《きこん》は一《ひと》つだという意味《いみ》で「未来機一《みらいきいつ》」といい、そして「普見大会《ふげんだいえ》」すなわちすべての生《い》きものがひとしく仏《ほとけ》を見《み》たてまつることができたということには、未来《みらい》において仏《ほとけ》はかならずすべての生《せい》あるものをひとしく悟《さと》りの世界《せかい》へ導《みちび》いてくださる、そういう大神《だいじん》力《りき》をもったお方《かた》であるということが示《しめ》されているわけです。

空中唱声《くうちゅうしょうしょう》

三二七・九―三二八・二
つぎに、「即時に諸天《しょてん》、虚空《こくう》の中《なか》に於《おい》て高声《こうしょう》に唱《とな》えて言《い》わく、此《こ》の無量無辺百千万億阿《むりょうむへんひゃくせんまんのくあ》僧祇《そうぎ》の世界《せかい》を過《す》ぎて、国《くに》あり娑婆《しゃば》と名《なづ》く、是《こ》の中《なか》に仏《ほとけ》います、釈迦牟尼《しゃかむに》と名《なづ》けたてまつる。今諸《いまもろもろ》の菩薩摩訶薩《ぼさつまかさつ》の為《ため》に、大乗経《だいじょうきょう》の妙法蓮華《みょうほうれんげ》・教菩薩法《きょうぼさつぽう》・仏所護念《ぶつしょごねん》と名《なづ》くるを説《と》きたもう。汝等当《なんだちまさ》に深心《じんしん》に随喜《ずいき》すべし。亦当《またまさ》に釈迦牟尼仏《しゃかむにぶつ》を礼拝《らいはい》し供養《くよう》すべし」とあります。

あらゆる衆生《しゅじょう》が仏《ほとけ》の大会《だいえ》を見《み》たてまつることができて未曾有《みぞうう》の歓喜《かんぎ》を覚《おぼ》えていますと、そのとき、諸《しょ》天善神《てんぜんじん》が虚空《こくう》の上《うえ》から大《おお》きな声《こえ》で呼《よ》びかけられました。

「この無辺際《むへんざい》の多《おお》くの国々《くにぐに》のむこうに娑婆《しゃば》という国《くに》があります。その国《くに》に釈迦牟尼《しゃかむに》ともうしあげる仏《ほとけ》がいらっしゃいます。そして、いまはもろもろの菩薩摩訶薩《ぼさつまかさつ》のために妙法蓮華《みょうほうれんげ》・教菩薩法《きょうぼさつぽう》・仏所護念《ぶつしょごねん》という大乗《だいじょう》の教《おし》えをお説《と》きになられました。みんな心《こころ》の底《そこ》から随喜《ずいき》しなければなりません。釈迦牟尼仏《しゃかむにぶつ》を礼《らい》拝《はい》し、供養《くよう》しなければなりません。」

教菩薩法《きょうぼさつぽう》とは菩薩《ぼさつ》の道《みち》を教《おし》える法《ほう》ということ、仏所護念《ぶつしょごねん》とは、正《ただ》しくひろまるようにと仏《ほとけ》がつねに護《まも》り念《ねん》じておられるということです。

諸天《しょてん》の呼《よ》びかけられる声《こえ》が、衆生《しゅじょう》の耳《みみ》にひびいてきたということは、とりもなおさず、心《こころ》にありありと感得《かんとく》したということにほかなりません。これは仏教《ぶっきょう》だけでなく、キリストの教《おし》えにも、孔子《こうし》・孟子《もうし》の教《おし》えにも、「天《てん》の声《こえ》を聞《き》く」ということはよく出《で》てきます。天《てん》の啓示《けいじ》を受《う》ける、すなわち心《こころ》にパッとひらめくように信仰《しんこう》の真実《しんじつ》を感得《かんとく》することをいうのです。

ここではどういうことを感得《かんとく》したかといいますと、「娑婆世界《しゃばせかい》で釈迦牟尼仏《しゃかむにぶつ》がお説《と》きになった妙法蓮《みょうほうれん》華《げ》・教菩薩法《きょうぼさつぽう》・仏所護念《ぶつしょごねん》という教《おし》えこそ、この宇宙《うちゅう》のありとあらゆる生《せい》あるものをほんとうに生《い》かし、調和《ちょうわ》を与《あた》え、ほんとうの安《やす》らぎをもたらす真実無二《しんじつむに》の教《おし》えである」ということを、心《こころ》の奥《おく》にはっきりと悟《さと》ったのです。

未来教一《みらいきよういつ》

ところで、これは何《なに》を意味《いみ》しているかといいますと、現在《げんざい》においてはこの娑婆《しやば》は苦《く》の世界《せかい》であるけれども、未来《みらい》においてはかならずすべての教《おし》えや学問《がくもん》が仏《ほとけ》の教《おし》えに帰一《きいつ》する。そうなったとき、この娑婆《しやば》は宇宙間《うちゆうかん》でいちばん尊《とうと》い国《くに》になるのだということをいってあるのです。現在《げんざい》においては、人間《にんげん》を向上《こうじよう》させるはずの教《おし》えや学問《がくもん》がテンデンバラバラな方向《ほうこう》に向《む》かっているので、かえって人《ひと》びとを対立《たいりつ》させたり、不幸《ふこう》へ導《みちび》いたりしています。たとえば、宗教《しゆうきよう》の対立《たいりつ》もその例《れい》であるし、政治理念《せいじりねん》の対立《たいりつ》もそうです。また科学《かがく》にしても、原子科学《げんしかがく》などというものは人間生活《にんげんせいかつ》の福利《ふくり》を増進《ぞうしん》させる方向《ほうこう》よりも、かえって人類《じんるい》を最大《さいだい》の不幸《ふこう》に陥《おとしい》れるような方向《ほうこう》へ進《すす》もうとしています。

こういういろいろな学問《がくもん》や教《おし》えが、釈迦牟尼仏《しやかむにぶつ》の説《と》かれた生命尊重《せいめいそんちよう》、万物調和《ばんぶつちようわ》の理念《りねん》に沿《そ》って進《すす》むようになれば、そのときこそ地上《ちじよう》に理想的《りそうてき》な寂光土《じやつこうど》が実現《じつげん》し、その高度《こうど》に進《すす》んだ物質文化《ぶつしつぶんか》と共《とも》に、娑婆世界《しやばせかい》が真《しん》に宇宙《うちゆう》の中心《ちゆうしん》となることができるのです。

ここに説《と》かれているのは、そういう思想《しそう》であって、未来《みらい》においてはすべての教《おし》えがかならず仏《ほとけ》の教《おし》えに帰一《きいつ》するのだという意味《いみ》で、「未来教一《みらいきよういつ》」を示《しめ》しているといわれているわけです。

咸皆帰命《かんかいきみよう》

三二八・二—三

そこで、つぎに「彼《か》の諸《もろもろ》の衆生《しゆじよう》、虚空《こくう》の中《なか》の声《こえ》を聞《き》き已《おわ》って、合掌《がつしよう》して娑婆世界《しやばせかい》に向《むか》って、是《かく》の如《ごと》き言《ことば》を作《な》さく、南無釈迦牟尼仏《なむしやかむにぶつ》・南無釈迦牟尼仏《なむしやかむにぶつ》と」となってくるのは、自然《しぜん》の成《な》りゆきです。

すなわち、宇宙間《うちゆうかん》に存在《そんざい》するありとあらゆる生《せい》あるものが、みないっせいに娑婆《しやば》のほうへ向《む》かって、「南無釈迦牟尼仏《なむしやかむにぶつ》・南無釈迦牟尼仏《なむしやかむにぶつ》」と唱《とな》えたのです。みんなが釈迦牟尼仏《しやかむにぶつ》の教《おし》えに帰命《きみよう》したからです。

未来人一《みらいにんいつ》　これも、やはり未来《みらい》のことをいってあるのであって、現在《げんざい》は仏《ほとけ》の教《おし》えを知《し》らない人《ひと》もあり、それに触《ふ》れる機会《きかい》があっても深《ふか》くはいろうとしない人《ひと》もあり、あるいはまちがった思想《しそう》に心《しん》酔《すい》している人《ひと》、思想《しそう》と名《な》のつくものすら持《も》ち合《あ》わせず、ただ馬車馬《ばしやうま》のような生活《せいかつ》をしている人《ひと》、あるいはもっと下《くだ》って、道徳《どうとく》や法律《ほうりつ》に反《はん》するような悪行《あくぎよう》をはたらいている人《ひと》など……とにかく、いろいろな種《しゆ》類《るい》の、さまざまな段階《だんかい》の人《ひと》がいるけれども、未来《みらい》においては、かならずすべての人《ひと》が仏《ほとけ》さまに帰命《きみよう》するときがくるというのです。

そうなると、悪人《あくにん》もなければ愚者《ぐしや》もない、みんなりっぱな人格《じんかく》を完成《かんせい》しているのですから、この境地《きようち》を「未来人一《みらいにんいつ》」といいます。すべての人《ひと》びとが「南無釈迦牟尼仏《なむしやかむにぶつ》・南無釈迦牟尼仏《なむしやかむにぶつ》」と唱《とな》えたということは、この意味《いみ》を表《あら》わしているのです。

遙散諸物《ようさんしよもつ》　三二八・三―六　つぎに「種種《しゆじゆ》の華《け》・香《こう》・瓔珞《ようらく》・旛蓋《ばんがい》及《およ》び諸《もろもろ》の厳身《ごんしん》の具《ぐ》・珍宝《ちんぽう》・妙物《みようもつ》を以《もつ》て、皆共《みなとも》に遙《はる》かに娑《しや》婆世界《ばせかい》に散《さん》ず。所散《しよさん》の諸物十方《しよもつじつぽう》より来《きた》ること、譬《たと》えば雲《くも》の集《あつま》るが如《ごと》し。変《へん》じて宝帳《ほうちよう》となって、偏《あまね》く此《こ》の間《あいだ》の諸仏《しよぶつ》の上《みうえ》に覆《おお》う」とあります。

そのとき、花《はな》とか、香《こう》とか、瓔珞《ようらく》とか、旛《ばん》とか、天蓋《てんがい》のように、仏《ほとけ》さまのおそばを飾《かざ》るいろいろな美《うつく》しいもの、それからおん身《み》を飾《かざ》るさまざまな道具《どうぐ》その他《た》の宝物《ほうもつ》などが、虚空《こくう》から娑婆世界《しゃばせかい》に降《くだ》ってきました。それらが十方世界《じっぽうせかい》から降《くだ》ってくるありさまは、まるで雲《くも》が集《あつ》まってくるようでありましたが、それが地上《ちじょう》に達《たっ》する瞬間《しゅんかん》に、紗《しゃ》のように透《す》きとおった美《うつく》しい帳《とばり》に変《へん》じて、諸仏《しょぶつ》の上《うえ》を覆《おお》ってしまったというのです。

十方世界《じっぽうせかい》から、仏《ほとけ》に帰依《きえ》し感謝《かんしゃ》する心《こころ》をささげるために、いろいろさまざまなものを散《さん》じたら、それがたちまち変《へん》じて一《ひと》つの美《うつく》しい帳《とばり》となって、この諸仏《しょぶつ》の上《うえ》をひと色《いろ》に覆《おお》った――そういう不思議《ふしぎ》な現象《げんしょう》は何《なに》を意味《いみ》しているかといいますと、未来《みらい》においては、すべての人《ひと》びとの行《おこ》ないが、仏《ほとけ》を供養《くよう》するという一点《いってん》においておんなじになってくるということです。

未来行一《みらいぎょういつ》　仏《ほとけ》さまを供養《くよう》する行《おこ》ないのうちで最高最大《さいこうさいだい》のものは、日常《にちじょう》のあらゆる行為《こうい》を仏《ほとけ》さまのみ心《こころ》にかなうようにするということです。日常《にちじょう》の行《おこ》ないといっても、まったく多種多様《たしゅたよう》・千差万別《せんさばんべつ》ですけれども、そのすべてが仏《ほとけ》のみ心《こころ》にかなうという点《てん》においては一様《いちよう》になる――そのことを、さまざまな美《うつく》しい物《もの》を散《さん》じたのが、ただひと色《いろ》の帳《とばり》となって諸仏《しょぶつ》のおからだを覆《おお》ったという光景《こうけい》にたとえてあるわけです。

それはつまり、現在《げんざい》においては人《ひと》びとの行《おこ》ないは善悪《ぜんあく》さまざまであるけれども、未来《みらい》においてはすべての行《おこ》ないが「仏《ほとけ》さまのみ心《こころ》にかなう」という一点《いってん》において一致《いっち》するようになるというわけで、「未来《みらい》行一《ぎょういっ》」ということを表《あら》わしているとされています。

この「仏《ほとけ》のみ心《こころ》にかなう」ということは、非常《ひじよう》に大切《たいせつ》な日常生活《にちじようせいかつ》の軌範《きはん》だと思《おも》います。法律《ほうりつ》も心得《こころえ》ていなければならぬし、道徳《どうとく》も知《し》っていなければなりません。しかし、法律《ほうりつ》にも道徳《どうとく》にも教《おし》えられていないことがらがたくさんあります。また、法律《ほうりつ》も、道徳《どうとく》も、国《くに》により、時代《じだい》によって変化《へんか》します。そうなると、時《とき》と所《ところ》を超越《ちようえつ》して、われわれの行《おこ》ないのよりどころとなるものがなにか一《ひと》つないと、たいへん心《こころ》もとない感《かん》じです。

ところが、「仏《ほとけ》のみ心《こころ》にかなうように」ということをよりどころとすると、どんな場合《ばあい》にも、安心《あんしん》して行動《こうどう》ができます。悪《あく》や不正《ふせい》に踏《ふ》みはずすことはありません。仏《ほとけ》とは天地《てんち》の真理《しんり》ですから、仏《ほとけ》のみ心《こころ》にかなうということは、天地《てんち》の真理《しんり》に合致《がつち》するということです。だから、まちがいのあるはずがないのです。

通一仏土《つういちぶつど》

最後《さいご》に、「時に十方世界、通達無礙《つうだつむげ》にして一仏土《いちぶつど》の如《ごと》し」（三二八・六―七）とあります。

そうなると、十方世界《じつぽうせかい》には区切《くぎ》りがなくなって、どこへでも自由自在《じゆうじざい》に行《い》けるようになり（通達無礙《つうだつむげ》）、この宇宙間《うちゆうかん》がすべて一《ひと》つの仏土《ぶつど》のようになってしまうというのです。

未来理一《みらいりいつ》

これはどんなことを表《あら》わしているのかといえば、現在《げんざい》においては、娑婆世界《しやばせかい》は迷《まよ》いに満《み》ちた世界《せかい》であるとか、極楽浄土《ごくらくじようど》はなんの苦《くる》しみもない美《うつく》しい世界《せかい》であるとか、地獄《じごく》は大苦悩《だいくのう》の世界《かい》であるとかいっているが、あらゆる衆生《しゆじよう》が、仏《ほとけ》の教《おし》えによって完全《かんぜん》に真理《しんり》に合《あ》った生《い》きかたをするようになれば、天上界《てんじようかい》とか、娑婆世界《しやばせかい》とか、地獄世界《じごくせかい》とかの区別《くべつ》がなくなって、この世《よ》はこのまま仏《ほとけ》の世《せ》界《かい》になるというのです。

すなわち、真理《しんり》はあくまでも一《ひと》つであるから、未来《みらい》において、いつかはすべてのものがこの一つの真理《しん》理《り》の一《ひと》つの真《しん》理のレールの上《うえ》にのって、完全《かんぜん》な調和《ちょうわ》のある世界《せかい》をつくりあげることができるという意味《いみ》で、「未来理《みらいり》一《いっ》」を表《あら》わしているとされています。

このように、如来《にょらい》の十大神力《じゅうだいじんりき》としていろいろ不思議《ふしぎ》な瑞相《ずいそう》が述《の》べてあるのは、すべて「法華経《ほけきょう》」全体《ぜんたい》の教《おし》えの総《そう》まとめであると共《とも》に、その窮極《きゅうきょく》の理想《りそう》が示《しめ》されているわけです。また、理想《りそう》であると同時《どうじ》に、かならずそうなれるという仏《ほとけ》さまによる保証《ほしょう》でもあるわけです。ここのところは、短《みじ》かい文章《ぶんしょう》を細《こま》かく十段《じゅうだん》に分《わ》け、専門語《せんもんご》を使《つか》って説明《せつめい》しましたが、しいてこういう専門語《せんもんご》を覚《おぼ》える必要《ひつよう》はなく、ここに説《と》かれてある精神《せいしん》を理解《りかい》すれば十分《じゅうぶん》だと思《おも》います。

とにかく、ここのところをじっくりと読《よ》んでまいりますと、「法華経《ほけきょう》」の教《おし》えには、衆生《しゅじょう》を成仏《じょうぶつ》に導《みちび》くために、まったく水《みず》も洩《も》らさぬいたれりつくせりの用意《ようい》がしてあることが胸《むね》に落《お》ちて、ことばではい い表《あら》わせないようなありがたさを覚《おぼ》えざるをえません。

と同時《どうじ》に、こういう理想《りそう》の境地《きょうち》ははるかに遠《とお》いものであるけれども、仏《ほとけ》の教《おし》えを実行《じっこう》することによって、一歩《いっぽ》でも半歩《はんぽ》でもそれに近《ちか》づくことができるのだ——と思《おも》うと、人生《じんせい》に対《たい》するほんとうの生《い》き甲斐《がい》がフツフツとして湧《わ》いてくるのを感《かん》じるのです。

人生《じんせい》に対《たい》してしっかりした目標《もくひょう》ができるということが、なによりありがたいのです。その目標《もくひょう》も、二《ふた》つや三《みっ》つあったのでは、心《こころ》は絶《た》えず左《ひだり》へ傾《かたむ》いたり右《みぎ》へ傾《かたむ》いたりして、安定《あんてい》しません。ところが、「仏《ほとけ》の境地《きょうち》へ上《のぼ》るのだ」というただ一《ひと》つの、そして最《もっと》も尊《とうと》い目標《もくひょう》をめざして生《い》きるかぎり、職場《しょくば》での仕事《しごと》も、日常《にちじょう》の生活《せいかつ》も、友《とも》だちとのつきあいも、本《ほん》を読《よ》むことも、運動《うんどう》をすることも、つねに一本《いっぽん》の線《せん》につらぬかれてきますから、わき道《みち》へそれることがありません。

もちろん凡夫《ぼんぷ》の身《み》ですから、あるいは邪《よこしま》な心《こころ》や懈怠《けだい》の心《こころ》を起《お》こしたり、過《あやま》ちをおかしたり、あるいは身辺《しんぺん》の小《ちい》さなことに思《おも》い悩《なや》んだり、はかない喜《よろこ》びにひたったり、日夜《にちや》いろいろと迷《まよ》いをくりかえすのは、やむをえないことです。しかし、そういう迷《まよ》いのくりかえしの中《なか》にも、一歩《いっぽ》一歩《いっぽ》と仏《ほとけ》の境界《きょうがい》をめざして進《すす》んでいるんだという自覚《じかく》があれば、大《おお》きく崩《くず》れることがありません。なぜならば、その自覚《じかく》がいつも心《こころ》の支《ささ》えとなるからです。

ここのところに描《えが》かれてある境地《きょうち》が、あまりにも理想的《りそうてき》な世界《せかい》であるために、ともすれば自分《じぶん》とはかけはなれた夢《ゆめ》の世界《せかい》のように考《かんが》える人《ひと》があるかもしれませんが、そういう漠然《ばくぜん》とした気持《きもち》でなく、その理想《りそう》の世界《せかい》の姿《すがた》を、現実的《げんじつてき》に胸《むね》の中《なか》に焼《や》きつけることがかんじんです。そして、いま述《の》べましたように、それを人生《じんせい》の目標《もくひょう》として日々《にちにち》の生活《せいかつ》をいとなまなければならないのであります。

そのとき世尊《せそん》は、上行菩薩《じょうぎょうぼさつ》その他《た》の菩薩大衆《ぼさつだいしゅ》にむかって、つぎのようにお告《つ》げになります。

三二八・七―一〇

「仏に具わっている力というものは、このとおり無限《むげん》なものです。普通《ふつう》の人《ひと》のあたまでは考《かんが》え及《およ》ばないほど大《おお》きなものです。しかし、後世《こうせい》においてこの『法華経《ほけきょう》』をひろめてくれるよう、皆《みな》さんにお願《ねが》いするために、如来《にょらい》の無《む》限《げん》の神力《じんりき》をもってその功徳《くどく》をいつまでも説《と》いてみても、とうていすべてをいい尽《つ》くすことはできますまい。」

ここに属累《ぞくるい》ということばがありますが、「属《ぞく》」は委嘱《いしょく》とか嘱託《しょくたく》とかいう場合《ばあい》の「嘱《しょく》」とおなじ意味《いみ》で、頼《たの》むということ、また「累《るい》」は面倒《めんどう》ということ、そこで属累《ぞくるい》というのは「面倒《めんどう》を頼《たの》む」という意味《いみ》です。仏《ほとけ》さまが「この教《おし》えをひろめるのはたいへん骨《ほね》の折《お》れることだが、どうかしっかりやってください。頼《たの》みますよ」とおっしゃってくださるのです。ほんとうにもったいないおことばです。そのおことばをうかがっただけでも、決定《けつじょう》を新《あら》たにせずにはおられません。

さて、「法華経《ほけきょう》」の功徳《くどく》は、如来《にょらい》の大神力《だいじんりき》をもって無量無辺百千万億阿僧祇劫《むりょうむへんひゃくせんまんのくあそうぎこう》という長《なが》い間《あいだ》、説《と》きつづけても、説《と》き尽《つ》くすことはできない、それほど広大無辺《こうだいむへん》なものだとおおせになりましたが、その要点《ようてん》をまとめていえば（要《よう》を以《もっ》て之《これ》を言《い》わば）どんなものであるかということを、つぎのようにお述《の》べになります。

三二八・一〇―一二

「如来の一切の所有《しょう》の法《ほう》・如来《にょらい》の一切《いっさい》の自在《じざい》の神力《じんりき》・如来《にょらい》の一切《いっさい》の秘要《ひよう》の蔵《ぞう》・如来《にょらい》の一切《いっさい》の甚深《じんじん》の事《じ》・皆此《みなこ》の経《きょう》に於《おい》て宣示顕説《せんじけんぜつ》す。」

これは、総《そう》まとめのまた総《そう》まとめであって、たいへん大切《たいせつ》な一節《いっせつ》です。

如来《にょらい》の一切《いっさい》の所有《しょう》の法《ほう》

「如来《にょらい》の一切《いっさい》の所有《しょう》の法《ほう》」の「法《ほう》」というのは、「正法《しょうぼう》」という意味《いみ》です。そこで、「法華《ほけ》経《きょう》」のなかには、如来《にょらい》がお悟《さと》りになった一切《いっさい》の正法《しょうぼう》が尽《つ》くされているというわけです。その他《た》の経典《きょうでん》に説《と》かれていることも、如来《にょらい》のお悟《さと》りになった正法《しょうぼう》にはちがいないのですが、それが部分的《ぶぶんてき》であったり、個々《ここ》の衆生《しゅじょう》の機根《きこん》に応《おう》じた方便《ほうべん》の教《おし》えであったりして、すべてを尽《つ》くしているとはいえません。

ところが、この「法華経《ほけきょう》」には、この宇宙間《うちゅうかん》に通《つう》ずる大真理《だいしんり》（妙法《みょうほう》）が説《と》かれているのですから、その中《なか》に一切《いっさい》が含《ふく》まれているわけです。また、釈尊《しゃくそん》ご一代《いちだい》の説法《せっぽう》のすべてをまとめた総決算《そうけっさん》の教《おし》えですから、そういう意味《いみ》でも、如来《にょらい》の悟《さと》られたありとあらゆる正法《しょうぼう》がこのお経《きょう》に尽《つ》くされているわけです。

如来《にょらい》の一切《いっさい》の自在《じざい》の神力《じんりき》

如来《にょらい》のお悟《さと》りになった絶対《ぜったい》の真理《しんり》が、われわれ衆生《しゅじょう》を救《すく》うはたらきとなって現《あら》われる場《ば》合《あい》、その救《すく》いの手《て》から漏《も》れるものはありません。これが「如来《にょらい》の一切《いっさい》の自在《じざい》の神力《じんりき》」であって、この神力《じんりき》が「法華経《ほけきょう》」の中《なか》にこめられているわけです。

すなわち、われわれが「法華経《ほけきょう》」を読《よ》むと、どこを読《よ》んでも真実《しんじつ》のことばが書《か》いてありますから、一《いち》偈《げ》一句《いっく》を読《よ》んでもそれだけ救《すく》われるのです。もし「法華経《ほけきょう》」全体《ぜんたい》に通《つう》ずる大真理《だいしんり》を完全《かんぜん》に悟《さと》り、完全《かんぜん》に実行《じっこう》することができたら、仏《ほとけ》の境界《きょうがい》にさえ達《たつ》することができるのです。ですから、如来《にょらい》の衆生済度《しゅじょうさいど》の自《じ》由自在《ゆうじざい》な力《ちから》が、このお経《きょう》の中《なか》に満《み》ち満《み》ちているわけであります。

如来《にょらい》の一切《いっさい》の秘要《ひよう》の蔵《ぞう》　つぎに「如来《にょらい》の一切《いっさい》の秘要《ひよう》の蔵《ぞう》」とあります。蔵《ぞう》というのは、「大蔵経《だいぞうきょう》」などというように数《かず》が非常《ひじょう》に多《おお》いことです。秘要《ひよう》というのは、胸《むね》の中《なか》にしっかりとたくわえてあるということです。これは如来《にょらい》の教《おし》えの無限《むげん》であることをいってあるので、如来《にょらい》はあらゆるものごとの実相《じっそう》をお見通《みとお》しになり、あらゆる衆生《しゅじょう》の機根《きこん》を知《し》り分《わ》けていらっしゃいますから、それぞれの場合《ばあい》に応《おう》じて適切《てきせつ》な教《おし》えを説《と》いてくださるわけで、そういう教《おし》えというものは無限《むげん》に如来《にょらい》のみ胸《むね》の中《なか》にたくわえられているというのです。

そういう如来《にょらい》のみ胸《むね》の中《なか》にある無限《むげん》の教《おし》えが、「法華経《ほけきょう》」の中《なか》にすべて投入《とうにゅう》されているというのが「如来《にょらい》の一切《いっさい》の秘要《ひよう》の蔵《ぞう》」の意味《いみ》です。

如来《にょらい》の一切《いっさい》の甚深《じんじん》の事《じ》　つぎに、「如来《にょらい》の一切《いっさい》の甚深《じんじん》の事《じ》」とあります。「事《じ》」というのは、「事《じ》の一念三千《いちねんさんぜん》」などというように「実践《じっせん》」ということです。「理《り》」を悟《さと》れば、かならずそれを「事《じ》」にうつさなければ、完全《かんぜん》な成就《じょうじゅ》には達《たっ》せられません。「理《り》」と「事《じ》」はつねに相伴《あいともな》わなければならないものです。「法華経《ほけきょう》」においても、たんに「理《り》」だけをお説《と》きになってはおられないのであって、釈尊《しゃくそん》がこれまでにどういう修行《しゅぎょう》をなさったか、どういう過程《かてい》を通《とお》って悟《さと》りをお開《ひら》きになったか、どういう方法《ほうほう》でお弟子《でし》たちやもろもろの衆生《しゅじょう》をお導《みちび》きになったかという実際《じっさい》が、一切示《いっさいしめ》されているわけです。

それも、この世《よ》にお出《で》になってからのことばかりでなく、かずかぎりない前世《ぜんせ》においてなさったさまざまの菩薩行《ぼさつぎょう》までもお述《の》べになっておられます。そういう前世《ぜんせ》のご修行《しゅぎょう》のことはもとより、この世《よ》において修行《しゅぎょう》なさったその内的《ないてき》なこと（釈尊《しゃくそん》のお心《こころ》のうちのこと）も、普通《ふつう》の人間《にんげん》のあたまではとうてい推察《すいさつ》できないほど奥深《おくぶか》いものがあるので、そのことを「甚深《じんじん》の事《じ》」とおっしゃっておられるのであります。

要《よう》するに、世尊《せそん》は、「法華経《ほけきょう》」の全体《ぜんたい》の総《そう》まとめである「如来神力品《にょらいじんりきほん》」の、そのまた総《そう》まとめとして、「その要点《ようてん》をひっくるめていえば、如来《にょらい》の悟《さと》った一切《いっさい》の法《ほう》、その法《ほう》から発《はっ》する一切《いっさい》の衆生済度《しゅじょうさいど》のはたらき、そのはたらきとして現《あら》われる一切《いっさい》の教《おし》え、過去《かこ》において実際《じっさい》に現《あら》わしてきた一切《いっさい》の衆生済度《しゅじょうさいど》の行《おこ》ない……これらのものをすべて、この経《きょう》の中《なか》ではっきりと示《しめ》し説《と》き明《あ》かしたのである」とおおせになったわけです。「法華経《ほけきょう》」のもつ最高《さいこう》の価値《かち》、その完全無欠《かんぜんむけつ》さが、ここで改《あらた》めて釈尊《しゃくそん》ご自身《じしん》のおことばとして証明《しょうめい》されているわけです。

そこで、如来《にょらい》の滅後《めつご》における心《こころ》がけとして、つぎのようにお説《と》きになります。

三二八・一二―三二九・七

「そういうわけでありますから、わたしが入滅《にゅうめつ》したあとは、この教《おし》えを一心《いっしん》に受持《じゅじ》・読誦《どくじゅ》し、解説《げせつ》・書写《しょしゃ》し、この教《おし》えに説《と》かれたとおりに修行《しゅぎょう》しなければなりません。

方々《ほうぼう》の国土《こくど》のうちに、もしこの教《おし》えを受持《じゅじ》・読誦《どくじゅ》し、解説《げせつ》・書写《しょしゃ》し、または教《おし》えのとおり修行《しゅぎょう》し、あるいはこの教《おし》えが正《ただ》しく行《おこ》なわれている所《ところ》があったならば、そこが花園《はなぞの》の中《なか》であっても、林《はやし》の中《なか》であっても、樹木《じゅもく》の下《した》であっても、あるいは僧房《そうぼう》の中《なか》であろうと、在家《ざいけ》の信者《しんじゃ》の家《いえ》であろうと、もしくは殿堂《でんどう》であろうと、山《やま》の谷間《たにま》や広野《こうや》のまん中《なか》であろうと、その場所《ばしょ》に塔《とう》を建《た》ててその教《おし》えを供養《くよう》しなければなりません。

なぜならば、その場所《ばしょ》こそわたしが悟《さと》りを開《ひら》いた場所《ばしょ》とおんなじであるからです。そして、『法華経《ほけきょう》』が心《こころ》から受持《じゅじ》され、修行《しゅぎょう》され、実行《じっこう》されている所《ところ》こそ、まさに諸仏《しょぶつ》が阿耨多羅三藐三菩提《あのくたらさんみゃくさんぼだい》を悟《さと》られた場《ば》所《しょ》であり、諸仏《しょぶつ》が永遠《えいえん》に教《おし》えを説《と》かれる場所《ばしょ》であり、諸仏《しょぶつ》がそこで完全《かんぜん》な涅槃《ねはん》の境地《きょうち》にはいられる場所《ばしょ》であるからです。」

まえにもたびたび説《と》かれてありますが、ここでも釈尊《しゃくそん》は、教《おし》えそのものが尊《とうと》いのであることを重《かさ》ねて強調《きょうちょう》しておられます。そして、教《おし》えを受持《じゅじ》し、修行《しゅぎょう》し、教《おし》えを実行《じっこう》することが、信仰《しんこう》の最《もっと》も正《ただ》しい道《みち》であることを、明《あき》らかにお教《おし》えになっておられます。

したがって、ここにある「経巻所住の処《きょうがんしょじゅうのところ》」ということばも、経巻《きょうがん》という「物《もの》」をさしているのではなく、教《おし》えがとどまっている所《ところ》、すなわち教《おし》えが正《ただ》しく行《おこ》なわれてそこに安定《あんてい》している場所《ばしょ》という意味《いみ》です。これを「物《もの》」と解釈《かいしゃく》するのは、この一段《いちだん》をつらぬいている思想《しそう》から見《み》て、断然誤《だんぜんあやま》りといわなければなりません。

なぜ、ここでこの一語《いちご》の解釈《かいしゃく》を厳重《げんじゅう》にいうかといいますと、ともすれば「教《おし》え」そのものよりも、その教《おし》えを象徴《しょうちょう》した「物《もの》」を至高至尊《しこうしそん》のものとして、それに帰依《きえ》するような誤《あやま》った信仰《しんこう》が世《よ》に行《おこ》なわれがちであるからです。教《おし》えを象徴《しょうちょう》した「物《もの》」も尊《とうと》いにはちがいありませんが、それを至高《しこう》のものとして帰《き》依《え》するとか、それを拝《おが》めば救《すく》われるとかいうことは、尊《とうと》い仏《ほとけ》の教《おし》えを俗信《ぞくしん》の位置《いち》まで低《ひく》めるものであって、大《おお》いなる謗法《ほうぼう》といわなければなりません。

重《かさ》ねていいますが、ここに明《あき》らかにおおせられてありますように、尊《とうと》いのは教《おし》えそのものです。そして正《ただ》しい信仰《しんこう》とは、その尊《とうと》い教《おし》えを受持《じゆじ》し、修行《しゆぎよう》し、実行《じつこう》するところにあるのです。このことは、われわれの信仰生活《しんこうせいかつ》の基礎《きそ》となる大切《たいせつ》なことがらですから、いやが上《うえ》にも強《つよ》く心《こころ》に刻《きざ》みこんでおかなければなりません。

つぎに、いまお説《と》きになったことを、偈《げ》をもって重《かさ》ねてお説《と》きになります。大体《だいたい》おなじ意味《いみ》ではありますが、ちがったことばでお述《の》べになっておられるところもありますから、そういうところを簡単《かんたん》に解説《かいせつ》することにしましょう。

この教《おし》えを受持《じゆじ》する（これは受持《じゆじ》・修行《しゆぎよう》・実践《じつせん》を代表《だいひよう》させてあるのです）ものの功徳《くどく》として、まず「能《よ》く是《こ》の経《きよう》を持《たも》たん者《もの》は　則《すなわ》ち為《こ》れ已《すで》に我《われ》を見《み》　亦多宝仏《またたほうぶつ》　及《およ》び諸《もろもろ》の分身者《ふんじんしや》を見《み》　又我《またわ》が今日《こんにち》　教化《きようけ》せる諸《もろもろ》の菩薩《ぼさつ》を見《み》るなり」とあります。すなわち、この教《おし》えを心《こころ》から受持《じゆじ》し、修行《しゆぎよう》し、実行《じつこう》する人《ひと》は、仏《ほとけ》を見《み》たてまつることができるというのです。仏《ほとけ》を見《み》たてまつるというのは、まえにもくわしく説明《せつめい》しましたように「仏《ほとけ》と共《とも》にいるということを自覚《じかく》する」ことであり、そういう自覚《じかく》ができたとき、われわれは大安心《だいあんじん》の境地《きようち》にいたることができるわけです。

つぎに、三三〇・六―八「能《よ》く是《こ》の経《きょう》を持《たも》たん者《もの》は　我及《われおよ》び分身《ふんじん》　滅度《めつど》の多宝仏《たほうぶつ》をして　一切皆歓喜《いっさいみなかんぎ》せしめ　十方現《じっぽうげん》在《ざい》の仏《ほとけ》　並《ならび》に過去《かこ》・未来《みらい》（の諸仏《しょぶつ》を）亦《また》は見《み》亦《また》は供養《くよう》し　亦《また》は歓喜《かんぎ》することを得《え》せしめん」とあります。これはつまり、この教《おし》えを受持《じゅじ》・修行《しゅぎょう》・実践《じっせん》すれば、あらゆる仏《ほとけ》さまが喜《よろこ》んでくださるということです。仏《ほとけ》さまのみ心《こころ》にかなうから、喜《よろこ》んでくださるのです。そして、それが仏《ほとけ》さまに対《たい》する最大《さいだい》の供養《くよう》であるわけです。

つぎに三三〇・八―一〇「諸仏道場《しょぶつどうじょう》に坐《ざ》して　得《え》たまえる所《ところ》の秘要《ひよう》の法《ほう》　能《よ》く是《こ》の経《きょう》を持《たも》たん者《もの》は　久《ひさ》しからずして亦《また》当《まさ》に得《う》べし」とあります。よくこの教《おし》えを受持《じゅじ》し、修行《しゅぎょう》し、実行《じっこう》するものは、諸仏《しょぶつ》が道場《どうじょう》に坐《ざ》して得《え》られた深《ふか》い悟《さと》りを、非常《ひじょう》に長《なが》い年月《としつき》を経《へ》ずに悟《さと》ることができるであろう――というわけです。

つぎに三三〇・一〇―一一「能《よ》く是《こ》の経《きょう》を持《たも》たん者《もの》は　諸法《しょほう》の義《ぎ》　名字及《みょうじおよ》び言辞《ごんじ》に於《おい》て　楽説窮尽《ぎょうせつぐうじん》なきこと　風《かぜ》の空中《くうちゅう》に於《おい》て　一切障礙《いっさいしょうげ》なきが如《ごと》くならん」とあります。すなわち、この教《おし》えを心《こころ》から受持《じゅじ》・修行《しゅぎょう》・実行《じっこう》する人《ひと》は、あらゆる仏《ほとけ》の教《おし》えを人《ひと》に説《と》くのに、自由自在《じゆうじざい》の力《ちから》を得《え》るであろうというのです。義《ぎ》というのは、教《おし》えの主旨《しゅし》、名字《みょうじ》とか言辞《ごんじ》というのは語句《ごく》の意味《いみ》のことです。

そうして、最後に三三〇・一一―三三一・四「如来の滅後《めつご》に於《おい》て　仏《ほとけ》の所説《しょせつ》の経《きょう》の　因縁及《いんねんおよ》び次第《しだい》を知《し》って　義《ぎ》に随《したが》って実《じつ》の如《ごと》く説《と》かん　日月《にちがつ》の光明《こうみょう》の　能《よ》く諸《もろもろ》の幽冥《ゆうみょう》を除《のぞ》くが如《ごと》く　斯《こ》の人世間《ひとせけん》に行《ぎょう》じて　能《よ》く衆生《しゅじょう》の闇《やみ》を滅《めつ》し　無《む》量《りょう》の菩薩《ぼさつ》をして　畢竟《ひっきょう》して一乗《いちじょう》に住《じゅう》せしめん　是《こ》の故《ゆえ》に智《ち》あらん者《もの》　此《こ》の功徳《くどく》の利《り》を聞《き》いて　我《わ》が滅度《めつど》の後《のち》に於《おい》て　斯《こ》の経《きょう》を受持《じゅじ》すべし　是《こ》の人仏道《ひとぶつどう》に於《おい》て　決定《けつじょう》して疑《うたがい》あることなけん」とあります。「法華経《けきよう》」の一応《いちおう》のしめくくりとして、まことに重々《おもおも》しい、尊《とうと》い一偈《いちげ》といわなければなりません。通釈《つうしやく》すればつぎのような意味《いみ》です。

「如来《によらい》の滅後《めつご》において、仏《ほとけ》の教《おし》えがなぜ説《と》かれたのか、どういう人《ひと》に、どういう所《ところ》で説《と》かれたのか、そして説《と》かれた結果《けつか》がどうなったかという因縁《いんねん》と、その順序《じゆんじよ》をはっきりと知《し》ったうえで、教《おし》えの主旨《しゆし》に従《したが》って、あやまりなく世間《せけん》の人《ひと》に説《と》くならば、日月《にちがつ》の光《ひかり》が暗黒《あんこく》を消滅《しようめつ》させるように、人《ひと》びとの迷《まよ》いの闇《やみ》を消滅《しようめつ》してしまうであろう。そうして、多《おお》くの信仰者《しんこうしや》たちをただ一仏乗《いちぶつじよう》の道《みち》にはいらせることであろう。

であるから、ほんとうに人生《じんせい》というものを深《ふか》く考《かんが》えるもの（智有《ちあ》らん者《もの》）は、この功徳《くどく》のすぐれていることを聞《き》いたならば、わたしの滅後《めつご》において、この教《おし》えを受持《じゆじ》するのが当然《とうぜん》のことである。ほんとうに人生《じんせい》を深《ふか》く考《かんが》える人《ひと》は、どうしてもこの教《おし》えに帰着《きちやく》するのである。そうしたならば、その人《ひと》がかならず仏道《ぶつどう》を成《じよう》ずるであろうことは、まさに疑《うたが》いもなきところである。」

この偈《げ》は、「法華経《ほけきよう》」の多《おお》くの偈《げ》の中《なか》でも大切《たいせつ》な偈《げ》の一《ひと》つですから、その意味《いみ》をよく会得《えとく》すると共《とも》に、暗誦《あんしよう》できるようにしたいものです。

嘱累品第二十二《ぞくるいほんだい》

「如来神力品第二十一《にょらいじんりきほんだい》」の教《おし》えを説《と》き終《お》わられた世尊《せそん》は、法座《ほうざ》からおごそかなご様子《ようす》でお立《た》ちあがりになると、右《みぎ》の手《て》ですべての菩薩《ぼさつ》たちの頭《あたま》をお撫《な》でになりながら、つぎのようにおおせになりました。

「わたしは無量百千万億阿僧祇劫《むりょうひゃくせんまんのくあそうぎこう》という長《なが》い間《あいだ》非常《ひじょう》な苦労《くろう》を重《かさ》ねて、なかなか得難《えがた》い阿耨多羅三藐三菩提《あのくたらさんみゃくさんぼだい》の悟《さと》りを得《う》ることができました。その悟《さと》りを後世《こうせい》に伝《つた》えるという大事《だいじ》を、いまあなたがたに託《たく》したいのです。あなたがたは、どうか一心《いっしん》にこの法《ほう》を流布《るふ》して、ひろくあらゆる衆生《しゅじょう》の真《しん》の幸福《こうふく》を増進《ぞうしん》させてください。」

頭《あたま》を撫《な》でるのは、日本《にっぽん》では褒《ほ》めてやる意味《いみ》をもっていますが、インドでは「おまえに任《まか》せるぞ。しっかりやれよ」という信任《しんにん》の意味《いみ》をもっているのです。須梨耶蘇摩《すりやそま》が「法華経《ほけきょう》」を愛弟子《まなでし》の羅什《らじゅう》に授《さず》けるときも、その頭《あたま》を撫《な》でながら「……なんじ慎《つつし》んで伝弘《でんぐ》せよ」といったとあります。世尊《せそん》が無数《むすう》の菩薩《ぼさつ》の頭《あたま》をお撫《な》でになったのも、この菩薩《ぼさつ》たちに深《ふか》い信頼《しんらい》をお寄《よ》せになっていらっしゃることの現《あら》われですから、菩薩《ぼさつ》たちにとっては、身《み》が震《ふる》えるほどの感激《かんげき》だったにちがいありません。

しかも世尊《せそん》は、ほどなく入滅《にゅうめつ》されることをご自分《じぶん》でお知《し》りになっておられるばかりでなく、お弟子《でし》たちにもはっきりおのべになっておられるのですから、その師弟《してい》の間《あいだ》に流《なが》れる思《おも》いというものは、まことに無量《むりょう》のものがあったことでしょう。しかし、世尊《せそん》は、ほかのことは何《なに》もおっしゃいません。ただ一《ひと》つ「法《ほう》」のことしかおっしゃらないのです。その澄《す》みきった、高《たか》い、そして慈悲《じひ》に満《み》ちたお心《こころ》には、頭《あたま》が下《さ》がるばかりです。

世尊《せそん》は、三度《みたび》菩薩《ぼさつ》たちの頭《あたま》をお撫《な》でになりながら、おなじ意味《いみ》のことを三度《みたび》もくりかえしておおせられました。どんなに重大《じゅうだい》なことがらであるかが、それだけでもわかります。

三三二・六―一〇「是の得難き阿耨多羅三藐三菩提《あのくたらさんみゃくさんぼだい》の法《ほう》を修習《しゅしゅう》せり。今以《いまもっ》て汝等《なんだち》に付嘱《ふぞく》す。汝等当《なんだちまさ》に受持《じゅじ》・読誦《どくじゅ》し広《ひろ》く此《こ》の法《ほう》を宣《の》べて、一切衆生《いっさいしゅじょう》をして普《あまね》く聞知《もんち》することを得《え》せしむべし。所以《ゆえ》は何《いか》ん、如来《にょらい》は大慈悲《だいじひ》あって諸《もろもろ》の慳悋《けんりん》なく、亦畏《またおそ》るる所《ところ》なくして、能《よ》く衆生《しゅじょう》に仏《ほとけ》の智慧《ちえ》・如来《にょらい》の智慧《ちえ》・自然《じねん》の智慧《ちえ》を与《あた》う。」

非常《ひじょう》に大切《たいせつ》な一節《いっせつ》です。まずこの「得難《えがた》き」ということばと、「慳悋《けんりん》なく」ということばを、よく考《かんが》え合《あ》わせなければなりません。仏《ほとけ》の悟《さと》りというものは、なみたいていの努力《どりょく》で得《え》られるものではありません。世尊《せそん》は、長《なが》い前世《ぜんせ》におけるご修行《しゅぎょう》はまずさしおくとしても、現世《げんぜ》においてもあらゆる苦心《くしん》を重《かさ》ねられたすえにお悟《さと》りになったのです。その「得難《えがた》い」悟《さと》りを、いささかの慳悋《けんりん》（惜《お》しむ心《こころ》）もなく、あらゆる衆生《しゅじょう》に公開《こうかい》されたのです。それも、できるだけまわり道《みち》をしないで、まっすぐに（疾《と》く）阿耨多《あのくた》羅三藐三菩提《らさんみゃくさんぼだい》へ達《たっ》するようにと、いろいろ心《こころ》を砕《くだ》いて教《おし》えの手段《しゅだん》をお考《かんが》えになりました。

これを世《よ》の一般《いっぱん》のゆきかたと比《くら》べてみると、そのありがたさがしみじみとわかるはずです。いろいろな学問《がくもん》や技術《ぎじゅつ》を後輩《こうはい》に教《おし》えるのには、自分《じぶん》が十年《ねん》かかって修得《しゅうとく》したものを、五年間《ねんかん》で覚《おぼ》えられるように苦心《くしん》して教《おし》えるような先輩《せんぱい》というものは珍《めずら》しい存在《そんざい》であって、この秘伝《ひでん》を教《おし》えるのはもったいないとか、おまえもおれとおなじ苦労《くろう》をして覚《おぼ》えろ――というような態度《たいど》がたいていの通《とお》り相場《そうば》です。これを「法惜《ほうお》しみ」といって、社会《しやかい》の進歩《しんぽ》向上《こうじよう》を大《おお》いに妨《さまた》げる邪心《じやしん》です。

世尊《せそん》はこの「法惜《ほうお》しみ」を強《つよ》く戒《いまし》められているのです。自分《じぶん》が悟《さと》ったことをすこしも惜《お》しむところなくさらけ出《だ》すばかりでなく、自分《じぶん》が十年《ねん》かかったものなら、八年《ねん》なり、五年《ねん》なり、とにかく自分《じぶん》よりすこしでも早《はや》くそれを修得《しゆうとく》するような、手段《しゆだん》・方法《ほうほう》を考《かんが》えて教《おし》えてやる――これが慈悲心《じひしん》というべきものであります。これは宗教的《しゆうきようてき》な「法《ほう》」とか「悟《さと》り」というものだけでなく、世《よ》の中《なか》の一般《いつぱん》の学問《がくもん》にしても、技術《ぎじゆつ》にしても、先輩《せんぱい》は後輩《こうはい》に対《たい》してそういう気持《きもち》で対《たい》さなければなりません。そのことを、われわれはここで深《ふか》く教《おし》えられるのです。

なおこの「畏《おそ》るる所《ところ》なくして」の「畏《おそ》るる」は、恐《おそ》れるというのとはすこしちがって、「はばかる」とか、「心《こころ》がひっかかる」という意味《いみ》です。法惜《ほうお》しみをしないばかりでなく、何物《なにもの》にもはばかるところなく、心《こころ》になんのひっかかりもなく法《ほう》を説《と》くのです。

「はばかる」というのは、この法《ほう》を人《ひと》びとに説《と》けば、嫌《きら》われたり、悪《わる》くいわれたりするのではないか――というような気持《きもち》です。

「心《こころ》のひっかかり」というのは、法《ほう》を説《と》くことによって報酬《ほうしゆう》を得《え》たいとか、えらく思《おも》われたいといったような気持《きもち》です。

如来《にょらい》は大慈悲《だいじひ》から法《ほう》をお説《と》きになるのですから、法惜《ほうお》しみなど微塵《みじん》もされないし、なにものをもはばかるところなく、心《こころ》にいささかのひっかかりもなく、悠々《ゆうゆう》として自由自在《じゆうじざい》にお説《と》きになるのです。われわれも、如来《にょらい》のこの境地《きょうち》へ近《ちか》づくように、いっしょうけんめい努力《どりょく》しなければなりません。

如来《にょらい》は、こういうふうに法《ほう》をお説《と》きになって、よく衆生《しゅじょう》に仏《ほとけ》の智慧《ちえ》と、如来《にょらい》の智慧《ちえ》と、自然《じねん》の智慧《ちえ》を与《あた》える――とあります。この三つの智慧《ちえ》は、「法華経《ほけきょう》」の教《おし》えを要約《ようやく》してあるのですから、非常《ひじょう》に大切《たいせつ》なことですが、これが従来《じゅうらい》はっきり理解《りかい》されていないようです。

仏《ほとけ》の智慧《ちえ》　仏《ぶつ》というのは仏陀《ぶつだ》の略《りゃく》であり、仏陀《ぶつだ》というのは「覚者《かくしゃ》」ということです。真如《しんにょ》すなわち宇宙《うちゅう》の真理《しんり》を覚《さと》った人《ひと》という意味《いみ》です。したがって、「仏《ほとけ》の智慧《ちえ》」というのは、宇宙《うちゅう》の真理《しんり》を悟《さと》った智慧《ちえ》、諸法実相《しょほうじっそう》を見通《みとお》す智慧《ちえ》のことです。つづめていえば「真実《しんじつ》の智慧《ちえ》」であります。

如来《にょらい》の智慧《ちえ》　「如来《にょらい》」というのは、「真如《しんにょ》から来《こ》られた人《ひと》」という意味《いみ》です。真如《しんにょ》を悟《さと》ったばかりでなく、真如《しんにょ》から「来《こ》られた」というところに深《ふか》い意味《いみ》があるのであって、どこへ来《こ》られたのかといえば衆生《しゅじょう》の世界《せかい》へ来《こ》られたのです。なぜ衆生《しゅじょう》の世界《せかい》へ来《こ》られたのかといえば、衆生《しゅじょう》に真如《しんにょ》を悟《さと》らせて救《すく》ってやろうという大慈悲《だいじひ》からであることはもちろんです。したがって、「如来《にょらい》の智慧《ちえ》」というのは、「慈悲《じひ》の智慧《ちえ》」ということです。

自然《じねん》の智慧《ちえ》　つぎの自然《じねん》の智慧《ちえ》というのがいちばんむずかしいことばであって、自然《じねん》というのは「自《みずか》ら生《う》まれた」という意味《いみ》で、これは心《こころ》の中《なか》に生《しょう》じてきた信仰《しんこう》をいうのです。ですから、「自《じ》然《ねん》の智慧《ちえ》」というのは、「信仰《しんこう》の智慧《ちえ》」にほかなりません。

そこで、人間《にんげん》がほんとうに人格《じんかく》を完成《かんせい》するには、「真実《しんじつ》の智慧《ちえ》」と「慈悲《じひ》の智慧《ちえ》」と「信仰《しんこう》の智慧《ちえ》」を円満《えんまん》に具《そな》えなければならない。そして、如来《にょらい》はこの三つの智慧《ちえ》をわれわれに授《さず》けてくださるのです。ですから「如来《にょらい》は是《こ》れ一切衆生《いっさいしゅじょう》の大施主《だいせしゅ》なり」であるわけです。この三つの智慧《ちえ》を残《のこ》らず与《あた》えてくださるのですから、これほどの大施主《だいせしゅ》はありません。

そして、「法華経《ほけきょう》」に説《と》かれている教《おし》えのすべては、――ほかにもいろいろとまとめかたはありますけれども――この三つの智慧《ちえ》に要約《ようやく》することができるわけです。

そこで、世尊《せそん》はつぎのように三三二・一〇―三三三・五お戒《いまし》めになります。

「汝等亦随《なんだちまたしたが》って如来《にょらい》の法《ほう》を学《がく》すべし。慳恡《けんりん》を生《しょう》ずることなかれ。未来世《みらいせ》に於《おい》て、若《も》し善男子《ぜんなんし》・善女人《ぜんにょにん》あって如来《にょらい》の智慧《ちえ》を信《しん》ぜん者《もの》には、当《まさ》に為《ため》に此《こ》の法華経《ほけきょう》を演説《えんぜつ》して、聞知《もんち》することを得《え》せしむべし。其《そ》の人《ひと》をして仏慧《ぶって》を得《え》せしめんが為《ため》の故《ゆえ》なり。若《も》し衆生《しゅじょう》あって信受《しんじゅ》せざらん者《もの》には、当《まさ》に如来《にょらい》の余《よ》の深法《じんぽう》の中《なか》に於《おい》て示教利喜《じきょうりき》すべし。汝等若《なんだちも》し能《よ》く是《かく》の如《ごと》くせば、則《すなわ》ち為《こ》れ已《すで》に諸仏《しょぶつ》の恩《おん》を報《ほう》ずるなり。」

みんなも、如来《にょらい》の心《こころ》に随《したが》って、如来《にょらい》の教《おし》えを学《まな》ばなければならないとおっしゃったのは、つまり――わたしの精神《せいしん》をよく会得《えとく》して、わたしの歩《あゆ》んできた道《みち》をおなじように歩《あゆ》みなさい――という意味《いみ》です。それはどんな道《みち》であるかといえば、――けっして法惜《ほうお》しみをしないで、如来《にょらい》の智慧《ちえ》を信《しん》ずるものがあったら、この「法華経《ほけきょう》」をよく説《と》き聞《き》かせてやりなさい。それは、なんのためでもない、ただその人《ひと》に仏《ほとけ》とおなじような智慧《ちえ》を得させるためです——というのです。

つぎに、もしこの教《おし》えを信受《しんじゅ》しないものがあったらどうしたらいいのか？　そのときは、わたしの説《と》いたほかの深《ふか》い教《おし》えの中《なか》から、その人《ひと》の機根《きこん》に適《てき》したものを選《えら》んで、徐々《じょじょ》にこの教《おし》えに導《みちび》いてやりなさい——と教《おし》えられています。

「示教利喜《じきょうりき》」というのは、まえ（二一一頁《ページ》）にもありましたように、教《おし》えに導《みちび》いていく合理的《ごうりてき》な順序《じゅんじょ》です。まず大体《だいたい》の意味《いみ》を「示《しめ》」してやり、相手《あいて》の心《こころ》がそれに動《うご》かされてきたと見《み》たら、こんどは深《ふか》い意味《いみ》を「教《おし》」え、それを理解《りかい》できたと思《おも》ったら、その教《おし》えを実行《じっこう》して「利益《りやく》」を得《え》るように導《みちび》き、そしてその教《おし》えを持《たも》つことが人生《じんせい》の最大《さいだい》の「喜《よろこ》び」となるように仕向《しむ》けてやるのです。

仏《ほとけ》さまの教《おし》えは八万《まん》四千《せん》あるといわれていますが、一《ひと》つとしてむだなものはなく、すべてが尊《とうと》い教《おし》えであることにちがいはありません。世尊《せそん》は、対機説法《たいきせっぽう》といって、相手《あいて》の機根《きこん》に応《おう》じ、その場合場合《ばあいばあい》に応《おう》じて、自由自在《じゆうじざい》に法《ほう》を説《と》かれましたから、その多《おお》くの教《おし》えには、ほとんどあらゆる機根《きこん》の人《ひと》に対《たい》する説法《せっぽう》のしかたの類型《るいけい》が示《しめ》されている、といっていいでしょう。

ですから、いきなり「法華経《ほけきょう》」を説《と》いてあげて、もしそれを信受《しんじゅ》しない人《ひと》があったならば、どの教《おし》えからはいってもいいのだよ——ということを教《おし》えられたのです。「法華経《ほけきょう》」があらゆる教《おし》えの総決算《そうけっさん》であり、したがって最勝《さいしょう》のものであるにはちがいないのですが、「法華経《ほけきょう》」独善《どくぜん》に陥《おちい》ってはなりません。日蓮聖人《にちれんしょうにん》も、「法華経《ほけきょう》」一《ひと》つに固執《こしゅう》しておられたわけではなく、それを解説《かいせつ》するためには、いろいろなお経《きよう》を自由自在《じゆうじざい》に引用《いんよう》しておられます。このことは、今日《こんにち》のような世相《せそう》においてはますます大切《たいせつ》なことであると思《おも》います。

こうして、人《ひと》を正法《しようぼう》に導《みちび》くためにあらゆる努力《どりよく》を尽《つ》くすものは、「則《すなわ》ち為《こ》れ已《すで》に諸仏《しよぶつ》の恩《おん》を報《ほう》ずるなり」で、それが仏《ほとけ》さまのご恩《おん》に報《むく》いる最大《さいだい》の行《おこ》ないなのであります。

世尊《せそん》がこうお説《と》きになりますと、うかがっていた一同《いちどう》は身体中《からだじゆう》に満《み》ちわたるような大《おお》きな喜《よろこ》びを覚《おぼ》えると同時《どうじ》に、世尊《せそん》を敬《うやま》いたっとぶ思《おも》いがいやましに深《ふか》まるのを覚《おぼ》えました。そして、身体《からだ》を深《ふか》く曲《ま》げ、頭《あたま》を低《ひく》く垂《た》れて合掌《がつしよう》しながら、声《こえ》を合《あ》わせて、こうもうしあげたのです。「世尊《せそん》のおいいつけのとおり、わたくしどもはまちがいなく行《おこ》ないます。世尊《せそん》、どうぞご心配《しんぱい》くださいませぬように。」

それを三度《みたび》くりかえしてもうしあげたのは、固《かた》く固《かた》くお誓《ちか》いするまごころの現《あら》われです。仏《ほとけ》さまにむかって、「どうぞ、ご心配《しんぱい》なさいますな。誓《ちか》っておっしゃるとおりにいたします」といいきるのは、なみたいていの覚悟《かくご》ではできないことです。また、よほどの自信《じしん》がなくてはできないことです。この菩薩《ぼさつ》たちが、非常《ひじよう》にすぐれた人《ひと》たちであることがわかります。むかしの人《ひと》は、「如来神力品第二十一《によらいじんりきほんだい》」で法《ほう》の受持《じゆじ》や流布《るふ》を委任《いにん》された菩薩《ぼさつ》たちと、この品《ほん》においてその委任《いにん》を受《う》けた菩薩《ぼさつ》たちとの間《あいだ》に上下《じようげ》の区別《くべつ》をつけて解釈《かいしやく》しましたが、いまここでは、そういう分《わ》け隔《へだ》てなく、みんなにおなじように「頼《たの》みますよ」とおっしゃったものと、わたしは信《しん》じます。

さて、菩薩《ぼさつ》たちのこの固《かた》い誓《ちか》いのことばをお聞《き》きになった世尊《せそん》は、なんども満足《まんぞく》そうにおうなずきになりました。そうして、十方《じっぽう》の世界《せかい》から来集《らいしゅう》しておられた分身《ふんじん》の諸仏《しょぶつ》に、その本土《ほんど》へ帰《かえ》られるようにと、つぎのようにおっしゃいました。

「みなさん。どうぞ、本来《ほんらい》のご自分《じぶん》の所《ところ》へお落着《おちつ》きになってください。多宝仏《たほうぶつ》の塔《とう》も、もとのとおりになってよろしいです。」

「法華経《ほけきょう》」の教《おし》えが末世《まつせ》においても受持《じゅじ》され、流布《るふ》されることがはっきり見極《みきわ》められましたから、十方《じっぽう》世界《せかい》から「法華経《ほけきょう》」の教《おし》えの真実《しんじつ》と、その無限《むげん》の価値《かち》を証明《しょうめい》するために来集《らいしゅう》されていた、分身諸仏《ふんじんしょぶつ》や多《た》宝如来《ほうにょらい》にご挨拶《あいさつ》をなさったわけです。

それをうかがった、十方世界《じっぽうせかい》の無量《むりょう》の諸仏《しょぶつ》も、多宝如来《たほうにょらい》も、上行菩薩《じょうぎょうぼさつ》をはじめとする無数《むすう》の菩薩《ぼさつ》たちも、また舎利弗《しゃりほつ》をはじめとする声聞《しょうもん》の四衆《しゅ》も、一切《いっさい》の天界《てんがい》のものも、人間以外《にんげんいがい》の生《い》きものたちも、仏《ほとけ》さまのお説《と》きになった教《おし》えの結論《けつろん》がはっきり会得《えとく》できて、この上《うえ》もない喜《よろこ》びを覚《おぼ》えたのです。

ここの「仏《ほとけ》の所説《しょせつ》」というのは、つまるところ、「法華経《ほけきょう》」の教《おし》えによってこの娑婆世界《しゃばせかい》がすなわち寂光土《じゃっこうど》になるという結論《けつろん》にほかなりません。ここにおいて、「法華経《ほけきょう》」の説法《せっぽう》に大《おお》きな一段落《いちだんらく》がついたわけであります。

薬《やく》王《おう》菩《ぼ》薩《さつ》本《ほん》事《じ》品《ほん》第《だい》二十三

さきにも書《か》きましたように、「嘱累品第二十二《ぞくるいほんだい》」までで「法華経《ほけきょう》」の教《おし》えは一段落《いちだんらく》ついたわけでありま す。一段落《いちだんらく》というより、ひとまず完成《かんせい》したといったほうが適切《てきせつ》かもしれません。すると、それならばなぜそのあとの二十三番《ばん》から二十八番《ばん》までのお経《きょう》が説《と》かれたのだろうか——という疑問《ぎもん》が当然起《とうぜんお》こってくることと思《おも》われます。このことについてぜひ説明《せつめい》しておかなければなりません。

なるほど二十二番《ばん》までのお経《きょう》で、仏《ほとけ》の教《おし》えの根本《こんぽん》を「理解《りかい》」することができましたし、それに対《たい》する「信仰《しんこう》」の心《こころ》もしっかり固《かた》まってきましたし、またそれを「実行《じっこう》」する心構《こころがま》えもできました。ところが、この最後《さいご》の「実行《じっこう》」ということが、いうのはやさしいけれども、凡夫《ぼんぷ》にとってはなかなか容易《ようい》ならぬことなのです。実行《じっこう》に対《たい》する根本《こんぽん》の心構《こころがま》えだけはたしかにできたのですが、ほんとうに実行《じっこう》するということになると、もう一《ひと》つのダメ押《お》しが必要《ひつよう》なのです。そのダメ押《お》しというのは何《なに》かといえば、いつまでもその根本《こんぽん》の心構《こころがま》えを忘《わす》れないように、また力《ちから》の抜《ぬ》けたものになってしまわないように、つねに励《はげ》まし、奮《ふる》い立《た》たせる力《ちから》——もっと手短《てみじか》にいえば、いい意味《いみ》の刺激《しげき》——であります。

そういう刺激《しげき》になるものは何《なに》かというと、過去《かこ》における実例《じつれい》がいちばんです。むかしこういう人《ひと》がいて、仏《ほとけ》の道《みち》を修行《しゅぎょう》するのにこういう努力《どりょく》をした、その結果《けっか》こういう功徳《くどく》を得《え》たというような実例《じつれい》ほど、凡夫《ぼんぷ》の心《こころ》を奮起《ふんき》させるものはありません。

日常生活《にちじょうせいかつ》における徳目《とくもく》でもやはりそうであって、たとえば子《こ》どもたちに「なぜ年寄《としよ》りには親切《しんせつ》にしなければならないか」という理《り》くつを教《おし》えても、はたしてそれを実行《じっこう》にうつすかどうかは疑問《ぎもん》です。ところが、——今日《きょう》バスにお年寄《としよ》りが乗《の》ってこられたら、一人《ひとり》の子《こ》どもさんがすぐ立《た》って席《せき》をゆずってあげた。見《み》ていて、なんともいえないすがすがしい、美《うつく》しい感《かん》じだった——というような実例《じつれい》を話《はな》してやると、子《こ》どもたちの心《こころ》はすぐ強《つよ》い反応《はんのう》を示《しめ》すものです。ぼくもそうしよう、わたしも——という気持《きもち》になってくるものです。

菩薩《ぼさつ》は衆《しゅ》生《じょう》の模範《もはん》

このように、凡夫《ぼんぷ》がよいことを実行《じっこう》するには、手本《てほん》が必要《ひつよう》です。では、仏《ほとけ》の道《みち》を実行《じっこう》するにはだれを手本《てほん》にしたらいいのかといえば、むろんお釈迦《しゃか》さまです。お釈迦《しゃか》さまのおん足跡《あしあと》をたどっていくのが第《だい》一です。ところが、お釈迦《しゃか》さまはあまりに完全無欠《かんぜんむけつ》なお方《かた》であって、あらゆる徳《とく》を成就《じょうじゅ》しておられますので、凡夫《ぼんぷ》の身《み》としては、どこから真似《まね》していいか、なかなか見当《けんとう》がつきません。

それに対《たい》して、ある菩薩《ぼさつ》が持《も》っておられたという一《ひと》つの徳《とく》、ある菩薩《ぼさつ》が行《おこ》なわれたという一《ひと》つの行為《こうい》でありますと、凡夫《ぼんぷ》の目当《めあ》てとなりやすいのです。二十三番以後《ばんいご》のお経《きょう》には、主《しゅ》としてそれが述《の》べられているのです。その一《ひと》つ一《ひと》つの徳《とく》といっても、最高《さいこう》の、理想《りそう》の境地《きょうち》が描《えが》かれてあるのであって、——ここまで達《たっ》しなければ、ほんものではないぞ——と、ややもすれば増上慢《ぞうじょうまん》におちいりやすい心《こころ》を戒《いまし》められているのです。そこで、いつも一歩《いっぽ》前進《ぜんしん》しては半歩《はんぽ》後退《こうたい》し、または半歩《はんぽ》前進《ぜんしん》しては一歩《いっぽ》後退《こうたい》するという信仰生活をつづけている凡夫としては、それを読むごとに、怠りがちな心が励み立ち、増上慢《ぞうじょうまん》におちいりがちな心《こころ》も奮起《ふんき》するのです。二十三番《ばん》以後《いご》のお経《きょう》の重要性《じゅうようせい》はここにあるのであって、一段落《いちだんらく》ついたあとのお経《きょう》だからといって、けっしておろそかにしてはならないのであります。

ただ、ここで注意《ちゅうい》しておかなければならぬことがあります。それは、これからあとには、まえにも増《ま》していろいろ奇跡的《きせきてき》なことがらが述《の》べられていますので、誤解《ごかい》を生《しょう》じないようにしていただきたいことです。それについて、二、三注意《ちゅうい》すべき要点《ようてん》を述《の》べておきましょう。

その第《だい》一は、そういう奇跡的《きせきてき》なことがらを通《つう》じて教《おし》えられている精神《せいしん》をつかみ、その真意《しんい》を悟《さと》らなければならないことです。たとえば、一切衆生憙見菩薩《いっさいしゅじょうきけんぼさつ》が両《りょう》のうでに火《ひ》をつけて燃《も》やしてしまったというようなことが述《の》べられてあります。むかしのインドには、実際《じっさい》これくらいの行《ぎょう》をやってのける人《ひと》はたくさんありました。中国《ちゅうごく》にも、日本《にっぽん》にも、火定《かじょう》といって自《みずか》ら猛火《もうか》の中《なか》にすわったまま入寂《にゅうじゃく》した坊《ぼう》さんの例《れい》があります。しかし、こういうことは、お釈迦《しゃか》さまの説《と》かれた中道《ちゅうどう》の教《おし》えにはずれた行《おこ》ないであって、行《おこ》ないそのものはけっして讃歎《さんたん》に値《あたい》するものではありません。

では、なぜ一切衆生憙見菩薩《いっさいしゅじょうきけんぼさつ》のそのような行《おこ》ないがこのお経《きょう》の中《なか》でたたえられているかといえば、その行《おこ》ないの奥《おく》にひそむ精神《せいしん》を末世《まっせ》のわれわれが手本《てほん》としなければならないからです。自分《じぶん》のうでを焼《や》くということは、「身《み》をもって実行《じっこう》する」精神《せいしん》の象徴《しょうちょう》であります。もう一歩《いっぽ》つっこんでいえば、「法《ほう》を実行《じっこう》するには身《み》の犠牲《ぎせい》をもいとわない」という精神《せいしん》の顕現《けんげん》なのです。ここのところを心《こころ》の奥深《おくふか》くに感《かん》じとるべきであって、けっして形《かたち》のうえに現《あら》われたことがらにとらわれてはなりません。

第二《だい》に、形《かたち》のうえに現《あら》われた救《すく》いというものを、そのまま浅《あさ》く受《う》け取《と》ったら、たいへんな考《かん》えちがいになります。たとえば観世音菩薩《かんぜおんぼさつ》を念《ねん》ずればいろいろな難儀《なんぎ》から救《すく》われるというようなことが述《の》べられていますが、もし文章《ぶんしょう》の表面《ひょうめん》に現《あら》われているとおりであったら、なにも仏道《ぶつどう》の修行《しゅぎょう》に苦労《くろう》することはありません。したがって、いままで説《と》かれた「法華経《ほけきょう》」全体《ぜんたい》が空《むな》しいものになってしまいます。ここにきて、今《いま》までの説法《せっぽう》をすっかりひっくりかえすようなことが説《と》かれるはずがないことは、考《かん》えてみるまでもありません。ところが、この考《かんが》えてみるまでもないことを、案外《あんがい》むかしから多《おお》くの人《ひと》びとがそのまま浅《あさ》く解釈《かいしゃく》してしまって、観世音菩薩《かんぜおんぼさつ》を念《ねん》ずればすぐ救《すく》われるというような、安易《あんい》な信仰《しんこう》に走《はし》ってきたのです。

しかし、「観世音菩薩普門品第二十五《かんぜおんぼさつふもんぼんだい》」も、これを深《ふか》く読《よ》んでみると、観世音菩薩《かんぜおんぼさつ》のそのような神力《じんりき》も、つまりは釈迦牟尼如来《しゃかむににょらい》のお説《と》きになった「法《ほう》」の力《ちから》に帰《き》するのだということが解《わか》ってきます。そして、よりどころにするのはあくまでも「法《ほう》」であるけれども、その修行《しゅぎょう》や実行《じっこう》にあたっては、観世音菩《かんぜおんぼ》薩《さつ》を当面《とうめん》の目標《もくひょう》とせよ、手本《てほん》にせよという教《おし》えであることが理解《りかい》されるのです。そのことは、経典《きょうでん》の辞《じ》句《く》にも表《あら》われていますので、その際《さい》に説明《せつめい》することにしますが、とにかくそのような誤解《ごかい》や安易《あんい》な解釈《かいしゃく》がずいぶん大衆《たいしゅう》の間《あいだ》に沁《し》みこんで、ほんとうの仏教《ぶっきょう》をそこなっているのはまことに残念《ざんねん》なことですから、この本《ほん》の読者《どくしゃ》は、くれぐれもその誤《あやま》りをくりかえさないようにしていただきたいと思《おも》います。

それでは、「薬王菩薩本事品《やくおうぼさつほんじほん》」の本文《ほんもん》にはいることにします。

「嘱累品第《ぞくるいほんだい》二十二」の説法《せっぽう》が終《お》わって、一同《いちどう》が大歓喜《だいかんぎ》にひたっているとき、宿王華菩薩《しゅくおうけぼさつ》という菩薩《ぼさつ》が、ふと思《おも》い出《だ》したように、世尊《せそん》にむかってこうおたずねいたしました。

三三五・一—五「世尊、薬王菩薩《やくおうぼさつ》というお方《かた》は娑婆世界《しゃばせかい》で自由自在《じゆうじざい》な教化《きょうけ》・済度《さいど》のはたらきをなさっておられますが、どうしてあのようなはたらきがおできになるのでしょうか。さだめしあまたの難行苦行《なんぎょうくぎょう》を積《つ》んでこられたためであろうと推察《すいさつ》いたしますが、世尊《せそん》、どうぞそのことについてお教《おし》えいただけませんでしょうか。一切《いっさい》の衆生《しゅじょう》も、もろもろの菩薩《ぼさつ》や声聞衆《しょうもんしゅ》も、それをうかがいましたら、きっと歓喜《かんぎ》することでございましょう。」

「遊《あそ》ぶ」というのは、「遊説《ゆうぜい》」の「遊《ゆう》」、「遊行《ゆぎょう》（僧《そう》が諸国《しょこく》をめぐり歩《ある》いて修行《しゅぎょう》したり、布教《ふきょう》したりすること）」の「遊《ゆ》」であって、娑婆世界《しゃばせかい》のどこにでも自由自在《じゆうじざい》に出現《しゅつげん》されて、衆生《しゅじょう》を教化《きょうけ》・済度《さいど》されるはたらきをいうのです。

三三五・五—三三六・五 その問いに対して、世尊《せそん》はつぎのようなお話《はなし》をなさいました。

「遠《とお》い遠《とお》いむかし、日月浄明徳如来《にちがつじょうみょうとくにょらい》という仏《ほとけ》がおられました。その仏《ほとけ》のお弟子《でし》には非常《ひじょう》にたくさんの菩薩《ぼさつ》や大声聞衆《だいしょうもんしゅ》がありましたが、仏《ほとけ》の寿命《じゅみょう》は四万《まん》二千劫《せんこう》、菩薩《ぼさつ》の寿命《じゅみょう》もそれとおんなじでありました。その国《くに》には、女人《にょにん》・地獄《じごく》・餓鬼《がき》・畜生《ちくしょう》・阿修羅《あしゅら》などが全然《ぜんぜん》いず、またもろもろの苦難《くなん》というものもありませんでした。国土《こくど》は美《うつく》しくりっぱで、たくさんの宝樹《ほうじゅ》の下《した》には菩薩《ぼさつ》や声聞《しょうもん》の人《ひと》たちがすわって禅定《ぜんじょう》に入《はい》り、その上《うえ》の虚空《こくう》では天人《てんにん》たちが音楽《おんがく》をかなで、歌《うた》を歌《うた》って、仏《ほとけ》を供養《くよう》していました。」

女人《にょにん》が地獄《じごく》その他《た》とならべられているのは、まえ（二六二―二六四頁《ページ》）にも説明《せつめい》しましたように、当時《とうじ》のインドにおいて、女人《にょにん》は罪《つみ》のかたまりで男《おとこ》の修行《しゅぎょう》のじゃまになるものとみなしていた社会通念《しゃかいつうねん》にしたがって、こういってあるだけであって、辞句《じく》にこだわる必要《ひつよう》はありません。そして、そういう社会通念《しゃかいつうねん》を打破《だは》したのが、釈尊《しゃくそん》の教《おし》えであった事実《じじつ》を忘《わす》れてはならないのです。

三三六・五―八 「そのときに日月浄明徳如来《にちがつじょうみょうとくにょらい》は、一切衆生憙見菩薩《いっさいしゅじょうきけんぼさつ》および多《おお》くの菩薩《ぼさつ》や声聞衆《しょうもんしゅ》のために『法華経《ほけきょう》』の教《おし》えをお説《と》きになりましたが、この一切衆生憙見菩薩《いっさいしゅじょうきけんぼさつ》は、教《おし》えのためにはどんな辛《つら》いことをもいとわず自《みずか》ら進《すす》んでそれを行《おこ》ない（楽《ねが》って苦行《くぎょう》を習《なら》い）、日月浄明徳如来《にちがつじょうみょうとくにょらい》の教《おし》えにしたがって、一心《いっしん》に仏《ほとけ》の境界《きょうがい》に達《たっ》しようと念《ねん》じ、一万《まん》二千年《せんねん》の間精進《あいだしょうじん》しましたので、ついに現一切色身三昧《げんいっさいしきしんざんまい》を得《え》ました。」

「現一切色身三昧《げんいっさいしきしんざんまい》」とは、導《みちび》く相手《あいて》に応《おう》じて、それにふさわしい姿《すがた》を現《げん》じ、それにふさわしい教《おし》えを与《あた》える自由自在《じゆうじざい》な力《ちから》が、しっかりと身《み》に具《そな》わったことをいいます。やさしく導《みちび》くのが適当《てきとう》な相手《あいて》であれば、顔《かお》つきもことばづかいもやさしく、またきびしく教《おし》えなければならない相手《あいて》には、不動明王《ふどうみょうおう》のような顔《かお》をして強《つよ》いことばをビシビシ浴《あ》びせる——そういった変化《へんか》がひとりでに、そして自由自在《じゆうじざい》にできて、しかも誤《あやま》りがひとつもないのです。この「誤《あやま》りがない」ということが大切《たいせつ》であって、その境地《きょうち》まで至《いた》っていないものは、ややもすれば相手《あいて》の認識《にんしき》を誤《あやま》って失敗《しっぱい》してしまうものです。これは、われわれ末《まつ》世《せ》の法華経行者《ほけきようぎようじや》にとって、大切《たいせつ》な戒《いまし》めであるといわなければなりません。

三三六・八—三三七・一「一切衆生憙見菩薩《ぼさつ》は、この現一切色身三昧《げんいっさいしきしんざんまい》を得《え》て大《おお》いに歓喜《かんぎ》し、これもすべて『法華経《ほけきよう》』の教《おし》えを聞《き》いたおかげである。自分《じぶん》はこれから日月浄明徳仏《にちがつじようみようとくぶつ》および『法華経《ほけきよう》』の教《おし》えを供養《くよう》しよう——と思《おも》いました。そして、即座《そくざ》に三昧境《さんまいきよう》にはいって、虚空《こくう》からいろいろな美《うつく》しい花《はな》や、香《かお》りのよい香《こう》を降《ふ》らして供養《くよう》しました。」

あとにも花《はな》や香《こう》の名前《なまえ》がたくさん出《で》てきますが、それをいちいち説明《せつめい》する必要《ひつよう》はないと思《おも》います。

「此《こ》の香《こう》の六銖《ろくしゆ》は価直娑婆世界《けぢきしやばせかい》なり」というのも、別《べつ》に教《おし》えの内容《ないよう》に関係《かんけい》ある意味《いみ》をもったものでなく、六銖《ろくしゆ》という軽《かる》い目方《めかた》の香《こう》でも地球《ちきゆう》ほどの値《ね》うちがある、という形容句《けいようく》に過《す》ぎません。

三三七・一—七「この供養を終《お》わって三昧境《さんまいきよう》から起《た》ちあがった一切衆生憙見菩薩《いっさいしゆじようきけんぼさつ》が、つくづくと考《かん》えるには、——こうして神力《じんりき》をもって仏《ほとけ》を供養《くよう》するよりも、自分《じぶん》の身《み》をもって供養《くよう》することのほうが大切《たいせつ》なのではなかろうか——と。

どうしてもそうでなくてはならぬと考《かん》えましたので、決心《けっしん》した菩薩《ぼさつ》は、もろもろの美《うつく》しい香《かお》りをもった香《こう》や、花《はな》や、香油《こうゆ》などを千《せん》二百年《ひやくねん》もの間《あいだ》飲《の》みつづけて、身《み》をまったく清浄《しようじよう》なものにしました。そのうえ、肌《はだ》にも香油《こうゆ》を塗《ぬ》り、衣《ころも》にも香油《こうゆ》をそそぎ、そして日月浄明徳如来《にちがつじようみようとくによらい》のみ前《まえ》にまいって、自分《じぶん》の身《み》に火《ひ》をつけました。それは、仏恩《ぶっおん》にお報《むく》いする大《おお》きな力《ちから》（神通力《じんづうりき》）を得《え》たいという願《ねが》いのためでありました。すると、一切衆生憙見菩薩《いっさいしゅじょうきけんぼさつ》の身《み》の燃《も》える光《ひかり》は八十億恒河沙《おくごうがしゃ》の広《ひろ》い世界《せかい》におよび、あまねく闇《やみ》を照《て》らし出《だ》したのです。」

香《こう》や、香油《こうゆ》を飲《の》みつづけるというのは、身《み》を清《きよ》めることを象徴《しょうちょう》しています。そしてそれは、仏《ほとけ》を供養《くよう》するにはまず自分《じぶん》の行《おこ》ないを清《きよ》めるのが先決問題《せんけつもんだい》であることを教《おし》えているのです。

また、仏《ほとけ》を供養《くよう》するのは、神通力《じんづうりき》を得《え》たいという願《ねが》いによるのだとありますが、この神通力《じんづうりき》というのも、自分《じぶん》のためのものではなくて、あくまでも仏法《ぶっぽう》をひろめるための神通力《じんづうりき》です。そういう力《ちから》を得《え》て自《じ》由自在《ゆうじざい》に仏法《ぶっぽう》を広宣流布《こうせんるふ》することが、とりもなおさず仏《ほとけ》に対《たい》する最大《さいだい》の供養《くよう》にほかならないからです。

そこで——

三三七・七—三三八・二「その光明に照らし出《だ》された世界《せかい》にまします諸仏《しょぶつ》は、口《くち》をそろえてこうおほめになりました。

『たいへんりっぱである。完全無欠《かんぜんむけつ》である（善哉《ぜんざい》・善哉《ぜんざい》）。これこそ、ほんとうの精進《しょうじん》である。この行《おこ》ないこそ、ほんとうの供養《くよう》というものである。どんなにりっぱなものをささげて供養《くよう》しても、この行《おこ》ないには及《およ》びもつかない。たとえ一国《いっこく》のすべてを仏《ほとけ》にさしあげ、あるいは妻子《さいし》までも仏《ほとけ》にさしあげて仕《つか》えさせたとしても、これに及《およ》ぶものではない。善男子《ぜんなんし》よ。これを第《だい》一の布施《ふせ》という。もろもろの布施《ふせ》の中《なか》で最《もっと》も尊《とうと》く、最《もっと》も価値《かち》のあるものである。なぜならば、それは教《おし》えをもって仏《ほとけ》を供養《くよう》するものであるからである。』

こう口々《くちぐち》にほめられた諸仏《しょぶつ》は、その後《ご》はただ黙然《もくねん》として、一切衆生憙見菩薩《いっさいしゅじょうきけんぼさつ》の放《はな》つ光明《こうみょう》を讃歎《さんだん》の眼《まなこ》をもってみつめておられました。一切衆生憙見菩薩《いっさいしゅじょうきけんぼさつ》の身《み》は千《せん》二百年《ひゃくねん》も燃《も》えつづけましたが、そこで寿命《じゅみょう》が終《お》わりとなりました。」

最高《さいこう》の布施《ふせ》

ここに、ほんとうの供養《くよう》とはなにか、ほんとうの布施《ふせ》とはなにかということが、強《つよ》く教《おし》えられてあります。それは「身《み》をもってする法《ほう》の実践《じっせん》」ということです。自分《じぶん》の身《み》を燃《も》やすということは、どんな苦労《くろう》をもいとわず、自分《じぶん》を犠牲《ぎせい》にして法《ほう》のためにつくすという意味《いみ》にほかなりません。

三三八・二―七「こうして一切衆生憙見菩薩《いっさいしゅじょうきけんぼさつ》の寿命《じゅみょう》は一応《いちおう》終《お》わったのですが、菩薩《ぼさつ》はふたたび日月浄明徳仏《にちがつじょうみょうとくぶつ》の国土《こくど》の王《おう》である浄徳王《じょうとくおう》の王子《おうじ》として生《う》まれ変《か》わりました。そして、父《ちち》のために偈《げ》を説《と》いていうには、『大王《だいおう》よ、わたくしはあの日月浄明徳仏《にちがつじょうみょうとくぶつ》のみもとで修行《しゅぎょう》し、即時《そくじ》に現諸身三昧《げんしょしんざんまい》を得《え》ましたが、その後《ご》も大精進《だいしょうじん》をいたしまして、愛《あい》する自分《じぶん》の身《み》をも捨《す》ててしまったのです』と。

三三八・八―一一また、ことばをつづけて申《もう》しあげました。『日月浄明徳仏《にちがつじょうみょうとくぶつ》はいまもなお現《げん》においでになります。わたくしは、先《さき》に仏恩《ぶつおん》にお報《むく》いする行《ぎょう》（供養《くよう》）をいたしましたので、解《げ》一切衆生語言陀羅尼《いっさいしゅじょうごごんだらに》（一切衆生《いっさいしゅじょう》のことばを聞《き》いてその心《こころ》の奥《おく》を見抜《みぬ》き、それに対《たい》して適切《てきせつ》な教《おし》えを説《と》く力《ちから》）を得《え》ましたが、つぎにまたまたこの『法《ほ》華経《けきょう》』の数多《かずおお》くの偈《げ》を聞《き》くことができました。重ね重ねありがたいきわみです。それでわたくしは、もう一度仏《いちどほとけ》さまの恩《おん》にお報《むく》いいたしたいと思《おも》います。』

三三八・一一―三三九・五　こういった王子は、七宝《しっぽう》の台《だい》にすわったかと思《おも》うと、虚空高《こくうたか》く上《のぼ》っていって、仏《ほとけ》のみもとにいたり、み足《あし》に頭《あたま》をつけ、十《とお》の指《ゆび》を合《あ》わせて礼拝《らいはい》し、偈《げ》をもって仏《ほとけ》の徳《とく》をたたえました。

『仏《ほとけ》さまのお相《すがた》はなんともいえず美《うつく》しく、光明《こうみょう》は十方《じっぽう》をお照《て》らしになっていられます。わたくしは、むかし仏《ほとけ》さまを供養《くよう》申《もう》しあげましたが、ふたたびおそば近《ちか》くうかがうことができました。』

このように偈《げ》をもって讃歎《さんたん》してから、一切衆生憙見菩薩《いっさいしゅじょうきけんぼさつ》はことばを改《あらた》めて、日月浄明徳仏《にちがつじょうみょうとくぶつ》に申《もう》しあげました。『世尊《せそん》、世尊《せそん》はまだこの世《よ》にいらっしゃいました。おなつかしゅう存《ぞん》じます』と。」

ここのところには、仏弟子《ぶつでし》の仏《ほとけ》に対《たい》する恋慕渇仰《れんぼかつごう》の思《おも》いが、言外《げんがい》に滲《にじ》み出《で》ております。仏《ほとけ》を慕《した》う心《こころ》と仏《ほとけ》の慈悲《じひ》とがぴったりと溶《と》けあった、なんともいえぬ法悦《ほうえつ》の境地《きょうち》です。われわれも、仏《ほとけ》さまにお会《あ》いしたとき、こう申《もう》しあげることのできるような身《み》になりたいものです。

三三九・五―一一　「そのとき、日月浄明徳仏《にちがつじょうみょうとくぶつ》が一切衆生憙見菩薩《いっさいしゅじょうきけんぼさつ》にお告《つ》げになるには、『善男子《ぜんなんし》よ。よくきてくれました。じつは、わたしは、この世《よ》に出《で》て説《と》くべきことをすべて説《と》いてしまったので、いよいよこの世《よ》を去《さ》るときがきているのです。それで、わたしの最期《さいご》の床《とこ》をしつらえてください。今夜《こんや》涅《ね》槃《はん》にはいりますから。』

そして、頼《たの》もしげに菩薩《ぼさつ》をごらんになりながら、『善男子《ぜんなんし》よ。これからのち仏法《ぶっぽう》をひろめることをあなたに託《たく》したい。苦労《くろう》が多《おお》いだろうけれども、頼《たの》みますよ。また、もろもろの菩薩大弟子《ぼさつだいでし》も、阿耨多羅《あのくたら》三藐三菩提《さんみゃくさんぼだい》の法《ほう》も、三千大千世界《さんぜんだいせんせかい》にあるすべての道場《どうじょう》も、仏法《ぶっぽう》に仕《つか》える諸天善神《しょてんぜんじん》のことも、すべてあなたに任《まか》せます。わたしの遺骨《いこつ》のこともあなたに頼《たの》みます。ひろく世《よ》の人《ひと》びとがそれを供養《くよう》するようにし、塔《とう》もたくさん建《た》てなさい』と、おおせられました。」

仏《ほとけ》さまにこれほど完全《かんぜん》な信任《しんにん》を受《う》けた人《ひと》というものは、いまだかつて聞《き》いたことがありません。この上《うえ》もなくありがたいことです。なぜ一切衆生憙見菩薩《いっさいしゅじょうきけんぼさつ》がこんなに厚《あつ》い信任《しんにん》を受《う》けたのでしょうか。ほかでもありません。ただこの菩薩《ぼさつ》のまごころからの実行《じっこう》、身《み》をもってする実行《じっこう》のゆえであります。その実《じつ》行《こう》を見極《みきわ》めになったからであります。ここにおいてわれわれは、仏弟子《ぶつでし》としていちばん大切《たいせつ》なことは教《おし》えの実行《じっこう》だということに、ますます深《ふか》く思《おも》い至《いた》らざるをえないのです。

塔《とう》を建《た》てる意味《いみ》

なお、ここに仏舎利《ぶっしゃり》をひろく供養《くよう》せしめるようにとおっしゃっていますが、これはけっして、仏舎利《ぶっしゃり》そのもののことではありません。仏舎利《ぶっしゃり》を供養《くよう》することによって、一切衆《いっさいしゅ》生《じょう》の心《こころ》に仏《ほとけ》を恋慕渇仰《れんぼかつごう》する思《おも》いを起《お》こさせよという意味《いみ》です。また、塔《とう》を建《た》てよというのも、塔《とう》を建《た》てることによって、あまねく人《ひと》びとの心《こころ》に教《おし》えをうち建《た》てよという意味《いみ》です。塔《とう》というものは、仏《ほとけ》さまのお徳《とく》をたたえるために建《た》てるのですが、ただ形《かたち》だけの塔《とう》を建《た》てて中身《なかみ》が空《から》っぽでは、仏《ほとけ》さまのみ心《こころ》にかなうはずがありません。仏《ほとけ》さまのお喜《よろこ》びになるのは、あくまで形式《けいしき》ではなくて「実質《じっしつ》」であり、空論《くうろん》ではなくて「実行《じっこう》」なのです。

三三九・一一―三四〇・五「日月浄明徳仏は、一切衆生憙見菩薩《いっさいしゅじょうきけんぼさつ》にあとのすべてをお頼《たの》みになると、その夜半過《やはんす》ぎに入滅《にゅうめつ》されました。一切衆生憙見菩薩《いっさいしゅじょうきけんぼさつ》は深《ふか》い悲《かな》しみに泣《な》き悶《もだ》えました。そして、仏《ほとけ》を恋慕《れんぼ》する心《こころ》はつのるばかりでありました。菩薩《ぼさつ》は須弥山《しゅみせん》のふもとの海岸《かいがん》にある香《かお》りのよい栴檀《せんだん》の木《き》を集《あつ》めて、つつしんで仏身《ぶっしん》を火葬《かそう》にいたしました。そして、仏舎利《ぶっしゃり》を八万《まん》四千《せん》の宝《たから》の瓶《かめ》に納《おさ》め、八万《まん》四千《せん》のりっぱな塔《とう》を建《た》ててそれをおまつりしました。」

釈尊《しゃくそん》のお説《と》きになったお経《きょう》は八万《まん》四千《せん》あったのですから、仏舎利《ぶっしゃり》を八万《まん》四千《せん》の瓶《かめ》に分《わ》けて入《い》れ、八万《まん》四千《せん》の塔《とう》におまつりしたということは、明《あき》らかに「教《おし》え」がいつまでも残《のこ》るように努力《どりょく》し、「教《おし》え」を記念《きねん》・讃歎《さんたん》したということを、表《あら》わしているわけです。

三四〇・五―一二「一切衆生憙見菩薩《いっさいしゅじょうきけんぼさつ》にとっては、それほどの供養《くよう》をしても、まだ物足《ものた》りない感《かん》じがしてなりません。そこで、さらに、仏舎利《ぶっしゃり》を供養《くよう》したいと念願《ねんがん》し、もろもろの菩薩《ぼさつ》や大弟子《だいでし》や諸天《しょてん》およびその他《た》の一切《いっさい》の生《せい》あるものにむかって、『みんなしっかり考《かんが》えてください。わたしはこれから日月浄明徳仏《にちがつじょうみょうとくぶつ》の舎利《しゃり》を供養《くよう》しますが、その供養《くよう》のしかたがどんな意味《いみ》をもっているか、よく考《かんが》えてもらいたいのです』といいだしました。

そして、一切衆生憙見菩薩《いっさいしゅじょうきけんぼさつ》は、八万《まん》四千《せん》の塔《とう》の前《まえ》で自分《じぶん》のうでに火《ひ》をつけて燈明《とうみょう》にしました。その火《ひ》は七万《まん》二千年間《せんねんかん》も光明《こうみょう》を放《はな》ちながら燃《も》えつづけました。その光明《こうみょう》に心《こころ》の闇《やみ》を照《て》らし出《だ》された多《おお》くの人《ひと》びとは、まことの悟《さと》りを得《え》たいという心《こころ》を起《お》こし、みんな現一切色身三昧《げんいっさいしきしんざんまい》（導《みちび》く相手《あいて》に応《おう》じて自由自在《じゆうじざい》な相《すがた》をとることのできる力《ちから》）を得《え》ました。」

身《み》をもってする供養《くよう》

教《おし》えがいつまでも残《のこ》るように努力《どりょく》し、また教《おし》えを記念《きねん》・讃歎《さんたん》しただけでも大《おお》きな供養《くよう》にちがいないのですが、ほんとうの法華経行者《ほけきょうぎょうじゃ》にとっては、それでもまだ物足《ものた》りないのです。いうまでもなく、身《み》をもって教《おし》えを実行《じっこう》することが最大《さいだい》の供養《くよう》であるからです。

そこで一切衆生憙見菩薩《いっさいしゅじょうきけんぼさつ》は、うでに火《ひ》をつけて焼《や》きました。すなわち、身《み》の苦労《くろう》をもいとわず、教《おし》えの実行《じっこう》にうちこんだのです。その行《おこ》ないそのものが大燈明《だいとうみょう》となって、世《よ》の人《ひと》びとの心《こころ》の闇《やみ》を開《ひら》きました。そして、人《ひと》びとは自《みずか》ら進《すす》んで道《みち》を求《もと》めるようになったというのですから、身《み》をもってする実行《じっこう》の価《か》値《ち》がどんなに大《おお》きなものであるかがわかります。

三四〇・一一—三四一・六「ところが、もろもろの菩薩《ぼさつ》・諸天《しょてん》・人間《にんげん》その他《た》一切《いっさい》の生《せい》あるものは、一切衆生憙見菩薩《いっさいしゅじょうきけんぼさつ》のうでが焼《や》けてなくなったのを見《み》て、たいへん心配《しんぱい》し、悲《かな》しみました。——一切衆生憙見菩薩《いっさいしゅじょうきけんぼさつ》はわれらが師《し》である。われらを教化《きょうけ》してくださる大切《たいせつ》な方《かた》である。それなのに、いま両《りょう》のうでを焼《や》き尽《つ》くしてしまわれた。いったいどうしたらいいのだろう——と、歎《なげ》いたのです。

それを見《み》た一切衆生憙見菩薩《いっさいしゅじょうきけんぼさつ》は、みんなをなぐさめ、つぎのように誓言《せいごん》しました。『みなさん。わたしは、両《りょう》のうでを捨《す》てたけれども、そのかわりに金色《こんじき》の仏《ほとけ》の身《み》を得《え》ることができたと信《しん》じています。すなわち、仏《ほとけ》の教《おし》えを身《み》をもって実行《じっこう》したために、仏《ほとけ》の智慧《ちえ》を得《え》ることができたと思《おも》っています。もしそれが真実《しんじつ》であるならば、このなくなった二《ふた》つのうでが必《かなら》ずもとどおりになるにちがいありません。』そういったかと思《おも》うと、たちまち両《りょう》のうではもとどおりになってしまいました。この菩薩《ぼさつ》の行《おこ》ないや、徳《とく》や、智慧《ちえ》がまことに淳厚《じゅんこう》な（まじりけがなく奥深《おくぶか》い）ものであったからです。」

三四一・六―八 一切衆生憙見菩薩《きけんぼさつ》の両《りょう》のうでがもとどおりになると、天地《てんち》のすべてのものが大《おお》いに感動《かんどう》し、かつてない喜《よろこ》びを覚《おぼ》えました。

苦痛《くつう》を苦痛《くつう》とせぬ心境《しんきょう》

自《みずか》ら焼《や》き尽《つ》くしてしまった両《りょう》のうでがまたもとどおりになったということは、菩薩行《ぼさつぎょう》を行《おこ》なうものの理想《りそう》の心境《しんきょう》を象徴《しょうちょう》しているのです。すなわち、両《りょう》のうでを焼《や》き尽《つ》くすというような行《おこ》ないは、はたの人《ひと》にしてみれば、さぞ苦痛《くつう》だろうと見《み》るに堪《た》えない感《かん》じがするにちがいありませんが、大菩薩《だいぼさつ》の境地《きょうち》に達《たっ》している人《ひと》にとっては、別《べつ》に苦痛《くつう》でもなんでもないのです。すなわち、法《ほう》のためにいくら自分《じぶん》を犠牲《ぎせい》にしても、その犠牲《ぎせい》がすこしも苦痛《くつう》ではないのです。いわゆる「楽《ねが》って法《ほう》を説《と》く」境地《きょうち》です。まえにも述《の》べたとおり、ここまでこなくてはほんものではないぞ――という教《おし》えです。

この話《はなし》を終《お》えられた釈迦牟尼如来《しゃかむにによらい》は、宿王華菩薩《しゅくおうけぼさつ》にむかって、この一切衆生憙見菩薩《いっさいしゅじょうきけんぼさつ》こそ、ほかならぬ現在《げんざい》の薬王菩薩《やくおうぼさつ》であるとお告《つ》げになり、薬王菩薩《やくおうぼさつ》が娑婆世界《しゃばせかい》で自由自在《じゆうじざい》に法《ほう》を説《と》いているその神通力《じんづうりき》は、こういう因縁《いんねん》によって得《え》られたのであることをお明《あ》かしになりました。そうして、この因縁《いんねん》にことよせて、つぎのようにお教《おし》えになったのです。

三四一・九—三四二・三「宿王華よ。もし発心《ほっしん》して仏《ほとけ》の智慧《ちえ》を得《え》たいと望《のぞ》むものは、自分《じぶん》の手足《てあし》を使《つか》ってすこしでも仏《ほとけ》の教《おし》えを実行《じっこう》し、仏《ほとけ》を供養《くよう》することが大切《たいせつ》です。その供養《くよう》は、ありとあらゆる『物《もの》』の供養《くよう》よりすぐれたものでありましょう。また、三千大千世界《さんぜんだいせんせかい》に溢《あふ》れるほどの宝《たから》をもって仏《ほとけ》および仏弟子《ぶつでし》たちを供養《くよう》するよりも、この『法華経《ほけきょう》』の中《なか》の短《みじか》い偈《げ》を一《ひと》つしっかりと受持《じゅじ》したほうが、多《おお》くの功徳《くどく》を受《う》けるでありましょう。

十諭称歎《じゅうゆしょうたん》

三四二・三—一〇 宿王華よ。なぜそうであるかといえば、『法華経《ほけきょう》』が最高絶対《さいこうぜったい》の教《おし》えであるからです。たとえば、どんなに大《おお》きな川《かわ》でも、海《うみ》の偉大《いだい》さには及《およ》ばないように、『法華経《ほけきょう》』は如来《にょらい》の多《おお》くの教《おし》えの中《なか》で最《もっと》も深《ふか》く、最《もっと》も大《おお》きな教《おし》えです。また、すべての川《かわ》の流《なが》れが海《うみ》へ注《そそ》いでいるように、すべての教《おし》えがこの『法華経《ほけきょう》』に流《なが》れこみ、統一《とういつ》されているのです。

また、たくさんの山々《やまやま》の中《なか》で須弥山《しゅみせん》が第《だい》一の山《やま》であるように、『法華経《ほけきょう》』は諸経《しょきょう》の中《なか》で最上《さいじょう》のものであります。また、もろもろの星《ほし》の中《なか》で月《つき》が最《もっと》も明《あか》るいように、『法華経《ほけきょう》』はあらゆる経《きょう》の中《なか》で人《ひと》びとの心《こころ》を最《もっと》も明《あか》るく照《て》らすものであります。また、太陽《たいよう》の光《ひかり》の射《さ》すところ、一切《いっさい》の暗黒《あんこく》が消《き》え失《う》せるように、この経《きょう》も一切《いっさい》の不善《ふぜん》の暗黒《あんこく》を照破《しょうは》するものであります。

三四二・一〇—三四三・二 また、もろもろの小王《しょうおう》の中《なか》にあって転輪聖王《てんりんじょうおう》が第《だい》一の大王《だいおう》であるように、この経《きょう》は多《おお》くの経《きょう》の中《なか》で最《もっと》も尊《とうと》いものであります。また、帝釈天《たいしゃくてん》が諸天善神《しょてんぜんじん》の王《おう》であるように、この経《きょう》は諸経《しょきょう》の中《なか》の王《おう》であります。また大梵天王《だいぼんでんのう》が一切衆生《いっさいしゅじょう》の父《ちち》といい伝《つた》えられていますが、この経《きょう》も一切《いっさい》の賢者《けんじゃ》・聖者《せいじゃ》・学《がく》（まだ仏《ほとけ》の教《おし》えを学《まな》びつくしていないもの）・無学《むがく》（仏《ほとけ》の教《おし》えをすっかり学《まな》びつくした者《もの》）・菩薩《ぼさつ》などが仏《ほとけ》の境界《きょうがい》に達《たっ》したいという心《こころ》を発《おこ》したとき、その人《ひと》びとの父《ちち》として教《おし》え導《みちび》いていくものであります。

三四三・二―九 また、須陀洹《だおん》・斯陀含《しだごん》・阿那含《あなごん》（四九六頁参照《ページさんしょう》）・阿羅漢《あらかん》（すべての迷《まよ》いを除《のぞ》きつくしたもの）・辟支仏《びゃくしぶつ》（縁覚《えんがく》）が凡夫《ぼんぷ》の中《なか》ではすぐれたものであるように、この経《きょう》は仏《ほとけ》・菩薩《ぼさつ》・声聞《しょうもん》その他《た》もろもろの境地《きょうち》の人《ひと》が説《と》いた教《おし》えのうちで第《だい》一であります。ですから、この経典《きょうでん》をよく受持《じゅじ》するものは、一切衆生《いっさいしゅじょう》の中《なか》で第《だい》一の人《ひと》であります。また、声聞《しょうもん》・辟支仏《びゃくしぶつ》その他《た》一切《いっさい》の仏弟子《ぶつでし》の中《なか》で菩薩《ぼさつ》が第《だい》一の仏弟子《ぶつでし》であるように、この経《きょう》はあらゆる経法《きょうぼう》の中《なか》で第《だい》一のものです。そして、仏《ほとけ》がすべての教《おし》えの王《おう》であるように、この経《きょう》もすべての経《きょう》の中《なか》の王《おう》であります。」

ここには、「十論称歎《じゅうゆしょうたん》」といって、十《とお》のものにたとえて「法華経《ほけきょう》」の教《おし》えが最高最勝《さいこうさいしょう》のものであることをくりかえし説《と》かれてありますが、それもひとえに、この教《おし》えを実行《じっこう》することが、仏道《ぶつどう》を成《じょう》ずる第《だい》一の道《みち》であることを、強《つよ》く胸《むね》に刻《きざ》みつけさせるためにほかならないのです。

ここで見落《みおと》してならないのは、「法華経《ほけきょう》」が一切衆生《いっさいしゅじょう》の父《ちち》であるといわれていることです。インドでは、お釈迦《しゃか》さまがお出《で》になるずっと以前《いぜん》から、大梵天王《だいぼんでんのう》という天上界《てんじょうかい》の神《かみ》が一切衆生《いっさいしゅじょう》の父《ちち》である、すなわちあらゆる生《せい》あるものを支配《しはい》しているものであるとされていましたが、ここではその誤《あやま》りを徹底的《てっていてき》に衝《つ》くことをせず、「みんなが大梵天王《だいぼんでんのう》を衆生《しゅじょう》の父《ちち》と思《おも》っているように、この教《おし》えも一切衆生《いっさいしゅじょう》の心《こころ》の父《ちち》であるぞ」と説《と》かれています。こうして、おだやかに凡夫《ぼんぷ》を真理《しんり》の道《みち》へと導《みちび》くゆきかたが仏教《ぶっきょう》の一《ひと》つの特色《とくしょく》でもあるのですが、おだやかさの中《なか》にも強《つよ》く、「法華経《ほけきょう》こそ衆生《しゅじょう》の父《ちち》であるぞ」と説《と》かれていることを見逃《みのが》してはなりません。そこで、つぎに――

「三四三・九―一一宿王華、此《こ》の経《きょう》は能《よ》く一切衆生《いっさいしゅじょう》を救《すく》いたもう者《もの》なり。此《こ》の経《きょう》は能《よ》く一切衆生《いっさいしゅじょう》をして諸《もろもろ》の苦悩《くのう》を離《はな》れしめたもう。此《こ》の経《きょう》は能《よ》く大《おお》いに一切衆生《いっさいしゅじょう》を饒益《にょうやく》して、其《そ》の願《がん》を充満《じゅうまん》せしめたもう」とあります。

すなわち、一切衆生《いっさいしゅじょう》を救《すく》い、苦悩《くのう》から離《はな》れしめ、利益《りやく》を与《あた》え、一切衆生《いっさいしゅじょう》の願《ねが》いをかなえる力《ちから》をもつのは、教《おし》えそのものである――ということを、さらにくわしくお説《と》きになっているわけです。

また、ここにある「願《がん》」というのは、けっして物質《ぶっしつ》の満足《まんぞく》を得《え》たいとか、安楽《あんらく》な暮《く》らしをしたいというような目先《めさき》の望《のぞ》みではありません。まえ（二三四―二三七頁《ページ》）にもくわしく説明《せつめい》しましたように、願《がん》とは「自分《じぶん》の人生《じんせい》の目的《もくてき》とする理想《りそう》」のことです。人《ひと》によっていろいろちがった理想《りそう》（別願《べつがん》）はありましょうけれど、そのすべてが人《ひと》のため世《よ》のためになろうという利他《りた》の願《ねが》いであるべきことは、仏教徒《ぶっきょうと》として忘《わす》れてはならない大事《だいじ》であります。ここのところにある「願《がん》」を、人間《にんげん》の欲望《よくぼう》にもとづく目先《めさき》の願《ねが》いと考《かんが》え誤《あやま》るところに、「法華経《ほけきょう》」に対《たい》する俗信《ぞくしん》が生《しょう》ずるのです。法《ほう》を誤《あやま》るほど恐《おそ》ろしいことはありません。くれぐれも心《こころ》すべきであります。

十二諭《じゅうにゆ》の利益《りやく》

三四三・一一―三四四・五

「清らかな水をたたえた池《いけ》の所《ところ》へくれば、のどの渇《かわ》いた人《ひと》すべてがその水《みず》を飲《の》んで満足《まんぞく》するように、また寒《さむ》さに震《ふる》えていた人《ひと》が暖《あたた》かい火《ひ》を得《え》て生《い》きかえった気持《きもち》になるように、裸《はだか》の人《ひと》が着物《きもの》を得《え》たように、他国《たこく》へ旅《たび》する隊商《たいしょう》がよい案内人《あんないにん》を得《え》たように、真《ま》っ暗《くら》な夜《よる》に燈《ともしび》を得《え》たように、貧《まず》しいものが宝《たから》を得《え》たように、人民《じんみん》がいい統治者《とうちしゃ》を得《え》たように、貿易者《ぼうえきしゃ》が（難儀《なんぎ》な陸路《りくろ》でなく）平穏《へいおん》な海路《かいろ》をみつけたように、たいまつの火《ひ》が暗闇《くらやみ》を照《て》らし出《だ》すように――ちょうどそのように『法華経《ほけきょう》』は、衆生《しゅじょう》の一切《いっさい》の悩《なや》みや病苦《びょうく》を除《のぞ》き、生死《しょうじ》という輪廻《りんね》の束縛《そくばく》から、解放《かいほう》するものであります。」

ここには、「十二諭《じゅうにゆ》の利益《りやく》」といって、「法華経《ほけきょう》」の利益《りやく》を十二《じゅうに》の譬《たと》えで表《あら》わしてありますが、その一《ひと》つ一《ひと》つをよく味《あじ》わってみると、たんなる形容《けいよう》ではないことがわかってくると思《おも》います。中《なか》でもいちばん大事《だいじ》なのは、最後《さいご》の一句《いっく》です。

生死《しょうじ》というのは輪廻《りんね》のことで、何回《なんかい》も生《う》まれ変《か》わり死《し》に変《か》わりすることです。ですから、生死《しょうじ》の縛《ばく》というのは、そういう輪廻《りんね》の苦《くる》しみから逃《のが》れられないことをいうのです。ところが、ひとたび仏《ほとけ》の教《おし》えの神髄《しんずい》である法華経《ほけきょう》を知《し》り、それを受持《じゅじ》するようになれば、そのような輪廻《りんね》の苦《くる》しみから解脱《げだつ》できるようになるというのです。すなわち悟《さと》りを得《う》ることができるようになるのです。

それを現実《げんじつ》の生活《せいかつ》にそくしていうなら、どんな変化《へんか》が身辺《しんぺん》に起《お》こっても動《うご》かされない、自由自在《じゆうじざい》な心《しん》境《きょう》に達《たっ》せられるというわけです。「能《よ》く一切《いっさい》の生死《しょうじ》の縛《ばく》を解《と》かしめたもう」というのは、非常《ひじょう》にいいことばです。

「三四四・五―一〇もしある人がこの『法華経《ほけきょう》』を聞《き》くことができて、自分《じぶん》も書《か》き、人《ひと》にも書《か》かせたとしましょう。その人《ひと》の功徳《くどく》は、仏《ほとけ》の智慧《ちえ》をもってしてもはかりしれないほどです。しかも、この経巻《きょうがん》を書写《しょしゃ》してさまざまに供養《くよう》したならば、その功徳《くどく》はいよいよ無量無辺《むりょうむへん》でありましょう。」

供養《くよう》というのは、感謝《かんしゃ》の意《い》を表《あら》わすことです。そして、教《おし》えに対《たい》して感謝《かんしゃ》の意《い》を表《あら》わすには、それを実行《じっこう》し、説《と》きひろめるのが第《だい》一であることは、たびたび述《の》べたとおりです。ここに、いろいろな美《うつく》しいもので荘厳《しょうごん》したり、またさまざまな燈明《とうみょう》をともしたりするとありますが、これも結局《けっきょく》は、さまざまな菩《ぼ》薩行《さつぎょう》をもって教《おし》えを供養《くよう》することを、こんなに表現《ひょうげん》してあるわけです。

さて、ここまでは、「法華経《ほけきょう》」全体《ぜんたい》について説《と》かれてあったのですが、これからは「薬王菩《やくおうぼ》薩本事《さつほんじ》品《ほん》」の功徳《くどく》について述《の》べられてあります。なぜ、特《とく》にこの品《ほん》を受持《じゅじ》することの功徳《くどく》を説《と》かれるのかといえば、教《おし》えは実行《じっこう》してはじめて生《い》きるものであり、そしてこの品《ほん》が、身《み》をもってする「法華経《ほけきょう》」の実行《じっこう》の尊《とうと》さを主眼《しゅがん》としたものであるからです。

ですから、まちがっても、この品《ほん》ばかりの受持《じゅじ》をすすめているように受《う》け取《と》ってはなりません。そういう浅《あさ》い受《う》け取《と》りかたが、往々《おうおう》にして独断的《どくだんてき》な信仰《しんこう》を生《う》むのです。よく心《こころ》を配《くば》って深《ふか》く読《よ》んでいけば、そういうまちがいはしないはずです。たとえば「善哉善哉（三四五・七―八）、善男子《ぜんなんし》、汝能《なんじよ》く釈迦牟尼仏《しやかむにぶつ》の法《ほう》の中《なか》に於《お》いて、是《こ》の経《きょう》を受持《じゅじ》し読誦《どくじゅ》し思惟《しゆい》し、他人《たにん》の為《ため》に説《と》けり」とあります。すなわち、釈迦牟尼仏《しやかむにぶつ》の大《おお》きな教え（法《ほう》）の中《なか》の一《ひと》つとして、この経《きょう》を受持《じゅじ》し、読誦《どくじゅ》し、よく考《かんが》え、他人《たにん》のために説《と》くことが大切《たいせつ》だということが、ここにちゃんと念《ねん》を押《お》してあるのです。ですから、われわれが受持《じゅじ》しなければならないのは、あくまでも「法華経《ほけきよう》」全体《ぜんたい》でなければなりません。あとに出《で》てくる「観世音《かんぜおん》菩薩《ぼさつ》普門品《ふもんぼん》第《だい》二十五」については、特《とく》にその注意《ちゆうい》が必要《ひつよう》です。

ところで、ここからあとは、ずっと通《とお》して解釈《かいしやく》する必要《ひつよう》もないと思《おも》いますので、大切《たいせつ》なことばやことがらだけを抜《ぬ》き出《だ》して解説《かいせつ》することにしましょう。そうすれば、ここに説《と》かれている精神《せいしん》は、まずあやまりなく理解《りかい》することができることと思《おも》います。

（三四四・一二―三四五・一）まず「女身を尽くして後《のち》に復受《またう》けじ」とか、「若《も》し女人《によにん》あって是《こ》の経典《きようでん》を聞《き》いて」とかありますが、この女人《によにん》ということにこだわってはならないことは、さきに述《の》べたとおりです。

五《ご》五百歳《ごひやくさい》　つぎに、「如来の滅後《めつご》（三四五・一）、後《のち》の五百歳《ひやくさい》の中《なか》に」とありますが、この五百歳《ひやくさい》ということについては説明《せつめい》しておく必要《ひつよう》があると思《おも》います。釈尊《しやくそん》は、ご自分《じぶん》が入滅《にゆうめつ》されてからあとの時代《じだい》について、五つの五百歳《ひやくさい》に分《わ》けて説明《せつめい》されておられます。それはつぎのとおりです。

第《だい》一五百歳《ひゃくさい》──解脱堅固時《げだつけんごのとき》
第《だい》二五百歳《ひゃくさい》──禅定堅固時《ぜんじょうけんごのとき》　}正法《しょうぼう》
第《だい》三五百歳《ひゃくさい》──多聞堅固時《たもんけんごのとき》
第《だい》四五百歳《ひゃくさい》──多《た》造塔寺《ぞうとうじ》堅固時《けんごのとき》　}像法《ぞうぼう》
第《だい》五五百歳《ひゃくさい》──闘諍堅固時《とうじょうけんごのとき》──末法《まっぽう》

解脱堅固時《げだつけんごのとき》

この堅固《けんご》というのは、「たしかにまちがいない」という意味《いみ》で、解脱堅固時《げだつけんごのとき》というのは、人《ひと》びとが釈尊《しゃくそん》の教《おし》えを実行《じっこう》して、煩悩《ぼんのう》の苦《く》しみから解脱《げだつ》することがたしかにまちがいない時代《じだい》ということです。それが五百年《ひゃくねん》つづくというのは、釈尊《しゃくそん》はおなくなりになっても、当分《とうぶん》の間《あいだ》はその偉大《いだい》な人格《じんかく》の余光《よこう》が強《つよ》く残《のこ》っていますから、人《ひと》びとは釈尊《しゃくそん》の教《おし》えをそのまま守《まも》って実行《じっこう》さえすれば、それで正《ただ》しい平和《へいわ》な精神生活《せいしんせいかつ》ができるわけです。極端《きょくたん》にいえば、自分《じぶん》で考《かんが》えて悟《さと》ること（縁覚《えんがく》の境地《きょうち》）はあまり必要《ひつよう》でなく、ひたすら教《おし》えのままに行《おこ》なっていけばそれですむという楽《らく》な時代《じだい》です。それは釈尊《しゃくそん》の個《こ》人的《じんてき》なお徳《とく》のおかげですから、教《おし》えそのものはいつまでも正《ただ》しく残《のこ》るにしても、そういう時代《じだい》は五百年《ひゃくねん》経《た》てばおしまいになるわけです。

禅定堅固時《ぜんじょうけんごのとき》

ところで、つぎの「禅定堅固時《ぜんじょうけんごのとき》」はどういう時代《じだい》かといいますと、仏滅後《ぶつめつご》五百年《ひゃくねん》も経《た》てば、社会状態《しゃかいじょうたい》が相当《そうとう》に変化《へんか》してきます。それで、仏《ほとけ》の教《おし》えをどのように解釈《かいしゃく》し、どのように現在《げんざい》の社会《しゃかい》に当《あ》てはめればそれを正《ただ》しく生《い》かすことができるか、ということを思索《しさく》する必要《ひつよう》が生《しょう》じてきます。教《おし》えは正《ただ》しく残《のこ》っているのですが、いままでのようにそのまま単純《たんじゅん》に実行《じっこう》することのむずかしい時《じ》代《だい》となってくるのです。それで教《おし》えを受持《じゅじ》する人《ひと》たちは、禅定《ぜんじょう》に入《はい》って深《ふか》く思索《しさく》し、教《おし》えを新《あたら》しい時代《じだい》に生《い》かす工夫《くふう》をするのです。これを「禅定堅固時《ぜんじょうけんごのとき》」といいます。

多聞堅固時《たもんけんごのとき》

つぎの五百歳《ひゃくさい》は「多聞堅固時《たもんけんごのとき》」となります。釈尊《しゃくそん》が入滅《にゅうめつ》されてから千年《せんねん》も経《た》つと、人《ひと》びとの心《こころ》にうつる釈尊《しゃくそん》の姿《すがた》というものは、もう現実的《げんじつてき》な人生《じんせい》の指導者《しどうしゃ》というよりも、歴史上《れきしじょう》の大偉《だいい》人《じん》という姿《すがた》になってきます。衆生《しゅじょう》の心《こころ》との間《あいだ》に距離《きょり》が出来《でき》てきて、尊敬《そんけい》はするけれど、恋慕《れんぼ》渇仰《かつごう》の念《ねん》は薄《うす》くなってくるのです。と同時《どうじ》に、物質文化《ぶっしつぶんか》がますます発達《はったつ》して、世相《せそう》もいよいよ複雑《ふくざつ》となりますので、いままでは人生《じんせい》の生《い》きた教《おし》えだった仏《ほとけ》の教《おし》えも、次第《しだい》に学問的《がくもんてき》に研究《けんきゅう》されるような状態《じょうたい》になってきます。しかし、まだ仏《ほとけ》の教《おし》えを学《まな》ぼうという風潮《ふうちょう》は盛《さか》んですから、この時代《じだい》を「多《おお》く学《まな》ぶ」すなわち「多聞《たもん》」の時代《じだい》というわけです。

多造塔寺堅固時《たぞうとうじけんごのとき》

その多聞堅固《たもんけんご》の五百年《ひゃくねん》が過《す》ぎると、仏法《ぶっぽう》を学《まな》ぼうという気持《きもち》さえ薄《うす》れていって、ただ塔《とう》や寺《てら》を建《た》てて仏《ほとけ》さまをまつればそれでご利益《りやく》が授《さず》かるだろうというような、形式的《けいしきてき》な仏《ぶっ》教《きょう》が行《おこ》なわれる時代《じだい》になっていくというのです。精神《せいしん》はまったく失《うしな》われてしまうのです。貴族《きぞく》や勢力者《せいりょくしゃ》は、りっぱな寺院《じいん》を建《た》てることによって一族《いちぞく》の繁栄《はんえい》がかなえられるものと考《かんが》え、僧侶《そうりょ》たちはその貴族《きぞく》や勢力者《せいりょくしゃ》の保護《ほご》によってぜいたくな生活《せいかつ》を送《おく》り、また大衆《たいしゅう》は寺院《じいん》に詣《もう》でて手《て》を合《あ》わせさえすれば救《すく》われるというような安易《あんい》な気持《きもち》におちいってしまうのです。この時代《じだい》を、塔寺《とうじ》を多《おお》く造《つく》る、すなわち「多造塔寺《たぞうとうじ》」の時代《じだい》というわけです。

闘諍堅固時《とうじょうけんごのとき》

その五百年《ひゃくねん》が過《す》ぎてしまうと、もはや形式的《けいしきてき》な宗教《しゅうきょう》さえおおむね無視《むし》されてしまう時代《じだい》になるというのです。そして、人《ひと》びとはまったく利己的《りこてき》になり、自分《じぶん》の利益《りえき》、自分《じぶん》の一家《いっか》の利益《りえき》、自分《じぶん》の団体《だんたい》の利益《りえき》、自分《じぶん》の国《くに》の利益《りえき》、自分《じぶん》の属《ぞく》する階級《かいきゅう》の利益《りえき》ばかりを追求《ついきゅう》するために、それらの利害《りがい》が衝突《しょうとつ》して、つねにいがみあうようになります。我《が》と我《が》の角突《つのつ》きあいです。そのために、最後的《さいごてき》には多《おお》くの血《ち》を流《なが》すような不祥事《ふしょうじ》が起《お》こるのですが、そこまでいかない普通《ふつう》のときでも、世《よ》の中《なか》はつねに大小《だいしょう》の争《あらそ》いの連続《れんぞく》で、ほんとうの平和《へいわ》な生活《せいかつ》ができないのです。これを「闘諍堅固時《とうじょうけんごのとき》」といって、現《げん》代《だい》がちょうどそれにあたりましょう。

正法《しょうぼう》　この五五百歳《ごごひゃくさい》のうち、「解脱堅固時《げだつけんごのとき》」と「禅定堅固時《ぜんじょうけんごのとき》」は、仏《ほとけ》の教《おし》えが正《ただ》しく守《まも》られ、正《ただ》しく行《おこ》なわれている時代《じだい》ですから、この千年《せんねん》を正法《しょうぼう》の時代《じだい》といいます。

像法《ぞうぼう》　そのあとの「多聞堅固時《たもんけんごのとき》」と「多造塔寺堅固時《たぞうとうじけんごのとき》」は、仏法《ぶっぽう》が像《かたち》の上《うえ》だけでも残《のこ》っている時代《じだい》ですから、この千年《せんねん》を像法《ぞうぼう》の時代《じだい》といいます。

末法《まっぽう》　そして、ついに仏法《ぶっぽう》が見失《みうしな》われてしまう時代《じだい》がやってくるのです。それを末法《まっぽう》の時代《じだい》といい、末世《まっせ》ともいいます。しかし、それは、人《ひと》びとの目《め》から見失《みうしな》われたに過《す》ぎないのであって、むろん仏法《ぶっぽう》は永遠不滅《えいえんふめつ》のものです。けっしてなくなることはありません。しかも、こういう末法《まっぽう》の世《よ》にこそ、仏《ほとけ》の教《おし》えが必要《ひつよう》であり、その真価《しんか》が発揮《はっき》されるのです。ですから、お釈迦《しゃか》さまも、末法《まっぽう》の世《よ》に「法華経《ほけきょう》」を受持《じゅじ》し、実行《じっこう》し、説《と》きひろめることの尊《とうと》さを、いくどもいくどもくりかえしてお説《と》きになっておられるわけです。

三四五・一―三 つぎに、「是《こ》の経典《きょうでん》を聞《き》いて説《せつ》の如《ごと》く修行《しゅぎょう》せば、此《ここ》に於《おい》て命終《みょうじゅう》して、即《すなわ》ち安楽世界《あんらくせかい》の阿弥陀仏《あみだぶつ》の大菩薩衆《だいぼさつしゅ》の囲繞《いにょう》せる住処《じゅうしょ》に往《ゆ》いて、蓮華《れんげ》の中《なか》の宝座《ほうざ》の上《うえ》に生《しょう》ぜん」とあります。この「法華経《ほけきょう》」を聞《き》いて、お釈迦《しゃか》さまの教《おし》えのとおり実行《じっこう》すれば、来世《らいせ》には阿弥陀如来《あみだにょらい》のおられる極楽世界《ごくらくせかい》に生《う》まれ変《か》わることができるという意味《いみ》です。

ちょうど仏滅後《ぶつめつご》五百年《ひゃくねん》ごろ、インドの西《にし》のほうから阿弥陀仏《あみだぶつ》の信仰《しんこう》がはいってきました。すなわち、阿弥陀仏《あみだぶつ》を念《ねん》ずればかならず極楽浄土《ごくらくじょうど》に生《う》まれるという、他力一辺倒《たりきいっぺんとう》の信仰《しんこう》です。その阿弥陀仏《あみだぶつ》は、もちろん大慈大悲《だいじだいひ》の仏《ほとけ》であり、衆生《しゅじょう》をあまねく浄土《じょうど》へ救《すく》いとるという大神通力《だいじんづうりき》をもった仏《ほとけ》でありますけれども、ただその仏《ほとけ》にすがりさえすれば救《すく》われるというのは、やはり偏《かたよ》った信仰《しんこう》であります。なんといっても宇宙《うちゅう》の真理《しんり》を悟《さと》り、自分《じぶん》の生《い》きかたをその真理《しんり》に合《あ》わせていくという努力《どりょく》をしなければ、阿弥陀仏《あみだぶつ》の国《くに》へ救《すく》われるということはありえないのです。正《ただ》しい智慧《ちえ》を求《もと》め、人格完成《じんかくかんせい》の道《みち》を修行《しゅぎょう》していくところにこそ、救済《きゅうさい》が実現《じつげん》するのです。

そこのところを思《おも》いちがいして、たんなる他力一辺倒《たりきいっぺんとう》におちいらないように、「是《こ》の経典《きょうでん》を聞《き》いて説《せつ》の如《ごと》く修行《しゅぎょう》せば」と、はっきりただし書《が》きがついています。すなわち、阿弥陀仏《あみだぶつ》の信仰《しんこう》も、「法華経《ほけきょう》」

に説《と》かれている真実《しんじつ》の教《おし》えによってこそ、ほんとうの力《ちから》となるのであるというわけであります。

三《さん》　毒《どく》

ところが、そういう来世《らいせ》のことだけでなく、この経典《きょうでん》を受持《じゅじ》するものは、現世《げんぜ》においても貪《とん》欲《よく》・瞋恚《しんに》・愚癡《ぐち》に悩《なや》まされることはないとあります。貪欲《とんよく》（物質《ぶっしつ》・名誉《めいよ》・地位《ちい》・愛情《あいじょう》などを飽《あ》くことなく貪《むさぼ》り欲《ほっ》する心《こころ》）と、瞋恚《しんに》（我《が》による怒《いか》りの心《こころ》）と、愚癡《ぐち》（おろかで目先《めさき》のことしか考《かんが》えぬ心《こころ》）の三つを「貪《とん》・瞋《じん》・癡《ち》の三毒《さんどく》」といって凡夫《ぼんぷ》の身《み》を滅《ほろ》ぼす大本《おおもと》の毒《どく》とされていますが、この三毒《さんどく》を除《のぞ》くことができたら、それだけでもたいへんな功徳《くどく》といわなければなりません。

その三毒《さんどく》があればこそ、つぎに述《の》べられている憍慢《きょうまん》（おごりたかぶる心《こころ》・自慢《じまん》の心《こころ》）および嫉妬《しっと》（他人《たにん》をねたみうらむ心《こころ》）というようないろいろな迷《まよ》い（諸垢《しょく》）が生《しょう》じてくるのです。これらは、男子《だんし》にも女子《じょし》にも共通《きょうつう》にある迷《まよ》いですけれども、女子《じょし》にとってはとりわけ心《こころ》の戒《いまし》めとしなければならないことです。ここに「若《も》し女人《にょにん》あって……」と特《とく》に女人《にょにん》のこととして説《と》かれてあるのには、そういう配慮《はいりょ》があることと受取《うけと》らねばなりません。

つぎに、三四六・四—五「是の人、現世《げんぜ》に口《くち》の中《うち》より常《つね》に青蓮華《しょうれんげ》の香《か》を出《いだ》し、身《み》の毛孔《もうく》の中《なか》より常《つね》に牛頭栴檀《ごずせんだん》の香《か》を出《いだ》さん」とありますが、これはその人《ひと》が周囲《しゅうい》に対《たい》してよい感化《かんか》を与《あた》えることをいってあるのです。移《うつ》り香《が》などというように、香《かお》りというものは、それに触《ふ》れた人《ひと》に移《うつ》っていくものです。そこで、口《くち》から青蓮《しょうれん》華《げ》の香《かお》りを出《だ》すというのは、その人《ひと》の語《かた》ることばによって周囲《しゅうい》の人《ひと》びとの心《こころ》が自然《しぜん》と美《うつく》しくなることであり、また毛孔《もうく》から牛頭栴檀《ごずせんだん》の香《かお》りを出《だ》すというのは、その人《ひと》の行動《こうどう》によって周囲《しゅうい》の人《ひと》びとが自然《しぜん》に感《かん》化《か》されることをいうのです。仏法《ぶっぽう》を身《み》に行《おこ》なうものは、このような境地《きょうち》にまで達《たっ》したいものです。

なお、三四六・九―一〇「此の経は則ち為《こ》れ閻浮提《えんぶだい》の人《ひと》の病《やまい》の良薬《ろうやく》なり」とあるのは、いうまでもなく心《こころ》の病《やまい》のことです。心《こころ》の病《やまい》が治《なお》るにしたがって身体《しんたい》の病《やまい》の消《き》え去《さ》る原理《げんり》は、まえに述《の》べたとおりですが、ここにある「病《やまい》」を、単純《たんじゅん》に身体《しんたい》の病《やまい》と受《う》け取《と》ると、誤解《ごかい》のもとになりますから、注意《ちゅうい》しなければなりません。

したがって、つぎにある三四七・二―三「一切衆生の老《ろう》・病《びょう》・死《し》の海《うみ》を度脱《どだつ》すべし」とある老《ろう》・病《びょう》・死《し》も、現実《げんじつ》の老《ろう》・病《びょう》・死《し》でなく、これは「生死《しょうじ》」という意味《いみ》です。人生《じんせい》の重大《じゅうだい》な変化《へんか》を老《ろう》・病《びょう》・死《し》に代表《だいひょう》させてあるのです。すなわち、人生《じんせい》のいろいろな変化《へんか》に驚《おどろ》いたり、あわてふためいたりしないようになるわけです。

焼身供養《しょうしんくよう》

薬王菩薩《やくおうぼさつ》はその名《な》のとおり、衆生《しゅじょう》の病《やまい》を治《なお》してくださるという菩薩《ぼさつ》です。病《やまい》といっても、もともとは心《こころ》の病《やまい》です。まず心《こころ》の病《やまい》をことごとくいやしてくださるから、したがって身体《からだ》の病《やまい》も治《なお》ってくるのです。ところで、その神通力《じんづうりき》をどうして得《え》られたかといえば、一切衆生憙見菩薩《いっさいしゅじょうきけんぼさつ》であった過去《かこ》の世《よ》において「焼身供養《しょうしんくよう》」をされたからです。すなわち身《み》をもって「法華経《ほけきょう》」を実行《じっこう》されたからにほかなりません。

いまは原因《げんいん》と結果《けっか》を逆《ぎゃく》にたどっていったのですが、これを順《じゅん》にたどれば、一切衆生憙見菩薩《いっさいしゅじょうきけんぼさつ》が身《み》をもって「法華経《ほけきょう》」を実行《じっこう》したために、薬王菩薩《やくおうぼさつ》という衆生《しゅじょう》の心《こころ》の病《やまい》をいやす大神通力《だいじんづうりき》をもった菩薩《ぼさつ》となられた。心《こころ》の病《やまい》をいやすことは、身体《からだ》の病《やまい》にも大《おお》いに影響《えいきょう》のあることである。それで、「法華経《ほけきょう》」を心《こころ》から受持《じゆじ》し、実行《じつこう》することこそ、あらゆる病《やまい》をいやす原動力《げんどうりよく》となるものである――ということになります。「薬王菩薩本事品《やくおうぼさつほんじほん》」は、この原理《げんり》を教《おし》えて、われわれの励《はげ》みとされたものということができます。

妙音《みょうおん》菩《ぼ》薩《さつ》品《ぽん》第《だい》二十四

この品《ほん》は、理想《りそう》の世界《せかい》から現実《げんじつ》の娑婆世界《しゃばせかい》へ訪《おとず》れてこられた妙音菩薩《みょうおんぼさつ》という方《かた》についての説話《せつわ》です。その説話《せつわ》に含《ふく》められている意味《いみ》については、その場《ば》その場《ば》で解説《かいせつ》することにして、さっそくその物語《ものがたり》をたどっていくことにしましょう。

三四八・一―六
釈尊が「薬王菩薩本事品第《やくおうぼさつほんじほんだい》二十三」の教《おし》えを説《と》き終《お》わられますと、突然《とつぜん》その眉間《みけん》の渦毛《うずげ》から光《ひかり》が放《はな》たれ、東方《とうぼう》にある無数《むすう》の諸仏《しょぶつ》の国土《こくど》が照《て》らし出《だ》されました。すると、その無限《むげん》に広《ひろ》い世界《せかい》のもっとむこうに浄光荘厳《じょうこうしょうごん》という国《くに》があり、浄華宿王智如来《じょうけしゅくおうちにょらい》という仏《ほとけ》が法《ほう》を説《と》いておられました。

白毫相《びゃくごうそう》の光《ひかり》

釈尊《しゃくそん》の眉間《みけん》から放《はな》たれた光《ひかり》で、それらの諸仏《しょぶつ》がはっきり照《て》らしだされたということは、仏《ほとけ》はどこにもいらっしゃるのであるが、一切衆生《いっさいしゅじょう》は釈尊《しゃくそん》の教《おし》えによってこそはじめてその存在《そんざい》を知《し》ることができる、ということを意味《いみ》しているのです。すなわち、白毫相《びゃくごうそう》の光《ひかり》は、宇宙《うちゅう》の真理《しんり》を明《あき》らかにされた釈尊《しゃくそん》の「仏《ほとけ》の智慧《ちえ》」の象徴《しょうちょう》であります。

これは「序品第《じょほんだい》一」以来《いらい》つづいていることですが、この品《ほん》においては特《とく》にその認識《にんしき》をあらたにすることが大事《だいじ》であるために、まずこの光《ひかり》によって諸仏《しょぶつ》の世界《せかい》が照《て》らしだされたことから話《はなし》が始《はじ》められているわけです。この認識《にんしき》がないと、浅《あさ》い理解《りかい》や、あるいはうっかりすると俗《ぞく》な誤解《ごかい》におちいることがありますから、くれぐれも心《こころ》していただきたいものです。

三四八・六—三四九・二 その国に妙音菩薩《ぼさつ》というたいへん徳《とく》の高《たか》い菩薩《ぼさつ》がおられて、あらゆる三昧神通力《さんまいじんづうりき》を具《そな》えておられました。三昧《さんまい》というのは、精神《せいしん》が一《ひと》つのことに集中《しゅうちゅう》して乱《みだ》れないという意味《いみ》です。ここに十六《じゅうろく》の三昧《さんまい》があげてありますが、その意味《いみ》を簡単《かんたん》に説明《せつめい》しますと、まず「妙幢相三昧《みょうどうそうざんまい》」ですが、妙幢《みょうどう》とはたいへん美《うつく》しい旗《はた》ということで、大将《たいしょう》の本陣《ほんじん》に立《た》てられる旗《はた》じるしです。それで、「妙幢相三昧《みょうどうそうざんまい》」とは、「法華経《ほけきょう》」がすべての教《おし》えの中心《ちゅうしん》であるということを確信《かくしん》して、その確信《かくしん》が揺《ゆる》がないことをいいます。

法華三昧《ほっけざんまい》

つぎの「法華三昧《ほっけざんまい》」とは、「法華経《ほけきょう》」の教《おし》えを深《ふか》く信《しん》じ、身《み》に行《おこ》なって、心《こころ》が散乱《さんらん》しないことをいいます。ここにある十六《じゅうろく》の三昧《さんまい》はこれ一《ひと》つで代表《だいひょう》させることができるのであって、他《た》の十五《じゅうご》の三昧《さんまい》は「法華三昧《ほっけざんまい》」を細《こま》かく分析《ぶんせき》して説明《せつめい》したものといっていいでしょう。

つぎの「浄徳三昧《じょうとくざんまい》」というのは、字《じ》のとおり、浄《きよ》らかな徳《とく》を身《み》に具《そな》えていて、しかもみずからはそれをすこしも意識《いしき》しない心境《しんきょう》です。だから、増上慢《ぞうじょうまん》や我《が》がなく、いうことなすことがひとりでに周囲《しゅうい》の人《ひと》びとを感化《かんか》するのです。

つぎは「宿王戯三昧《しゅくおうけざんまい》」ですが、「宿《しゅく》」というのは「久《ひさ》しいむかしから」の意《い》、「王《おう》」というのは「盛《さか》ん」ということ、「戯《け》」というのは「自由自在《じゆうじざい》」という意味《いみ》ですから、「ずっとむかしからすぐれた徳《とく》を具《そな》えていて、その徳《とく》によって自由自在《じゆうじざい》に人《ひと》を導《みちび》く力《ちから》のある人《ひと》」すなわち仏《ほとけ》とか大菩薩《だいぼさつ》というような人《ひと》になりたいとつねに心《こころ》に念《ねん》じて、その念願《ねんがん》が決定《けつじょう》して動《うご》かないことを「宿王戯三昧《しゅくおうけざんまい》」といいます。

「無縁三昧《むえんざんまい》」とは、縁《えん》ある人《ひと》だけを救《すく》おうというのでなく、縁《えん》のない人《ひと》までも一切《いっさい》を救《すく》おうという精神《せいしん》が、徹底《てってい》しているありさまです。

「智印三昧《ちいんざんまい》」の智《ち》は深《ふか》い智慧《ちえ》を具《そな》えていること、印《いん》は印象《いんしょう》の印《いん》で、人《ひと》の心《こころ》に強《つよ》く刻《きざ》みつけることです。すなわち、深《ふか》い智慧《ちえ》を具《そな》え、その智慧《ちえ》が周囲《しゅうい》の人《ひと》びとの心《こころ》に強《つよ》い感化《かんか》を与《あた》えるような境地《きょうち》に住《じゅう》したいと、つねに念《ねん》じていることを「智印三昧《ちいんざんまい》」といいます。

「解一切衆生語言三昧《げいっさいしゅじょうごごんざんまい》」というのは、一切衆生《いっさいしゅじょう》の望《のぞ》んでいることをよく見通《みとお》してそれにふさわしい教《おし》えを説《と》くということに精神《せいしん》を統一《とういつ》している境地《きょうち》です。

「集一切功徳三昧《しゅういっさいくどくざんまい》」というのは、すべての教《おし》えの功徳《くどく》はただ一《ひと》つの「自他共《じたとも》に仏《ほとけ》に成《な》る」ということに帰《き》するのだ、という考《かんが》えに心《こころ》を集中《しゅうちゅう》することです。「清浄三昧《しょうじょうざんまい》」というのは、煩悩《ぼんのう》をことごとく打《う》ち払《はら》って清浄《しょうじょう》の身《み》をもちつづけるように、精神《せいしん》を統一《とういつ》することです。

「神通遊戯三昧《じんづうゆけざんまい》」というのは、どういう境遇《きょうぐう》にあっても、その境遇《きょうぐう》にしばられない自由自在《じゆうじざい》な心境《しんきょう》をもちつづけるよう、一心《いっしん》に努力《どりょく》することをいいます。「慧炬三昧《えこざんまい》」とは、炬《たいまつ》の火《ひ》が周囲《しゅうい》を照《て》らし出《だ》すように、自分《じぶん》の智慧《ちえ》の光《ひかり》によって周囲《しゅうい》の人《ひと》びとを明《あか》るくしてゆきたいと努《つと》めることです。

「荘厳王三昧《しょうごんのうざんまい》」の「荘厳《しょうごん》」というのは、おごそかに美《うつく》しく飾《かざ》ることですが、この場合《ばあい》は徳《とく》をもって身《み》を飾《かざ》ることです。王《おう》はさかんということ。そこで、すぐれた徳《とく》を身《み》につけて、自然《しぜん》に人《ひと》びとを感化《かんか》するような人間《にんげん》になりたいと念《ねん》じつづけることを「荘厳王三昧《しょうごんのうざんまい》」といいます。

「浄光明三昧《じょうこうみょうざんまい》」とは、自分《じぶん》の身《み》から浄《きよ》らかな光明《こうみょう》を出《だ》して、周囲《しゅうい》を浄化《じょうか》してゆきたいと、ひとすじに念《ねん》願《がん》することです。

「浄蔵三昧《じょうぞうざんまい》」というのは、心《こころ》を浄《きよ》らかさでいっぱい（蔵《ぞう》）にしたいということを念《ねん》じつづけることです。

「不共三昧《ふぐざんまい》」の「不共《ふぐ》」というのは「共《とも》にならぶものがない」という意味《いみ》で、つまり仏《ほとけ》のことです。それで、仏《ほとけ》の境界《きょうがい》に達《たっ》したいという理想《りそう》を固《かた》く心《こころ》に持《も》って、それにむかって修行《しゅぎょう》をつづけることです。

「日旋三昧《にっせんざんまい》」というのは、太陽《たいよう》が休《やす》みなく旋《めぐ》り旋《めぐ》って地上《ちじょう》の万物《ばんぶつ》を照《て》らすように、すべてのものを生《い》かすような高《たか》い教《おし》えの境地《きょうち》に達《たっ》したいと念願《ねんがん》し、心《こころ》を散《ち》らさないことです。

三四九・二―六 妙音菩薩は、これらすべての三昧《さんまい》を身《み》につけた、非常《ひじょう》にすぐれた菩薩《ぼさつ》でしたので、釈迦牟尼仏《しゃかむにぶつ》の発《はっ》せられた光明《こうみょう》にその身《み》を照《て》らされると、釈迦牟尼仏《しゃかむにぶつ》が非常《ひじょう》に徳《とく》の高《たか》いお方《かた》であることがすぐわかったのです。そこで、その国《くに》の仏《ほとけ》である浄華宿王智如来《じょうけしゅくおうちにょらい》にむかって、「わたくしはこれから娑婆世界《しゃばせかい》にまいり、釈迦牟尼仏《しゃかむにぶつ》を拝《はい》したいと存《ぞん》じます。また、そのお弟子《でし》のえらい菩薩《ぼさつ》たちにもお目《め》にかかりたいと存《ぞん》じます」と申《もう》しあげました。

三四九・六―一二 すると、浄華《け》宿王智如来《しゅくおうちにょらい》は「よいことを考《かんが》えつきました。いっておいでなさい。しかし、注意《ちゅうい》しておくことがあります。娑婆《しゃば》という世界《せかい》はあまり美《うつく》しい所《ところ》ではありません。仏《ほとけ》さまのお身体《からだ》も小《ちい》さいですし、菩薩《ぼさつ》たちも同様《どうよう》です。ですから、わたしたちの身体《からだ》がこんなに大《おお》きく、光《ひか》り輝《かがや》いているのと比《くら》べてみて、軽蔑《けいべつ》の心《こころ》を起《お》こすかもしれませんが、それはたいへんな考《かんが》えちがいですから、気《き》をつけることです」とお戒《いまし》めになりました。

三四九・一二―三五〇・一
「はい、おおせのとおりにいたします。わたくしが娑婆《しゃば》世界《せかい》にまいることができますのも、みんな如来《にょらい》さまのお力《ちから》ですから、すべて如来《にょらい》さまのお心《こころ》のままでございます。」

妙音菩薩《みょうおんぼさつ》はこうお答《こた》えいたしました。

理想《りそう》と現《げん》実《じつ》の相違《そうい》

浄華宿王智如来《じょうけしゅくおうちにょらい》や妙音菩薩《みょうおんぼさつ》に比《くら》べて、釈迦牟尼如来《しゃかむににょらい》やそのお弟子《でし》の菩薩《ぼさつ》たちが身体《からだ》も小《ちい》さいし、また光輝《こうき》をも発《はっ》していないということには、どんな意味《いみ》があるかといいますと、それは、理想《りそう》と現実《げんじつ》のちがいをいってあるのです。浄華宿王智如来《じょうけしゅくおうちにょらい》の国土《こくど》は、はるか虚空《こくう》の上《うえ》にある理想《りそう》の世界《せかい》です。だから、その世界《せかい》の仏《ほとけ》も菩薩《ぼさつ》も、せいの高《たか》さは、何百万《なんびゃくまん》キロメートルともしれないほどですし、その身《み》は金色《こんじき》に輝《かがや》いているのです。理想《りそう》というものは、そんなものです。

ところが現実《げんじつ》とはどんなものでしょうか。とうてい理想《りそう》ほどの大《おお》きな姿《すがた》でもなく、見《み》かけの光輝《こうき》もありません。現実《げんじつ》は、理想《りそう》に比《くら》べるとはるかに小《ちい》さい、低《ひく》い、醜《みにく》い姿《すがた》です。しかし、そういう現実《げんじつ》の世界《せかい》においてなおかつ高《たか》い人格《じんかく》を完成《かんせい》している人《ひと》の姿《すがた》は、よしんばその姿《すがた》・形《かたち》は小《ちい》さくとも、また見《み》かけの光輝《こうき》はなくとも、その尊《とうと》さは虚空《こくう》にある理想《りそう》の姿《すがた》よりずっとすぐれているのです。しかも、邪悪《じゃあく》に満《み》ち満《み》ちた、そして魔《ま》などの妨害《ぼうがい》がひっきりなしに起《お》こってくる現実《げんじつ》の世界《せかい》において、仏《ほとけ》の境地《きょうち》に達《たっ》するということは、何《なに》にも増《ま》して尊《とうと》いことなのです。このことを浄華宿王智如来《じょうけしゅくおうちにょらい》はこんこんと教《おし》えておられるのです。

三五〇・一―三五一・五そこで、妙音菩薩《ぼさつ》はそのまま禅定《ぜんじょう》に入《はい》り、じっと念《ねん》じつづけていますと、その念力《ねんりき》によって、娑婆世《しゃばせ》界《かい》の霊鷲山《りょうじゅせん》の法座《ほうざ》のまわりには、八万《まん》四千《せん》の美《うつく》しい蓮《はす》の花《はな》が忽然《こつぜん》として浮《う》かびあがってきました。それは金《きん》の茎《くき》、銀《ぎん》の葉《は》、金剛石《こんごうせき》の蘂《しべ》、ルビーのような紅《あか》い色《いろ》のはなびらをもっていました。

それを見《み》て、文殊師利《もんじゅしり》は感嘆《かんたん》しながら釈尊《しゃくそん》におたずねしました。

「世尊《せそん》、どうしてこんな美《うつく》しい蓮《はす》の花《はな》がにわかに咲《さ》きほこったのでございましょうか。」

「それは、きっと浄華宿王智仏《じょうけしゅくおうちぶつ》の国《くに》から妙音菩薩《みょうおんぼさつ》がこの土《ど》にくる前《まえ》ぶれでしょう。」

「世尊《せそん》、その妙音菩薩《みょうおんぼさつ》という方《かた》は、どんなことをなさったためにこのような大神通力《だいじんづうりき》を得《え》られたのでしょうか。わたくしどもも、そのような修行《しゅぎょう》をいたしとう存《ぞん》じます。どうぞ、妙音菩薩《みょうおんぼさつ》をお呼《よ》びになってわれわれに会《あ》わせていただきとう存《ぞん》じます。」

「文殊師利《もんじゅしり》よ、そのことはきっと多宝如来《たほうにょらい》がなさってくださるでしょう。」

多宝如来《たほうにょらい》は、ご自分《じぶん》は教《おし》えをお説《と》きになりませんが、つねに他《た》の人《ひと》の説《と》く真理《しんり》を証明《しょうめい》する尊《とうと》い役目《やくめ》を持《も》たれる如来《にょらい》です。それで、三五一・五―三五三・二多宝如来はすぐ、

「妙音菩薩《みょうおんぼさつ》よ、こちらへおいでなさい。文殊菩薩《もんじゅぼさつ》があなたに会《あ》いたがっていますぞ。」

と、お呼《よ》びになりました。その声《こえ》に応《おう》じて妙音菩薩《みょうおんぼさつ》は、八万《まん》四千《せん》の菩薩《ぼさつ》をつれて浄華宿王智仏《じょうけしゅくおうちぶつ》の国《くに》を出《しゅっ》発《ぱつ》し、妙《たえ》なる音楽《おんがく》や美《うつく》しい花《はな》に包《つつ》まれながら、娑婆世界《しゃばせかい》に到着《とうちゃく》しました。その顔《かお》や姿《すがた》の美《うつく》しさというも

のは、まことにたとえようもないほどで、徳《とく》の高《たか》さに光《ひか》り輝《かがや》いておりました。妙音菩薩《みようおんぼさつ》は、霊鷲山《りようじゆせん》に着《つ》くと、うやうやしく釈迦牟尼仏《しやかむにぶつ》のみもとに至《いた》り、み足《あし》に額《ひたい》をすりつけて礼拝《らいはい》しました。そして貴重《きちよう》な瓔《よう》珞《らく》をささげて、ご挨拶《あいさつ》を申《もう》しあげました。

「世尊《せそん》、浄華宿王智仏《じようけしゆくおうちぶつ》よりのご挨拶《あいさつ》をお伝《つた》え申《もう》しあげます。お身体《からだ》におさわりはございませんでしょうか。人《ひと》びとをお導《みちび》きになるのにご苦労《くろう》はございませんでしょうか。わるい心《こころ》やわるい行《おこ》ないのものはおりませんでしょうか。また、多宝如来《たほうによらい》さまもお変《か》わりなくいらっしゃいましょうか。」

そして、ことばをついで釈迦牟尼如来《しやかむにによらい》にお願《ねが》い申《もう》しあげます。

「多宝如来《たほうによらい》さまにお目《め》にかかりとう存《ぞん》じます。世尊《せそん》、どうぞお目《め》にかからせてくださいませ。」

釈迦牟尼如来《しやかむにによらい》は、即座《そくざ》に多宝仏《たほうぶつ》にむかって、

「妙音菩薩《みようおんぼさつ》がお目《め》にかかりたいと申《もう》しております。どうぞ会《あ》ってやってください。」

と、おっしゃいました。すると、多宝仏《たほうぶつ》は、

「妙音菩薩《みようおんぼさつ》よ。あなたが釈迦牟尼仏《しやかむにぶつ》を供養《くよう》し、法華経《ほけきよう》を聞《き》き、仏弟子《ぶつでし》たちに会《あ》うためにこられたのは、たいへんりっぱなことです。」

と、おほめになりました。

これは、大事《だいじ》なおことばです。真理《しんり》をお説《と》きになった釈迦牟尼仏《しやかむにぶつ》のご恩《おん》に報《むく》いること（供養《くよう》）、その真理《しんり》の教《おし》え（法華経《ほけきよう》）を聞《き》くこと、またその教《おし》えを実行《じつこう》している高徳《こうとく》の菩薩《ぼさつ》たちを（見《み》て）手本《てほん》にするこ

と、この三つが、いつの場合《ばあい》にも、どんな人《ひと》にとっても大切《たいせつ》であることを、真理《しんり》の証明者《しょうめいしゃ》である多宝仏《たほうぶつ》が妙音菩薩《みょうおんぼさつ》に対《たい》するほめことばによって、太鼓判《たいこばん》をおされたわけであります。

三五三・二—一二 そのとき、華徳菩薩《けとくぼさつ》という菩薩《ぼさつ》があって、その菩薩《ぼさつ》も、多宝如来《たほうにょらい》がこのようにおほめになる妙音菩薩《みょうおんぼさつ》という人《ひと》は、いったいどんなことをしてこんなにりっぱになられたのであろうと、不思議《ふしぎ》に考《かんが》えましたので、釈迦牟尼如来《しゃかむにによらい》にそのことをおたずねいたしました。そこで、釈迦牟尼如来《しゃかむにによらい》は、つぎのようにお教《おし》えになりました。

「華徳《けとく》よ。それには、こういうわけがあるのです。むかし、雲雷音王仏《うんらいおんのうぶつ》という仏《ほとけ》がおられて、その仏《ほとけ》は永遠《えいえん》の実在《じつざい》（多陀阿伽度《ただあかど》）・慈悲《じひ》（阿羅訶《あらか》）・智慧《ちえ》（三藐三仏陀《さんみゃくさんぶつだ》）という三つの徳《とく》を具《そな》えた仏《ほとけ》でありました。そして現一切世間《げんいっさいせけん》という国土《こくど》の衆生《しゅじょう》を済度《さいど》・教化《きょうけ》しておられましたが、妙音菩薩《みょうおんぼさつ》はその仏《ほとけ》のご恩《おん》に報《むく》いるために、一万《まん》二千年《せんねん》のあいださまざまな美《うつく》しい音楽《おんがく》を奏《そう》し、そして八万《まん》四千《せん》の宝《たから》の器《うつわ》をささげました。その功徳《くどく》によって、浄華宿王智如来《じょうけしゅくおうちにょらい》の国《くに》に生《う》まれて、あのような神通力《じんづうりき》を得《え》たのです。それがとりもなおさず現在《げんざい》の妙音菩薩《みょうおんぼさつ》であって、妙音菩薩《みょうおんぼさつ》はこのように、過去《かこ》に善行《ぜんこう》を積《つ》み、多《おお》くの仏《ほとけ》を供養《くよう》してきたのです。」

音楽《おんがく》を奏《そう》するのは、仏《ほとけ》さまの徳《とく》をたたえる行為《こうい》です。しかし、これは文字《もじ》どおり音楽《おんがく》を奏《そう》しつづけたというのでなくて、「ことば」をもって仏《ほとけ》をたたえたということを象徴《しょうちょう》しております。

ことばの力《ちから》

仏《ほとけ》の教《おし》えでは、ことばというものを非常《ひじょう》に尊重《そんちょう》しております。仏教《ぶっきょう》で、人《ひと》を導《みちび》く要諦《ようたい》として「和顔愛語《わげんあいご》」すなわち和《なご》やかな顔《かお》と愛情《あいじょう》をこめたことばをあげているのも、その一《ひと》つの表《あら》われです。また、真言宗《しんごんしゅう》といって、「秘密《ひみつ》の言葉《ことば》」をもって、あらゆる悪《あく》や禍《わざわ》いをうち払《はら》うことに力《ちから》を入《い》れる宗派《しゅうは》もできたくらいです。「陀羅尼品第二十六《だらにほんだい》」に出《で》てくる呪文《じゅもん》もおなじような意味《いみ》のものです。

キリスト教《きょう》でもやはりそうです。新約聖書《しんやくせいしょ》には、初《はじ》めにことばがあって、そのことばによって万物《ばんぶつ》が出来《でき》たというようなことが書《か》いてあります。

現代《げんだい》の学問《がくもん》でも、やはりおなじようなことをいっています。すなわち、ことばがなければ思想《しそう》はないといっているのです。そういえば、たしかにわれわれが心《こころ》の中《なか》で何《なに》かを考《かんが》えるときは、かならずことばで考《かんが》えます。口《くち》には出《だ》さないけれども、心《こころ》の中《なか》でことばを発《はっ》しています。ことばなしには、何《なに》も考《かんが》えることはできないのです。

妙音菩薩《みょうおんぼさつ》というお方《かた》になぜ「妙音《みょうおん》」という名前《なまえ》がつけられたかということを深《ふか》く考《かんが》えてみると、この「美《うつく》しい音《おと》」というのはどうしても「真実《しんじつ》のことば」という意味《いみ》でなければならないことがわかってきます。仏《ほとけ》さまは、いかに仏《ほとけ》さまをたたえるための美《うつく》しい音楽《おんがく》だからといって、ただ音楽《おんがく》だけを供養《くよう》したのでは深《ふか》くお喜《よろこ》びにはなりますまい。「真実《しんじつ》のことば」をもってたたえてこそ、み心《こころ》にかなうはずです。

そう解釈《かいしゃく》してはじめて、八万四千《まんせん》の七宝《しっぽう》の鉢《はち》をさしあげたということも生《い》きてくるのです。美《うつく》しい器《うつわ》をいくらさしあげても、仏《ほとけ》さまはお喜《よろこ》びにはなりますまい。この八万四千《まんせん》というのが仏教《ぶっきょう》の経典《きょうでん》の数《かず》であることはすでに周知《しゅうち》のとおりです。すなわち、八万《まん》四千《せん》の七宝《しっぽう》の鉢《はち》を奉上《ぶじょう》したというのは、仏《ほとけ》の教《おし》えを人《ひと》びとに説《と》くことによって仏恩《ぶっおん》に報《ほう》じたということにほかなりません。

三五三・一二―三五五・一〇 さて、世尊はお話をおつづけになります。

「華徳《けとく》よ。あなたは、妙音菩薩《みょうおんぼさつ》はここにただ一人《ひとり》おられるように思《おも》っているでしょうが、実《じつ》はそうではないのです。あらゆる所《ところ》に、あらゆる身分《みぶん》の人《ひと》の姿《すがた》となって出現《しゅつげん》し、『法華経《ほけきょう》』を説《と》いておられるのです。」

そうして、妙音菩薩《みょうおんぼさつ》の三十四身《しん》を一《ひと》つ一《ひと》つお挙《あ》げになっておられます。その名称《めいしょう》は大体理解《だいたいりかい》できることと思《おも》いますが、わかりにくいものだけを説明《せつめい》しますと、天大将軍《てんだいしょうぐん》というのは、天上《てんじょう》にあって仏法《ぶっぽう》を守《しゅ》護《ご》する大将《たいしょう》、居士《こじ》というのは相当《そうとう》に地位《ちい》のある在家《ざいけ》の人《ひと》、宰官《さいかん》というのは王家《おうけ》などの家令《かれい》、婆羅門《ばらもん》というのは学者《がくしゃ》です。妙音菩薩《みょうおんぼさつ》は、この三十四身《しん》にかぎらず、時《とき》と場合《ばあい》に応《おう》じてありとあらゆる姿《すがた》をとられるわけです。そして、娑婆世界《しゃばせかい》その他《た》の十方世界《じっぽうせかい》において、衆生《しゅじょう》の性質《せいしつ》や程度《ていど》に応《おう》じて、いろいろな方《ほう》便《べん》をもって教《おし》え導《みちび》いておられるというのです。

三五五・一〇―三五六・一二 こうお説きになりましたので、華徳菩薩《けとくぼさつ》は、そういう神通力《じんづうりき》はどんな禅定《ぜんじょう》によって得《え》られるのですかとおたずねいたしました。世尊《せそん》は、それは現一切色身三昧《げんいっさいしきしんざんまい》というのであって、妙音菩薩《みょうおんぼさつ》は「教化《きょうけ》する相《あい》手《て》に即応《そくおう》した相《すがた》をとる」というこの大切《たいせつ》な三昧《さんまい》にすぐれておればこそ、広《ひろ》く無数《むすう》の衆生《しゅじょう》に法《ほう》の利益《りやく》を与《あた》えることができるのであることを、強《つよ》くお教《おし》えになりました。

そのおことばを聞《き》いて、妙音菩薩《みようおんぼさつ》といっしょにきた八万《まん》四千《せん》の菩薩《ぼさつ》も、この娑婆世界《しやばせかい》の菩薩《ぼさつ》たちも、この三昧力《さんまいりき》を会得《えとく》することができ、また衆生《しゆじよう》に対《たい》してあらゆる善《ぜん》をすすめ、あらゆる悪《あく》をとどめる力《ちから》（陀羅尼《だらに》）を得《え》ました。そして、妙音菩薩《みようおんぼさつ》の一行《いつこう》は、釈迦牟尼如来《しやかむににようらい》と多宝如来《たほうによらい》にお別《わか》れのご挨拶《あいさつ》をして本国《ほんごく》へ帰《かえ》り、浄華宿王智仏《じようけしゆくおうちぶつ》へご報告《ほうこく》をいたしました。

そして、このお話《はなし》をうかがった華徳菩薩《けとくぼさつ》が、「法華経《ほけきよう》」の教《おし》え一筋《ひとすじ》に打《う》ちこんでいかねばならぬという決定《けつじよう》（法華三昧《ほつけざんまい》）をいよいよ固《かた》くしたという結果《けつか》をもって、「妙音菩薩品《みようおんぼさつぼん》」は終《お》わりとなっています。

この品《ほん》の終《お》わりに近《ちか》い部分《ぶぶん》を読《よ》みますと、妙音菩薩《みようおんぼさつ》は久遠実成《くおんじつじよう》の本仏《ほんぶつ》と同《おな》じではないのかという疑問《ぎもん》が生《しよう》じてくるかもしれません。ありとあらゆる形《かたち》をとって、十方世界《じつぽうせかい》のどこにでも出現《しゆつげん》されるとありますし、「仏《ほとけ》の形《かたち》を以《もつ》て得度《とくど》すべき者《もの》には、即《すなわ》ち仏《ほとけ》の形《かたち》を現《げん》じて為《ため》に法《ほう》を説《と》く」とさえ説《と》かれています。ですから、うっかりすると、そういう誤解《ごかい》を生《しよう》ずるおそれがあるのです。

ところが、妙音菩薩《みようおんぼさつ》は、けっして久遠実成《くおんじつじよう》の本仏《ほんぶつ》と同《おな》じではなく、あくまでもそのお使《つか》いの菩薩《ぼさつ》であります。その教化力《きようけりよく》も、迹仏釈迦牟尼如来《しやくぶつしやかむににようらい》にははるかに及《およ》ばないことが、はっきりしています。

なぜかといえば、妙音菩薩《みようおんぼさつ》は、まえにも述《の》べたように、「理想《りそう》」の象徴《しようちよう》なのです。人間《にんげん》としての理想《りそう》の境地《きようち》をいろいろな面《めん》において教《おし》える菩薩《ぼさつ》です。政治家《せいじか》には政治家《せいじか》の理想《りそう》の境地《きようち》、実業家《じつぎようか》には実業家《じつぎようか》の理想《りそう》の境地《きようち》、学者《がくしや》には学者《がくしや》の理想《りそう》の境地《きようち》、家庭人《かていじん》には家庭人《かていじん》の理想《りそう》の境地《きようち》……と、ありとあらゆる人《ひと》にその目標《もくひょう》とすべき最高《さいこう》の徳《とく》を教《おし》えるのです。そういう理想《りそう》の教《おし》えは、もちろん尊《とうと》いものです。しかし、理想《りそう》がただあたまの中《なか》だけで考《かんが》えられているあいだは、その価値《かち》は生《い》きてこないのであって、それを現《げん》実《じつ》の生活《せいかつ》の中《なか》に一歩《いっぽ》一歩《いっぽ》具現《ぐげん》していくところにこそ、真《しん》の価値《かち》が生《う》まれてくるのです。

金色《こんじき》に光《ひか》り輝《かがや》く、無限《むげん》に大《おお》きな身体《からだ》をもった妙音菩薩《みょうおんぼさつ》（理想《りそう》）が、三十二相《そう》八十種好《しゅごう》を具《そな》えてはおられてもやはり普通《ふつう》の人間《にんげん》の姿《すがた》であられる釈迦牟尼仏《しゃかむにぶつ》のみ足《あし》に額《ひたい》をすりつけて礼拝《らいはい》し、無価《むげ》の瓔珞《ようらく》をたてまつったというのは、その意味《いみ》にほかならないのです。仏《ほとけ》の「理想《りそう》」を完全《かんぜん》に人間《にんげん》の身《み》に現《あら》わされた釈《しゃ》迦牟尼仏《かむにぶつ》に対《たい》して、——ああ、あなたこそわれわれ（理想《りそう》）の具現者《ぐげんしゃ》です——といって、「理想《りそう》」そのものが讃歎《さんたん》しているわけです。

理想《りそう》は現実化《げんじつか》してこそ尊《とうと》い　妙音菩薩《みょうおんぼさつ》はもともとそのつもりで、「理想《りそう》」の世界《せかい》から「現実《げんじつ》」の世界《せかい》へやってきたのです。汚《けが》れと邪悪《じゃあく》に満《み》ち満《み》ちたこの娑婆世界《しゃばせかい》において、正法《しょうぼう》をうちたて、理想社会《りそうしゃかい》を建設《けんせつ》しようとする努力《どりょく》が、どんなに偉大《いだい》な、どんなに尊《とうと》いことであるかを礼拝《らいはい》し、証明《しょうめい》するためにやってきたのです。

「理想《りそう》は、それを一歩《いっぽ》ずつでも現実化《げんじつか》してこそ尊《とうと》いのである」——この品《ほん》の真精神《しんせいしん》は、ここにあるのです。したがって、大日如来《だいにちにょらい》とか、阿弥陀如来《あみだにょらい》のように理想世界《りそうせかい》におられる仏《ほとけ》さまも非常《ひじょう》に尊《とうと》いにはちがいないけれども、われわれ地上《ちじょう》の人間《にんげん》にとっては、理想《りそう》の具現者《ぐげんしゃ》としての釈迦牟尼如来《しゃかむににょらい》を通《つう》じて仰《あお》ぐ久《く》遠実成《おんじつじょう》の本仏《ほんぶつ》こそ信仰《しんこう》の本尊《ほんぞん》であるべきことが、ここでふたたび確証《かくしょう》されるわけであります。

観世音菩薩普門品第二十五

「法華経《ほけきょう》」二十八品《ほん》のうちで、古来《こらい》この品《ほん》ほど誤《あやま》って受《う》け取《と》られているものはありません。それは、まえにもちょっと述《の》べたように、観世音菩薩《かんぜおんぼさつ》の名《な》を唱《とな》えれば、たちどころに現実《げんじつ》の難儀《なんぎ》から救《すく》われるのだというふうに、非常《ひじょう》に浅《あさ》く解釈《かいしゃく》され、安易《あんい》な拝《おが》み信仰《しんこう》の対象《たいしょう》にされてしまっていることです。

たしかに、この品《ほん》の前半《ぜんぱん》には、その大部分《だいぶぶん》をついやして、観世音菩薩《かんぜおんぼさつ》を念《ねん》ずれば、火難《かなん》・水難《すいなん》・風難《ふうなん》・剣難《けんなん》・鬼難《きなん》・獄難《ごくなん》・盗難《とうなん》の七難《しちなん》を避《さ》けることができ、また生《しょう》・老《ろう》・病《びょう》・死《し》という人生《じんせい》の四苦《く》からものがれ、貪《とん》・瞋《じん》・癡《ち》という三毒《さんどく》を滅《めっ》し、願《ねが》うとおりの子《こ》どもを得《え》ることができるということが説《と》かれています。これによって、凡夫《ぼんぷ》がつい安易《あんい》な信仰《しんこう》におちこんでしまうのは無理《むり》もないようですけれども、それは「法華経《ほけきょう》」のこれまでの品《ほん》に説《と》かれた教《おし》えを会得《えとく》していないためであります。

そういう誤解《ごかい》の原因《げんいん》は二《ふた》つに分《わ》けて考《かんが》えることができます。

第《だい》一は、「救《すく》い」というものに対《たい》する考《かんが》えかたの浅《あさ》さです。救《すく》いというものを、ひとえに外側《そとがわ》にある何物《なにもの》かに求《もと》めているからです。「寿量品《じゅりょうほん》」のところでくわしく解説《かいせつ》しましたように、救《すく》いというものは、われわれと、いついかなるときでも共《とも》にいてくださる久遠実成《くおんじつじょう》の本仏《ほんぶつ》を自覚《じかく》するところにこそあるのです。自分《じぶん》はその本仏《ほんぶつ》に生《い》かされているのだということを、心《こころ》の底《そこ》から確《たし》かに悟《さと》るところにあるのです。

その確固《かっこ》たる自覚《じかく》ができてこそ、はじめてほんとうの心《こころ》の安《やす》らぎが得《え》られる。と同時《どうじ》に、いうことなすことがひとりでに本仏《ほんぶつ》のみ心《こころ》と一致《いっち》してくる。そこに周囲《しゅうい》との調和《ちょうわ》も生《う》まれる。その調和《ちょうわ》の世界《せかい》がだんだん周囲《しゅうい》へおしひろがっていくにつれて、その所《ところ》が寂光土《じゃっこうど》（理想社会《りそうしゃかい》）になっていくわけです。

救《すく》いとは本来《ほんらい》こういうものであるのに、それをたんに現実《げんじつ》に起《お》こる苦痛《くつう》や難儀《なんぎ》からのがれる、それも、ある外側《そとがわ》の力《ちから》に助《たす》けてもらうことと考《かんが》えるところに、まちがいのもとがあるわけです。たとえていえば、便秘症《べんぴしょう》のためにしょっちゅう頭痛《ずつう》のする人《ひと》が、その頭痛《ずつう》からのがれるために鎮痛剤《ちんつうざい》をのむようなものです。一時《いちじ》はのがれたような気持《きもち》になりますが、ほんとうにはのがれていないのです。根本《こんぽん》の原因《げんいん》である便秘症《べんぴしょう》を治《なお》さなければ、その頭痛《ずつう》は全快《ぜんかい》しないのです。これと同《おな》じように、ただ他力《たりき》ばかりを頼《たよ》るのは、かりに目《め》の前《まえ》の苦《くる》しい現象《げんしょう》からのがれえたとしても、ほんとうには救《すく》われていないわけです。

第《だい》二の誤解《ごかい》、これも非常《ひじょう》に重大《じゅうだい》なものです。それは、「菩薩《ぼさつ》」に対《たい》する誤解《ごかい》です。ほんとうの救《すく》いを実現《じつげん》するのは、真如《しんにょ》そのものである本仏《ほんぶつ》だけです。その理由《りゆう》はいま述《の》べた救《すく》いの原理《げんり》によって明《あき》らかでしょう。つまり、本仏《ほんぶつ》の救《すく》いを信《しん》じ、そのみ心《こころ》に即《そく》した実践《じっせん》をすることが大切《たいせつ》なのであります。

もちろん菩薩《ぼさつ》とは、人《ひと》を救《すく》い世《よ》を救《すく》うことを念願《ねんがん》とする人《ひと》ですから、迷《まよ》ったり苦《くる》しんだりしている衆生《しゅじょう》を、その場《ば》その場《ば》で救《すく》ってくださることにはまちがいはありません。しかし、根本的《こんぽんてき》な救《すく》い、真《しん》の意味《いみ》の救《すく》いは、「本仏《ほんぶつ》に生《い》かされているのだ」ということを自覚《じかく》すること以外《いがい》には起《お》こりえないのです。

それでは、菩薩《ぼさつ》の救《すく》いというものはどんな現《あら》われかたをするのかといえば、衆生《しゅじょう》の迷《まよ》いや苦《くる》しみをその場《ば》その場《ば》で救《すく》ってくださるのも一《ひと》つの現《あら》われにはちがいないけれども、もっと大切《たいせつ》なはたらきは、仏《ほとけ》のお使《つか》いとして仏《ほとけ》の教《おし》えを伝《つた》え、われわれに信仰生活《しんこうせいかつ》の手本《てほん》を示《しめ》してくださることです。手本《てほん》を示《しめ》すことによってわれわれを救《すく》いへ導《みちび》いてくださるのが、菩薩《ぼさつ》のほんとうのはたらきなのです。

大菩薩《だいぼさつ》ともなれば、すべての徳《とく》を成就《じょうじゅ》していますが、それぞれの菩薩《ぼさつ》にはそれぞれのすぐれた徳《とく》があります。たとえば、常不軽菩薩《じょうふきょうぼさつ》には「礼拝行《らいはいぎょう》によって、あらゆる人《ひと》の仏性《ぶっしょう》を拝《おが》み出《だ》す」という行《おこ》ない、薬王菩薩《やくおうぼさつ》には「身《み》をもって教《おし》えを実践《じっせん》し、仏恩《ぶつおん》に報《ほう》ずる」という行《おこ》ない、妙音菩薩《みょうおんぼさつ》には「理想《りそう》の現実化《げんじつか》を尊重《そんちょう》する」という行《おこ》ない……こういう特色《とくしょく》をもっておられます。こうして、それぞれの菩薩《ぼさつ》にそれぞれ一《ひと》つの目立《めだ》った徳《とく》があればこそ、われわれにとっては、手本《てほん》にしやすいわけです。

観世音菩薩《かんぜおんぼさつ》も仏《ほとけ》ではありません。菩薩《ぼさつ》です。すなわち、ほんとうはわれわれが手本《てほん》として仰《あお》ぐべき方《かた》であって、救《すく》いを願《ねが》うべき対象《たいしょう》ではないのです。この品《ほん》に述《の》べられている観世音菩薩《かんぜおんぼさつ》の大《おお》きな神通力《じんづうりき》は、われわれがそれにあやかりたいと思《おも》い、そのためにますます「法華経《ほけきょう》」の教《おし》えを修行《しゅぎょう》していくようにという、「手本《てほん》」と「励《はげ》まし」のために述《の》べられているのにほかなりません。

観世音菩薩《かんぜおんぼさつ》を念《ねん》ずるとは

つまり、「観世音菩薩《かんぜおんぼさつ》を念《ねん》ずる」というのは、観世音菩薩《かんぜおんぼさつ》を思《おも》い浮《う》かべるということであり、それは「観世音菩薩《かんぜおんぼさつ》のようになりたい」というあこがれの現《あら》われです。深《ふか》いあこがれをもって念《ねん》ずれば、かならずそれは身《み》に実現《じつげん》してくるものです。そういう深《ふか》い意味《いみ》を考《かんが》えずに、古来《こらい》ほとんどの人《ひと》が、ただもうその神通力《じんづうりき》にすがって現実《げんじつ》の苦痛《くつう》から救《すく》ってもらうことだけを考《かんが》えてきたのは、真《しん》の信仰《しんこう》とはいえません。信仰《しんこう》というものはもっと深《ふか》いものです。

そのような考《かんが》えを根本《こんぽん》において、本文《ほんもん》の要点《ようてん》を学《まな》んでいくことにしましょう。あまりむずかしいことばもありませんから、全体《ぜんたい》に含《ふく》まれている教《おし》えと、要所要所《ようしょようしょ》の意味《いみ》とを知《し》るだけで十分《じゅうぶん》だと思《おも》います。

観世音《かんぜおん》とは

まず、無尽意菩薩《むじんにぼさつ》が世尊《せそん》に、観世音菩薩《かんぜおんぼさつ》はなぜ「観世音《かんぜおん》」という名前《なまえ》をお持《も》ちですかとおたずねすることから、この品《ほん》がはじまっていますが、それは、この名前《なまえ》の意味《いみ》が大切《たいせつ》であるからです。すなわち、世尊《せそん》は、衆生《しゅじょう》がさまざまな苦悩《くのう》を受《う》けたときに、この菩薩《ぼさつ》の名《な》をとなえれば、その声《こえ》をよく聞《き》き分《わ》けて、苦悩《くのう》から解脱《げだつ》させてくれるゆえに、観世音菩薩《かんぜおんぼさつ》と名《な》づけるのであるとお答《こた》えになっておられます。

観《かん》というのは、観察《かんさつ》などというように、ものごとをはっきりと見分《みわ》けることです。世音《せおん》というのは、世《よ》の人《ひと》びとの声《こえ》です。声《こえ》といっても、口《くち》に出《だ》した声《こえ》にかぎらず、心《こころ》の中《なか》で、――こういう苦《くる》しみからのがれたい――とか、――ぜひ、こんなになりたい――というように、切実《せつじつ》に望《のぞ》んでいることをいいます。それで、観世音菩薩《かんぜおんぼさつ》という方《かた》は、世間《せけん》のあらゆる人《ひと》びとの苦《くる》しんでいること、望《のぞ》んでいることをよく察《さっ》し、それに応《おう》じた教《おし》えを説《と》いて、その苦《くる》しみから解脱《げだつ》させ、また望《のぞ》んでいる方向《ほうこう》へ導《みちび》いてくださる、そして、人《ひと》を導《みちび》かれるときには、導《みちび》くべき相手《あいて》に応《おう》じてそれにふさわしい相《すがた》をとって出現《しゅつげん》される、そういう徳《とく》と神通力《じんづうりき》をもった方《かた》だというのです。

指導者《しどうしゃ》としての理想《りそう》

これは、人《ひと》を導《みちび》く立場《たちば》にある人《ひと》にとって、絶対《ぜったい》に欠《か》くことのできない資格《しかく》であります。一《いっ》家《か》の父《ちち》または母《はは》として、多《おお》くの子《こ》どもたちをほんとうにりっぱに育《そだ》てていくには、まるで子《こ》どもたちの身体《からだ》の中《なか》や心《こころ》の中《なか》にはいりこんだように、その状態《じょうたい》をよく見通《みとお》さなければなりません。この子《こ》の身体《からだ》には何《なん》の栄養《えいよう》が不足《ふそく》している、この子《こ》の心《こころ》は何《なに》を求《もと》めている、そういう声《こえ》をちゃんと聞《き》き分《わ》けて、それに応《おう》じた食事《しょくじ》をつくってやり、あるいはしつけをし、あるいは相談相手《そうだんあいて》になってやる――とにかく、子《こ》どもの身体《からだ》や心《こころ》が欲《ほっ》しているものに即応《そくおう》して、それにふさわしい方法《ほうほう》で自由自在《じゆうじざい》に導《みちび》いてやる。しかも、ほんとうの親《おや》ならば、自分《じぶん》は犠牲《ぎせい》にしても、ひたすら子《こ》どもの幸福《こうふく》のためにつくします。これが、真《しん》の父親《ちちおや》であり、母親《ははおや》であります。そして、それこそが、観世音菩薩《かんぜおんぼさつ》の精神《せいしん》なのです。

また、職場《しょくば》において、主任《しゅにん》とか、課長《かちょう》とか、部長《ぶちょう》とか、とにかくいくらかの人《ひと》びとの長《ちょう》として立《た》つ人《ひと》は、部下《ぶか》の一人一人《ひとりひとり》がどんな性格《せいかく》であるか、どれくらいの能力《のうりょく》を持《も》っているかということだけでなく、どんな不満《ふまん》を持《も》っているか、どんな悩《なや》みを持《も》っているか、どんな希望《きぼう》を持《も》っているかということまで、はっきり洞察《どうさつ》でき、それにふさわしい方法《ほうほう》によって指導《しどう》し、動《うご》かしていけるようであってこそ、ほんとうに部下《ぶか》を掌握《しょうあく》し、伸《の》ばしてやり、したがって受持《うけも》ちの仕事《しごと》をりっぱに遂行《すいこう》し、また発展《はってん》させていくことができるわけです。これが、重役《じゅうやく》となり、社長《しゃちょう》となり、あるいは多数《たすう》の学生生徒《がくせいせいと》の教育《きょういく》をあずかる教《きょう》師《し》となり、あるいは一国《いっこく》の政治《せいじ》にたずさわる議員《ぎいん》や大臣《だいじん》となると、ますますそういう精神《せいしん》と能力《のうりょく》が必要《ひつよう》になってきます。観世音菩薩《かんぜおんぼさつ》のような正確《せいかく》な洞察力《どうさつりょく》と、その洞察力《どうさつりょく》を生《い》かす自由自在《じゆうじざい》な指導力《しどうりょく》と、多《おお》くの人《ひと》びとのためには自分《じぶん》を犠牲《ぎせい》にしてかえりみない、大慈悲《だいじひ》の精神《せいしん》が必要《ひつよう》になってくるのです。また、仏《ほとけ》の教《おし》えを説《と》きひろめてあらゆる人《ひと》びとを人格完成《じんかくかんせい》の道《みち》へ導《みちび》き、理想社会《りそうしゃかい》を建設《けんせつ》しようという悲願《ひがん》に燃《も》えるわれわれ法華経行者《ほけきょうぎょうじゃ》も、この観世音菩薩《かんぜおんぼさつ》のように、大慈大悲《だいじだいひ》の精神《せいしん》の上《うえ》に立《た》って、まわりの人《ひと》びとの心《こころ》の中《なか》に潜《ひそ》む悩《なや》み、苦《くる》しみ、欲求《よっきゅう》をはっきりと見通《みとお》し、それに応《おう》じた方便《ほうべん》をもって自由自在《じゆうじざい》に導《みちび》くことができるようになってこそ、ほんとうに効果《こうか》のある菩薩行《ぼさつぎょう》ができるわけです。

このように、観世音菩薩《かんぜおんぼさつ》がよく七難《しちなん》や三毒《さんどく》から衆生《しゅじょう》を救《すく》い、あるいは欲《ほっ》するものを与《あた》えられる慈悲《じひ》の神通力《じんづうりき》は、また、相手《あいて》に応《おう》じて三十三身《しん》を現《あら》わして自由自在《じゆうじざい》に法《ほう》を説《と》かれる神通力《じんづうりき》は、われわれ法華経《ほけきょう》行者《ぎょうじゃ》の手本《てほん》として、それにあやかるように努力《どりょく》すべき一《ひと》つの目標《もくひょう》であり、また実生活《じっせいかつ》においては、人《ひと》を指導《しどう》する立場《たちば》に立《た》ったとき、指導者《しどうしゃ》のかがみとして仰《あお》ぐべき理想《りそう》の資格《しかく》なのであります。

心《こころ》の平和《へいわ》を現《あら》わす慈顔《じがん》

ここでもう一《ひと》つ忘《わす》れてはならないことは、むかしから観世音菩薩《かんぜおんぼさつ》は、彫刻《ちょうこく》にも絵画《かいが》にも、慈悲《じひ》に溢《あふ》れた、非常《ひじょう》におだやかな相《すがた》に描《えが》かれてあります。これも、やはり世《よ》の指導者《しどうしゃ》としてかくあるべき柔和《にゅうわ》・寛容《かんよう》・慈悲《じひ》の理想像《りそうぞう》を、仏像《ぶつぞう》や仏画《ぶつが》の作者《さくしゃ》が描《えが》き出《だ》しているのであって、それを拝《はい》するだけでも、われわれの心《こころ》は自然《しぜん》と和《なご》やかになってくるのです。

湯川秀樹《ゆかわひでき》博士《はくし》がその編集《へんしゅう》された『人間《にんげん》と科学《かがく》』という本《ほん》の口絵《くちえ》に十一面《めん》千手観音像《せんじゅかんのんぞう》の写真《しゃしん》をかかげ、こういう文章《ぶんしょう》を添《そ》えておられます。

「この観音《かんのん》さまは、十一の顔《かお》、千《せん》の手《て》をもっているが、全体《ぜんたい》としての調和《ちょうわ》、心《こころ》の平静《へいせい》は、少《すこ》しも失《うしな》われていないようにみえる。現代人《げんだいじん》の好《この》みからいえば、円満《えんまん》すぎてものたりなくさえ感《かん》じられるかもしれない。現代《げんだい》の人類《じんるい》は、科学《かがく》と技術《ぎじゅつ》の発達《はったつ》の結果《けっか》として、ますます多《おお》くの顔《かお》と手《て》をもつようになった。顕微鏡《けんびきょう》や望遠鏡《ぼうえんきょう》のような新《あたら》しい眼《め》をいくつももっている。放射能《ほうしゃのう》の危険《きけん》を避《さ》けるために、マジック・ハンドをつくり出《だ》した。電子計算器《でんしけいさんき》が、頭《あたま》の代《か》わりまでしてくれるようになりはじめた。それはたしかに進歩《しんぽ》であろう。しかし機械《きかい》にとりかこまれた世界《せかい》に生《い》きる現代人《げんだいじん》は、知《し》らず知《し》らずの間《あいだ》に角《かど》ばってくる。尖鋭《せんえい》な流線形《りゅうせんけい》のほうに、より新鮮《しんせん》な美《び》をみいだしつつあるようである。今日《こんにち》の人間世界《にんげんせかい》には、観音《かんのん》さまのようにおだやかな、そしてあたたかい表情《ひょうじょう》はみいだされない。多少《たしょう》ともノイローゼ気味《ぎみ》のない人間《にんげん》はかえってどうかしているのではないかと思《おも》われそうになってきた。しかしそうなればなるほど、心《こころ》の平和《へいわ》、世界《せかい》の平和《へいわ》を求《もと》める人々《ひとびと》の気持《きもち》は、実《じつ》はより深《ふか》く、より切実《せつじつ》になりつつあるのではあるまいか。」

こういう科学書《かがくしょ》の口絵《くちえ》の第《だい》一頁《ページ》に観音《かんのん》さまの像《ぞう》を入《い》れられたその意図《いと》と共《とも》に、まことに深《ふか》く味《あじ》わうべき文章《ぶんしょう》であると思《おも》います。

それでは、どうすれば観世音菩薩《かんぜおんぼさつ》のような犠牲的精神《ぎせいてきせいしん》と、すぐれた洞察力《どうさつりょく》と、指導力《しどうりょく》を持《も》つことができるようになるかといえば、釈迦牟尼仏《しゃかむにぶつ》のお説《と》きになった教《おし》えを受持《じゅじ》し、修行《しゅぎょう》し、実行《じっこう》するよりほかに道《みち》はありません。なぜならば、観世音菩薩《かんぜおんぼさつ》も、やはり釈迦牟尼仏《しゃかむにぶつ》の説《と》かれた教《おし》えによって、そのような力《ちから》を得《え》られたからです。

そのことは、経典《きようでん》にはっきりと表《あら》われています。すなわち、無尽意菩薩《むじんにぼさつ》が観世音菩薩《かんぜおんぼさつ》を供養《くよう》しようとして、首《くび》にかけていた瓔珞《ようらく》をさしあげたところ、観世音菩薩《かんぜおんぼさつ》はどうしてもそれを受《う》け取《と》られません。再《さい》三《さん》すすめますが、断《ことわ》りつづけられます。釈迦牟尼如来《しやかむににょらい》が受《う》け取《と》るようにおすすめになりましたので、ようやくそれに従《したが》われましたが、それを自分《じぶん》のくびにかけることをしないで、二《ふた》つに分《わ》けて、一《ひと》つは釈迦《しやか》牟尼如来《むににょらい》にたてまつり、一《ひと》つは多宝如来《たほうにょらい》にたてまつられたのです。このことは、——自分《じぶん》の神通力《じんづうりき》は、真理《しんり》を教《おし》えられた釈迦牟尼如来《しやかむににょらい》と、その真理《しんり》を証明《しようめい》された多宝如来《たほうにょらい》のおかげである——ということを示《しめ》されたわけです。すなわち、観音力《かんのんりき》というものは、やはり釈迦牟尼如来《しやかむににょらい》の教《おし》えられた真理《しんり》を悟《さと》り、それを行《ぎよう》じてこそ得《え》られるものであるということを、ここで明《あき》らかにされているわけです。

この重大《じゆうだい》なポイントを見《み》のがしているから、古来多《こらいおお》くの人《ひと》びとが、ただ観音《かんのん》さまを念《ねん》ずれば救《すく》われるという俗信《ぞくしん》にとらわれてしまったわけです。もうそんな誤《あやま》りは捨《す》て去《さ》ってしまわなければなりません。

観世音菩薩《かんぜおんぼさつ》の願《がん》

あとにある偈《げ》を見《み》ても、それははっきりわかります。無尽意菩薩《むじんにぼさつ》が、どんな因縁《いんねん》によって観世音《かんぜおん》と名《な》づけられたのですかとおたずねしたのに対《たい》して、

三六四・一—三「汝観音の行《ぎよう》を聴《き》け　善《よ》く諸《もろもろ》の方所《ほうしよ》に応《おう》ずる　弘誓《ぐぜい》の深《ふか》きこと海《うみ》の如《ごと》し　劫《こう》を歴《ふ》とも思議《しぎ》せじ　多千億《たせんのく》の仏《ほとけ》に侍《つか》えて　大清浄《だいしようじよう》の願《がん》を発《おこ》せり」

と、あります。何《なに》よりもまず、観世音菩薩《かんぜおんぼさつ》がいままでに積《つ》んできた修行《しゆぎよう》がどんなに深《ふか》いものであったか

を聞《き》け、それが先決問題《せんけつもんだい》であるとおおせられているのです。

そして、――観世音《かんぜおん》は、あらゆる苦境《くきょう》にある人《ひと》びとを、その場《ば》その場《ば》に応《おう》じた方法《ほうほう》で救《すく》いたいという誓《ちか》いを立《た》てた。その誓《ちか》いの深《ふか》いことは海《うみ》のごとく、普通《ふつう》の人間《にんげん》が非常《ひじょう》に長《なが》い間考《あいだかんが》えても（劫《こう》を歴《ふ》とも）考《かんが》え及《およ》ばないほどである。そういう誓《ちか》いをもって無数《むすう》の仏《ほとけ》に仕《つか》え、つぎのような大清浄《だいしょうじょう》の願《がん》を立《た》てた。その願《がん》のあらましを説《と》いてきかせましょう（略《りゃく》して説《と》かん）――といって、ずっとお述《の》べになっておられます。

これによって、この偈《げ》にあるすべての神通力《じんづうりき》はすべて、観世音菩薩《かんぜおんぼさつ》が「このような神通力《じんづうりき》を具《そな》えて衆生《しゅじょう》を救《すく》いたい」という願《がん》であって、その願《がん》を立《た》てて仏《ほとけ》の教《おし》えのとおりに長《なが》い年月《としつき》の間修行《あいだしゅぎょう》された結果《けっか》得《え》られたものであることがわかります。まえの長行《じょうごう》にあった神通力《じんづうりき》は「結果《けっか》」であり、この偈《げ》にあるのはその結果《けっか》を得《え》るにいたった「原因《げんいん》」すなわち「願《がん》」であります。ですから、このように「利他《りた》の願《がん》」、「慈悲《じひ》の願《がん》」を立《た》てて、退転《たいてん》することなく修行《しゅぎょう》すれば、かならず観世音菩薩《かんぜおんぼさつ》のような境地《きょうち》に至《いた》ることができることを教《おし》えられてあるわけです。

この偈《げ》は「法華経《ほけきょう》」の偈《げ》の中《なか》でも有名《ゆうめい》な偈《げ》でありますから、その中《なか》で特《とく》に大切《たいせつ》な部分《ぶぶん》を解説《かいせつ》したいと思《おも》いますが、なぜ大切《たいせつ》であるかという理由《りゆう》はいま述《の》べたとおりでありますから、つねにそれを頭《あたま》において読誦《どくじゅ》していただきたいものです。

はじめのほうからずっといろいろな困難《こんなん》や災厄《さいやく》の場合《ばあい》があげられていますが、それをひっくるめてつぎのように説かれています。

三六五・九—三六六・一
衆生困厄《しゅじょうこんやく》を被《こうむ》って　無量《むりょう》の苦身《くみ》を逼《せ》めんに　観音妙智《かんのんみょうち》の力《ちから》　能《よ》く世間《せけん》の苦《く》を救《すく》う　神通力《じんづうりき》を具足《ぐそく》し
広《ひろ》く智《ち》の方便《ほうべん》を修《しゅ》して　十方《じっぽう》の諸《もろもろ》の国土《こくど》に　刹《くに》として身《み》を現《げん》ぜざることなし　種種《しゅじゅ》の諸《もろもろ》の悪趣《あくしゅ》　地《じ》
獄《ごく》・鬼《き》・畜生《ちくしょう》　生《しょう》・老《ろう》・病《びょう》・死《し》の苦《く》　以《もっ》て漸《ようや》く悉《ことごと》く滅《めっ》せしむ

「観音妙智《かんのんみょうち》の力《ちから》」というのは、もろもろの衆生《しゅじょう》の心《こころ》の声《こえ》（世音《せおん》）を聞《き》き分《わ》け、それぞれにふさわしい救《すく》いの教《おし》えを与《あた》えるというすぐれた智慧《ちえ》の力《ちから》ということです。そういう力《ちから》すなわちよく世間《せけん》の苦《く》を救《すく》う神《じん》通力《づうりき》をすっかり具《そな》え（具足《ぐそく》し）たい。そして、その智慧《ちえ》の方便《ほうべん》を修行《しゅぎょう》し、十方《じっぽう》の国土《こくど》のあらゆる所《ところ》へ身《み》を現《あら》わして衆生《しゅじょう》を救《すく》いたい。地獄《じごく》とか餓鬼《がき》とか畜生《ちくしょう》とかの悪道《あくどう》（悪趣《あくしゅ》）におちいっているものを救《すく》いたい。また生《しょう》・老《ろう》・病《びょう》・死《し》すなわちあらゆる人生苦《じんせいく》をだんだん除《のぞ》いてやって、ついにはことごとくそれを消滅《しょうめつ》してやりたい——これが観世音菩薩《かんぜおんぼさつ》の立《た》てられた大悲願《だいひがん》なのです。

ところで、梵文《ぼんぶん》にはそのつぎに「これをうかがって無尽意《むじんに》は歓喜《かんぎ》し、満足《まんぞく》し、伽陀《かだ》（偈《げ》）を説《と》いて申《もう》しあげるには」という一句《いっく》がはいっています。それを入《い》れると、意味《いみ》のつづきぐあいがはっきりしてきます。そして、「法華経《ほけきょう》」の全体《ぜんたい》と調子《ちょうし》が合《あ》ってくるのです。すなわち、三六六・一—九つぎの部分《ぶん》は、世尊《せそん》の説《と》かれた偈《げ》（その中《なか》に説《と》かれた観世音菩薩《かんぜおんぼさつ》のもろもろの慈悲《じひ》の大願《たいがん》）に感動《かんどう》した無尽意菩薩《むじんにぼさつ》が、それにお答《こた》えして観《かん》世《ぜ》音《おん》菩《ぼ》薩《さつ》を讃歎《さんたん》した偈《げ》であると見《み》るのが正《ただ》しいと思《おも》います。

真観《しんかん》・清浄観《しょうじょうかん》　広大智慧観《こうだいちえかん》　悲観《ひかん》及《およ》び慈観《じかん》あり　常《つね》に願《ねが》い常《つね》に瞻仰《せんごう》すべし　無垢清浄《むくしょうじょう》の光《ひかり》あって
慧日《えにち》諸《もろもろ》の闇《やみ》を破《は》し　能《よ》く災《さい》の風火《ふうか》を伏《ぶく》して　普《あまね》く明《あき》らかに世間《せけん》を照《て》らす　悲体《ひたい》の戒雷震《かいらいしん》のごとく　慈意《じい》
の妙大雲《みょうだいうん》のごとく　甘露《かんろ》の法雨《ほうう》を澍《そそ》ぎ　煩悩《ぼんのう》の燄《ほのお》を滅除《めつじょ》す　諍訟《じょうしょう》して官処《かんしょ》を経《へ》　軍陣《ぐんじん》の中《なか》に怖畏《ふい》せん
に　彼《か》の観音《かんのん》の力《ちから》を念《ねん》ぜば　衆《もろもろ》の怨《あだ》悉《ことごと》く退散《たいさん》せん　妙音観世音《みょうおんかんぜおん》　梵音海潮音《ぼんのんかいちょうおん》　勝彼世間音《しょうひせけんのん》あり　是《こ》
の故《ゆえ》に須《すべか》らく常《つね》に念《ねん》ずべし　念念《ねんねん》に疑《うたがい》を生《しょう》ずることなかれ　観世音浄聖《かんぜおんじょうしょう》は　苦悩《くのう》・死厄《しやく》に於《お》いて　能《よ》く
為《ため》に依怙《えこ》と作《な》れり　一切《いっさい》の功徳《くどく》を具《ぐ》して　慈眼《じげん》をもって衆生《しゅじょう》を視《み》る　福聚《ふくじゅ》の海《うみ》無量《むりょう》なり　是《こ》の故《ゆえ》に頂《ちょう》
礼《らい》すべし

真観《しんかん》とは真実《しんじつ》を見極《みきわ》める眼《まなこ》、清浄観《しょうじょうかん》とは迷《まよ》いをぬぐい去《さ》った清《きよ》らかな眼《まなこ》、広大智慧観《こうだいちえかん》というのは広《ひろ》く一切《いっさい》のものを救《すく》う大《おお》きな智慧《ちえ》を具《そな》えた眼《まなこ》、悲観《ひかん》というのは苦《くる》しみ悩《なや》んでいる衆生《しゅじょう》をどうしてもその苦《くる》しみ悩《なや》みから救《すく》ってやらねばならぬと思《おも》って見《み》る眼《まなこ》、慈観《じかん》というのはすべての衆生《しゅじょう》を仕合《しあ》わせにしてやりたいというなさけの心《こころ》をもって見《み》る眼《まなこ》……これらすべては、もともと観世音菩薩《かんぜおんぼさつ》の眼《まなこ》をたたえたことばです。目《め》をたたえるということは、つまり心《こころ》をたたえることであるのはもちろんです。

そこで、――わたしたちも、あの観世音菩薩《かんぜおんぼさつ》のような眼《まなこ》（心《こころ》）をもった人《ひと》になりたいと願《ねが》い、つねにそれを仰ぎ見て手本にしてゆきたい——というのが、「常に願い常に瞻仰すべし」の意味です。

そのような心をもっておられるので、観世音菩薩の身からは無垢清浄の光が放たれて、いつも周囲を明るくしています。この光は暖かい人格の光です。その暖かい光は、自然と周囲の人びとの心を暖め、明《あか》るくするのです。非常《ひじょう》に尊《とうと》いことばだと思《おも》います。

またその智慧《ちえ》の光《ひかり》（慧日《えにち》）はもろもろの闇《やみ》を消滅《しょうめつ》してしまいます。暗黒《あんこく》というものは、ただ迷《まよ》いによって実相《じっそう》を見《み》る目《め》をおおいかくしている状態《じょうたい》に過《す》ぎませんから、ほんとうの智慧《ちえ》の光《ひかり》が射《さ》せばたちまち消《き》え失《う》せてしまうことは、たびたび述《の》べたとおりであります。そして、迷《まよ》いが消《き》えれば、さまざまの不幸《ふこう》（災《さい》）もなくなり、世《よ》の中全体《なかぜんたい》が明《あか》るくなります。これが「能《よ》く災《さい》の風火《ふうか》を伏《ぶく》して　普《あまね》く明《あきら》かに世間《せけん》を照《て》らす」であります。

悲《ひ》に発《はっ》した戒《いまし》め

「悲体《ひたい》の戒雷震《かいらいしん》のごとく」というのは、観世音菩薩《かんぜおんぼさつ》の戒《かい》の力《ちから》の偉大《いだい》さをたたえたことばです。戒《かい》というのは、殺生《せっしょう》をしてはいけない、盗《ぬす》みをしてはいけないというような戒《いまし》めです。

こういう戒《いまし》めの価値《かち》というものは、それを発《はっ》する根本《こんぽん》の精神《せいしん》によって決《き》まるのです。いろいろな規則《きそく》でも、法律《ほうりつ》でも、政令《せいれい》でも、なんでもそうです。それをつくる人《ひと》、発令《はつれい》する人《ひと》の精神《せいしん》に、自分本位《じぶんほんい》の気《き》持《もち》やわがままな心《こころ》が混《ま》じれば混《ま》じるほど、その戒《いまし》めの価値《かち》は低《ひく》いものになってしまいます。また、自分《じぶん》が高《たか》い境地《きょうち》に達《たっ》しているからといって、一般大衆《いっぱんたいしゅう》のことを考《かんが》えないで、いたずらにむずかしい戒《いまし》めを強《きょう》制《せい》するのも、よくないことです。こういうひとりよがりの戒《いまし》めも、価値《かち》の低《ひく》いものといわなければなりません。

ところが、観世音菩薩《かんぜおんぼさつ》の戒《いまし》めは、ひたすら「悲《ひ》」の心《こころ》に根《ね》ざしているのです。「悲《ひ》」とは、衆生《しゅじょう》をあわれむ心《こころ》です。衆生《しゅじょう》の苦《くる》しみを取除《とりのぞ》いてやりたいという心《こころ》です。そういう大悲《だいひ》の心《こころ》を本体《ほんたい》とした戒《いまし》めですから、それは雷鳴《らいめい》のうち震《ふる》うがごとき大《おお》きな力《ちから》をもっているというのです。ここにも、指導的立場《しどうてきたちば》にある人《ひと》の手本《てほん》とすべき大切《たいせつ》な点《てん》が示《しめ》されているわけであります。

「慈意《じい》の妙大雲《みょうだいうん》のごとく　甘露《かんろ》の法雨《ほうう》を澍《そそ》ぎ　煩悩《ぼんのう》の燄《ほのお》を滅除《めつじょ》す」まことに、いいことばです。

「慈《じ》」というのは、すべての人《ひと》びとを仕合《しあ》わせにしてやりたいという心《こころ》です。その大慈《だいじ》の心《こころ》は空《そら》を覆《おお》う雲《くも》のように無限《むげん》であって、ちょうど空《そら》の大雲《だいうん》から恵《めぐ》みの雨《あめ》が降《ふ》って草木《くさき》を生《い》きかえらせるように、観世音菩薩《かんぜおんぼさつ》は大慈《だいじ》の心《こころ》から法《ほう》（教《おし》え）の雨《あめ》を降《ふ》らせて、人《ひと》びとの煩悩《ぼんのう》の炎《ほのお》を消《け》し去《さ》ってくださる――というのです。

そういう偉大《いだい》な力《ちから》をもった方《かた》であるから、争《あらそ》いごとで役所《やくしょ》の裁《さば》きを受《う》ける（諍訟《じょうしょう》して官処《かんしょ》を経《へ》）とか、戦《たたか》いの場《ば》で恐《おそ》ろしい目《め》に会《あ》うような場合《ばあい》でも、観音《かんのん》の力《ちから》を念《ねん》ずれば、そのもろもろの恐《おそ》ろしいこと、いまわしいことは、すべて消《き》え失《う》せてしまうであろう――とあります。

ここは、文字《もじ》の奥《おく》にある意味《いみ》を読《よ》みとらなければなりません。大小《だいしょう》すべての闘争《とうそう》は、ことごとく我《が》と我《が》の角突《つのつ》きあいから起《お》こります。相手《あいて》はどうなってもかまわないという無慈悲《むじひ》な心《こころ》、相手《あいて》を許《ゆる》すことはできないという不寛容《ふかんよう》の心《こころ》から起《お》こります。そういうときに、われわれは観世音菩薩《かんぜおんぼさつ》を思《おも》い出《だ》さねばならないのです。「念《ねん》ずる」というのは、心《こころ》に思《おも》うことにほかなりません。すべての人《ひと》の心《こころ》の声《こえ》を聞《き》き分《わ》けたいという大願《たいがん》をもたれる観世音菩薩《かんぜおんぼさつ》、ご自分《じぶん》が身代《みが》わりになってまでもすべての人《ひと》の苦《くる》しみを除《のぞ》いてやりたいという大願《たいがん》を立《た》てられた観世音菩薩《かんぜおんぼさつ》……そのやさしい心《こころ》、犠牲的精神《ぎせいてきせいしん》、暖《あたた》かみに満《み》ちた慈顔《じがん》を思《おも》い出《だ》してみるのです。そうすれば、われわれの心《こころ》は、観世音菩薩《かんぜおんぼさつ》の心《こころ》に通《つう》ずるのです。

感応《かんのう》

通《つう》ずるというのは同《おな》じような心《こころ》になることです。よく「感応《かんのう》」ということばを使《つか》いますが、それはこのことをいうのです。われわれが観世音菩薩《かんぜおんぼさつ》を思《おも》い出《だ》せば自然《しぜん》にわれわれの心《こころ》が観《かん》世音菩薩《ぜおんぼさつ》の心《こころ》になってくることをいうのです。そうすれば、自然《しぜん》とお互《たが》いの心《こころ》の中《なか》に暖《あたた》かみが生《しょう》じ、寛《かん》容《よう》の気持《きもち》が生《しょう》じてきます。我《が》をおしたてて角突《つのつ》きあう気持《きもち》がとれて、和《なご》やかになってきます。ですから、争《あらそ》いごとや闘《たたか》いのさ中《なか》にあっても、ゆったりした気持《きもち》になり、お互《たが》いがそうなれば争《あらそ》いも自然《しぜん》に解《かい》決《けつ》します。それがここのところの真意《しんい》であることを悟《さと》らなければなりません。

「妙音観世音《みょうおんかんぜおん》　梵音海潮音《ぼんのんかいちょうおん》　勝彼世間音《しょうひせけんのん》あり　是《こ》の故《ゆえ》に須《すべか》らく常《つね》に念《ねん》ずべし」

これもいいことばです。「妙音《みょうおん》」というのは、まえにも述《の》べましたように、「真実《しんじつ》のことば」という意《い》味《み》です。「観世音《かんぜおん》」というのは、すでにくわしく説明《せつめい》しました。「梵音《ぼんのん》」というのは、清《きよ》らかな心《こころ》で説《と》かれる教《おし》え（ことば）です。「海潮音《かいちょうおん》」というのは、海鳴《うみな》りの音《おと》が胸《むね》の底《そこ》に沁《し》み入《い》るような重々《おもおも》しさで遠《とお》くのほうまでひびいてくるように、その教《おし》えが人《ひと》びとの心《こころ》の底《そこ》にひびき入《い》ることを形容《けいよう》しているのです。

「勝彼世間音《しょうひせけんのん》」というのは、「彼《か》の世間《せけん》に勝《まさ》る」すなわち世間《せけん》に満《み》ち満《み》ちた迷《まよ》いや苦《くる》しみを征服《せいふく》してしまう神力《じんりき》をもった教《おし》えという意味《いみ》です。

こういういろいろな面《めん》ですぐれた教《おし》えを説《と》かれるゆえに、観世音菩薩《かんぜおんぼさつ》を念《ねん》じなければならない、自分《じぶん》も観世音菩薩《かんぜおんぼさつ》のようになりたいとつねに心《こころ》に思《おも》わなければならないというのです。

「念念《ねんねん》に疑《うたがい》を生《しょう》ずることなかれ　観世音浄聖《かんぜおんじょうしょう》は　苦悩《くのう》・死厄《しやく》に於《おい》て　能《よ》く為《ため》に依怙《えこ》と作《な》れり　一切《いっさい》の功《く》徳《どく》を具《ぐ》して　慈眼《じげん》をもって衆生《しゅじょう》を視《み》る　福聚《ふくじゅ》の海無量《うみむりょう》なり　是《こ》の故《ゆえ》に頂礼《ちょうらい》すべし」

そういう願《ねが》いが達《たっ》せられるかどうかと、疑念《ぎねん》を生《しょう》じるようなことがあってはならない。観世音菩薩《かんぜおんぼさつ》は、いろいろな苦《くる》しみや災厄《さいやく》に遭《あ》った場合《ばあい》、ほんとうに頼《たよ》りになる方《かた》である。一切《いっさい》の功徳《くどく》を具《そな》えて、慈《じ》悲《ひ》の眼《め》をもって衆生《しゅじょう》を見《み》る方《かた》である。すべての川《かわ》が海《うみ》に聚《あつま》るように、すべての福《しあわせ》が観世音菩薩《かんぜおんぼさつ》の慈悲《じひ》の力《ちから》によって呼《よ》び寄《よ》せられるのである。このゆえに、われわれは、観世音菩薩《かんぜおんぼさつ》に頭《あたま》を垂《た》れて礼拝《らいはい》し、その行《おこ》ないを学《まな》んでいかなければならないと思《おも》います。――

こういって、無尽意菩薩《むじんにぼさつ》が観世音菩薩《かんぜおんぼさつ》の徳《とく》をたたえますと、持地菩薩《じじぼさつ》という菩薩《ぼさつ》がそれに応《おう》じて、「観世音菩薩《かんぜおんぼさつ》が、あらゆる人《ひと》びとを平等《びょうどう》に真理《しんり》の門《もん》に引《ひ》き入《い》れるために、相手《あいて》に応《おう》じていろいろと姿《すがた》を変《か》えて（普門示現《ふもんじげん》）、自由自在《じゆうじざい》に教《おし》えを説《と》く神通力《じんづうりき》をもっておられることを聞《き》いた人《ひと》は、少《すく》なからぬ功徳《くどく》を得《え》ることでございましょう」と世尊《せそん》に申《もう》しあげて、この法会《ほうえ》は終《お》わりになります。

そして、この説法《せっぽう》を聞《き》いた多《おお》くの人《ひと》びとは、自分《じぶん》たちも仏《ほとけ》の教《おし》えのとおり一心《いっしん》に励《はげ》んで、比《くら》べるものもないほど尊《とうと》い（無《む》等《とう》）、しかもだれにでも平等《びょうどう》（等《とう》）に道《みち》が開《ひら》かれている仏《ほとけ》の智慧《ちえ》を得《え》たいという心《こころ》を起《お》こしたのでありました。

慈悲《じひ》にもとづく洞察力《どうさつりょく》

もう一度《いちど》この品《ほん》に教《おし》えられていることを総括《そうかつ》しますと、第《だい》一には、「いやしくも指導的立《しどうてきたち》場《ば》に立《た》つ人《ひと》は、観世音菩薩《かんぜおんぼさつ》のように、あらゆる人《ひと》びとの心《こころ》の声《こえ》を洞察《どうさつ》し、苦《くる》しんでいる人《ひと》の身代《みが》わりになってやるほどの徹底《てってい》した慈悲心《じひしん》をもって、その苦《くる》しみや望《のぞ》みに応《おう》じた救《すく》いの手《て》をさしのべてやらねばならない」ということです。

平和《へいわ》なやさしい心《こころ》

そして、第《だい》二には、「いろいろな困厄《こんやく》や、争《あらそ》いごとに直面《ちょくめん》したり、あるいはいろいろな邪心《じゃしん》が起《お》こったら、やさしい、平和《へいわ》な、包容力《ほうようりょく》のある観世音菩薩《かんぜおんぼさつ》を思《おも》い出《だ》してみるがいい。そうすれば、ひとりでに心《こころ》が和《なご》やかに、明《あか》るくなり、いかなる困厄《こんやく》にも悠々《ゆうゆう》と処《しょ》していくことができ、また争《あらそ》いごとも自然《しぜん》と解消《かいしょう》し、邪心《じゃしん》もたちまち消《き》え去《さ》っていくであろう」という教《おし》えであります。

観世音菩薩《かんぜおんぼさつ》が一《ひと》つの目標《もくひょう》

第《だい》三には、「そのようなすぐれた徳《とく》と神通力《じんづうりき》をもつ観世音菩薩《かんぜおんぼさつ》の境地《きょうち》に達《たっ》することを、われわれの一《ひと》つの目標《もくひょう》としなければならないが、それにはやはり釈迦牟尼如来《しゃかむにによらい》の教《おし》えられたこの妙法《みょうほう》の教《おし》えに従《したが》って、退転《たいてん》することなく修行《しゅぎょう》しなければならないのだ」ということであります。これで、「観世音菩薩普門品《かんぜおんぼさつふもんぼん》」の真意《しんい》を、よく理解《りかい》せられたことと思《おも》います。

陀羅尼品第二十六《だらにほんだい》

陀羅尼品《だらにほん》は、「法華経《ほけきょう》」の教《おし》えに感激《かんげき》した人《ひと》びとが、誓《ちか》ってこの教《おし》えを守護《しゅご》いたしますといって、つよいことばで宣言《せんげん》した章《しょう》であります。

ここに出《で》てくるのは、まず薬王菩薩《やくおうぼさつ》と勇施菩薩《ゆうぜぼさつ》の二菩薩《ぼさつ》、これは仏《ほとけ》のお弟子《でし》であり、お使《つか》いでありますから、こういう誓《ちか》いをするのは当然《とうぜん》です。

つぎに、毘沙門天《びしゃもんてん》と持国天《じこくてん》、この二天《てん》は、バラモン教《きょう》すなわち他宗教《たしゅうきょう》の神々《かみがみ》です。他宗教《たしゅうきょう》の神々《かみがみ》もこの「法華経《ほけきょう》」の守護《しゅご》を誓《ちか》われたということは、まえにも述《の》べたように、仏《ほとけ》の教《おし》えは万教《ばんきょう》を包容《ほうよう》し、万教《ばんきょう》に真《しん》の生命《いのち》を与《あた》えるものであるからです。

そのつぎにいきますと、十人《にん》の羅刹女《らせつにょ》と、鬼子母《きしも》が登場《とうじょう》します。すなわち、おそろしい鬼女《きじょ》たちまでが、もし「法華経《ほけきょう》」の行者《ぎょうじゃ》を悩《なや》ますものがあったら、自分《じぶん》らが承知《しょうち》しない——といきまいております。こういう鬼女《きじょ》たちにいたるまで、仏心《ぶっしん》は平等《びょうどう》にあるという証拠《しょうこ》です。逆《ぎゃく》にいえば、「法華経《ほけきょう》」の教《おし》えはこのような鬼女《きじょ》たちをも平等《びょうどう》に成仏《じょうぶつ》させる力《ちから》をもっているということになります。

ところで、この品《ほん》には梵語《ぼんご》の発音《はつおん》そのままの呪文《じゅもん》がいくつも出《で》てきます。なぜ中国語《ちゅうごくご》に翻訳《ほんやく》しないでそのままになっているかといえば、翻訳者羅什《ほんやくしやらじゆう》の深《ふか》い心《こころ》づかいによるものです。羅什《らじゆう》をはじめ、経典《きようでん》を中国語《ちゆうごくご》に翻訳《ほんやく》した人《ひと》たちは、どうしても翻訳《ほんやく》しないほうがよいと判断《はんだん》されたものは、原語《げんご》の音《おん》に似《に》た漢《かん》字《じ》をあててすませ、わざと原語《げんご》のままにしておいたのです。五種不翻《ごしゆふほん》といって、それには五種類《ごしゆるい》の場合《ばあい》があります。

１、インドにあって中国《ちゆうごく》にはない動《どう》・植物《しよくぶつ》や、伝承《でんしよう》の中《なか》の魔物《まもの》などの名《な》。これはもともと翻訳《ほんやく》のしようがありません。「法師功徳品第《ほつしくどくほんだい》十九」に出《で》てきた多摩羅跋香《たまらばつこう》・多伽羅香《たからこう》など、またたびたび出《で》てくる迦楼羅《かるら》・緊那羅《きんなら》などがそうです。

２、一《ひと》つの語《ご》に多《おお》くの意味《いみ》が含《ふく》まれているので、一語《いちご》に翻訳《ほんやく》すると原意《げんい》が十分《じゆうぶん》に尽《つ》くされないもの。陀羅尼《だらに》というのがその一例《いちれい》で、「聞《き》いた教《おし》えを心《こころ》に留《とど》めて忘《わす》れない力《ちから》」のこともあり、「あらゆる悪《あく》を止《とど》め、あらゆる善《ぜん》をすすめる力《ちから》」のこともあり、「それを唱《とな》えれば仏《ほとけ》の世界《せかい》へ直入《ちよくにゆう》できるという神秘《しんぴ》なことば」のこともあります。「陀羅尼品《だらにほん》」の陀羅尼《だらに》は最後《さいご》の意味《いみ》です。

３、神秘的《しんぴてき》なことば。いわゆる秘密《ひみつ》の語《ご》です。これを翻訳《ほんやく》すれば、その奥深《おくぶか》い神秘的《しんぴてき》な意味《いみ》が減殺《げんさい》されるというわけで、原語《げんご》のままでおいたのです。この「陀羅尼品《だらにほん》」に出《で》てくる呪文《じゆもん》は、この例《れい》にはいります。

４、むかしからの習慣《しゆうかん》に従《したが》ったもの。たとえば、阿耨多羅三藐三菩提《あのくたらさんみやくさんぼだい》などがそうで、無上正遍知《むじようしようへんち》などと訳《やく》されることもありますが、最初《さいしよ》、原語《げんご》の発音《はつおん》のままにしておいたので、あとでもおおむねそれに従《したが》っています。

5、翻訳《ほんやく》すれば、真《しん》の意味《いみ》を失《うしな》うもの。仏陀《ぶつだ》・菩提《ぼだい》などが、その例《れい》です。

ところが、むかしの人《ひと》とちがって現代人《げんだいじん》は、全然意味《ぜんぜんいみ》のわからないことばを、ありがたいとか霊験《れいけん》あらたかであるとか考《かんが》えることができなくなっています。ことばの力《ちから》の偉大《いだい》さは大《おお》いに認識《にんしき》しているのですけれども、それはかならず理解《りかい》できることばでなければなりません。理解《りかい》できてこそはじめて心《こころ》を打《う》たれ、心《こころ》を打《う》たれることによって人生観《じんせいかん》・世界観《せかいかん》が変化《へんか》し、人生観《じんせいかん》・世界観《せかいかん》が変《か》わることによって性格《せいかく》も変《か》わり、健康《けんこう》の状態《じょうたい》も変《か》わり、境遇《きょうぐう》にも転回《てんかい》が生《しょう》じ、そして新《あたら》しい人生《じんせい》が開《ひら》けるわけです。これが、現代《げんだい》における「ことばの偉力《いりょく》」です。

そこで、この品《ほん》に出《で》てくる呪文《じゅもん》をあくまでも原語《げんご》の音《おん》のままにしておいてその意味《いみ》に触《ふ》れないことは、もはや現代《げんだい》には通用《つうよう》しないことですし、真《しん》の宗教精神《しゅうきょうせいしん》に反《はん》することですから、ここにはとりあえずその訳語《やくご》をかかげることにします。なお、その訳語《やくご》も、学者《がくしゃ》によっていろいろと解釈《かいしゃく》や表現《ひょうげん》がちがうようですが、ここで学問的《がくもんてき》にせんさくする必要《ひつよう》はありませんので、思《おも》いきって現代人《げんだいじん》に身近《みぢか》な感《かん》じを持《も》つ訳語《やくご》をとりあげました。大体《だいたい》こんな意味《いみ》のことばであることがおぼろげにでも解《わか》れば、それで十分《じゅうぶん》だと思《おも》います。

三六七・一―三六八・六
「観世音菩薩普門品第《もんぽんだい》二十五」の説法《せっぽう》が終《お》わると、薬王菩薩《やくおうぼさつ》は座《ざ》から立《た》って、世尊《せそん》を礼拝《らいはい》し、この「法《ほ》華経《けきょう》」を信受《しんじゅ》し、実行《じっこう》する功徳《くどく》はどのようなものでございましょうかとおたずねします。すると世尊《せそん》は、八百万億那由他《ぴゃくまんのくなゆた》恒河沙《ごうがしゃ》ほどの諸仏《しょぶつ》に奉仕《ほうし》するよりも、この「法華経《ほけきょう》」の短《みじ》かい偈《げ》の一《ひと》つを読誦《どくじゅ》し、その意義《いぎ》を理解《りかい》し、そのとおり実行《じっこう》したほうが、ずっと功徳《くどく》が多《おお》いのだとお説《と》きになります。

すると、薬王菩薩《やくおうぼさつ》は感激《かんげき》して申《もう》しあげました。

「世尊《せそん》、わたくしはいま、『法華経《ほけきょう》』の説法者《せっぽうしゃ》を守護《しゅご》するために、神呪《じんしゅ》を贈《おく》りたいと思《おも》います。」

そして、つぎのように唱《とな》えました。

不思議《ふしぎ》よ一。思《おも》う所《ところ》よ二。心《こころ》よ三。無心《むしん》よ四。永遠《えいえん》よ五。修行《しゅぎょう》よ六。寂静《じゃくじょう》よ七。淡白《たんぱく》よ八。変化《へんか》よりの離《り》脱《だつ》よ九。解脱《げだつ》よ十。済度《さいど》よ十一。平等《びょうどう》よ十二。無邪心《むじゃしん》よ十三。平和《へいわ》よ十四。平等《びょうどう》よ十五。迷《まよ》いの滅尽《めつじん》よ十六。無尽《むじん》の善《ぜん》よ十七。解脱《げだつ》の徹底《てってい》よ十八。奥深《おくぶか》く動揺《どうよう》せざる心《こころ》よ十九。淡白《たんぱく》よ二十。総持《そうじ》よ二十一。観察《かんさつ》よ二十二。光輝《こうき》よ二十三。自信《じしん》よ二十四。究竟清浄《くきょうしょうじょう》よ二十五。凹凸《おうとつ》なき平坦《へいたん》よ二十六。高下《こうげ》なき平坦《へいたん》よ二十七。転回《てんかい》なき心《こころ》よ二十八。旋《めぐ》りて処《ところ》を得《う》る心《こころ》よ二十九。清浄《しょうじょう》の目《め》よ三十。等《ひと》しくして等《ひと》しからざるものよ三十一。悟《さと》りの絶対境《ぜったいきょう》よ三十二。しかも学《まな》ぶ真理《しんり》の道《みち》よ三十三。教団《きょうだん》の和合《わごう》よ三十四。明快《めいかい》なる説法《せっぽう》よ三十五。真言《しんごん》よ三十六。真言《しんごん》に安住《あんじゅう》する心《こころ》よ三十七。無限《むげん》のはたらきよ三十八。響《ひび》きわたる声《こえ》よ三十九。大衆《たいしゅう》の声《こえ》に対《たい》する明察《めいさつ》よ四十。大衆《たいしゅう》に与《あた》える教《おし》えの全《まった》き選択《せんたく》よ四十一。尽《つ》くることなき教《おし》えよ四十二。思《おも》わざるに法《ほう》に従《したが》う自在《じざい》の境地《きょうち》よ四十三。

「三六八・七―一〇世尊、この陀羅尼神呪《だらにじんしゅ》は、無数《むしゅ》の諸仏《しょぶつ》の唱《とな》えられたものです。もしこの呪《しゅ》を唱《とな》える法師《ほっし》に害《がい》を与《あた》えるものがあったら、それは諸仏《しょぶつ》に害《がい》を与《あた》えたと同然《どうぜん》でございましょう。」

薬王菩薩《やくおうぼさつ》がこう申《もう》しあげると、釈迦牟尼仏《しゃかむにぶつ》は薬王菩薩《やくおうぼさつ》をおほめになって、おおせられました。

「そのとおりです。薬王《やくおう》よ。あなたは法師《ほっし》を守護《しゅご》するためにこの神呪《じんしゅ》を説《と》きましたが、それがひいてはもろもろの衆生《しゅじょう》をたいへん仕合《しあ》わせにすることでありましょう。」

三六八・一一―三六九・五するとこんどは勇施菩薩《ゆうぜぼさつ》が立《た》ちあがって、申《もう》しあげました。

「世尊《せそん》、わたくしも、『法華経《ほけきょう》』を受持《じゅじ》し、読誦《どくじゅ》する人《ひと》びとを守《まも》るために、陀羅尼《だらに》を説《と》きましょう。この陀羅尼《だらに》を得《え》た人《ひと》は、いろいろな魔《ま》や魔民《まみん》がその人《ひと》の欠点《けってん》を探《さが》しておとしいれようとしましても、その手《て》がかりを得《え》ることができますまい。」

そうして、つぎのような呪《しゅ》を説《と》きました。

光耀《こうよう》よ一。大光耀《だいこうよう》よ二。炎火《えんこう》よ三。照明《しょうみょう》よ四。大自信《だいじしん》よ五。美《び》に満《み》てるものよ六。歓喜《かんぎ》よ七。永続《えいぞく》する歓喜《かんぎ》よ八。教《おし》えへの安住《あんじゅう》よ九。教《おし》えの節度《せつど》よ十。教《おし》えの永住《えいじゅう》よ十一。教《おし》えの無妄協性《むだきょうせい》よ十二。教《おし》えの純潔性《じゅんけっせい》よ十三。

「三六九・六―一〇 世尊、この陀羅尼神呪《だらにじんしゅ》は、無数《むしゅ》の諸仏《しょぶつ》の唱《とな》えられたものです。もしこの神呪《じんしゅ》を唱《とな》える法師《ほっし》を害《がい》するものがあれば、それは諸仏《しょぶつ》を害《がい》するものでございます。」

すると、こんどは北方《ほっぽう》の守護神《しゅごじん》毘沙門天《びしゃもんてん》が立《た》ちあがって、こう申《もう》しあげました。

「わたくしも、衆生《しゅじょう》をあわれみ、法師《ほっし》を守護《しゅご》するために陀羅尼《だらに》を説《と》きましょう。」

そうして、つぎの神呪《じんしゅ》を説《と》きました。

富有《ふゆう》よ一。遊戯《ゆうぎ》よ二。無戯《むぎ》よ三。無量《むりょう》の価値《かち》よ四。最《もっと》も富《と》みたるものよ五。比較《ひかく》を絶《ぜつ》する富《とみ》よ六。

「三六九・一二―三七〇・一 世尊、この神呪は法師《ほっし》を守護《しゅご》するものでございます。わたくしもまたこの『法華経《ほけきょう》』を受持《じゅじ》するものを守護《しゅご》して、いろいろの障《さわ》りがないように努力《どりょく》いたしましょう。」

三七〇・二―四 そのとき、東方《とうぼう》の守護神《しゅごじん》である持国天《じこくてん》は、無数《むすう》の乾闥婆《けんだつば》（天上《てんじょう》にあって音楽《おんがく》をつかさどる神《かみ》）たちにかしずかれていましたが、この持国天《じこくてん》も世尊《せそん》のみもとにいたり、合掌《がっしょう》して申《もう》しあげました。

「世尊《せそん》、わたくしも、陀羅尼神呪《だらにじんしゅ》をもって、『法華経《ほけきょう》』を受持《じゅじ》する人《ひと》びとを守護《しゅご》いたしましょう。」

そして、つぎの呪《しゅ》を説《と》きました。

無数《むすう》の一。多数《たすう》の二。暴悪《ぼうあく》のものよ三。持香《じこう》のものよ四。黒曜《こくよう》の星《ほし》の光《ひかり》をもつものよ五。いのりの力《ちから》よ六。大意《たいい》を七。順述《じゅんじゅつ》せよ八。最高《さいこう》の真理《しんり》の九。

三七〇・六―七「世尊、この陀羅尼神呪《だらにじんしゅ》は、無数《むしゅ》の諸仏《しょぶつ》の唱《とな》えられたものでございます。もしこの神呪《じんしゅ》を唱《とな》える法師《ほっし》を害《がい》するものがありましたら、それはこの諸仏《しょぶつ》に害《がい》を与《あた》えたことになりましょう。」

三七〇・八―三七二・三 そのときに、十人《にん》の羅刹女《らせつにょ》と、鬼子母《きしも》およびその子《こ》どもと眷属《けんぞく》たちが現《あら》われました。羅刹女《らせつにょ》というのは、暴悪《ぼうあく》な鬼女《きじょ》です。しかし、いまはすでに仏《ほとけ》のお弟子《でし》として説法《せっぽう》を聞《き》いているわけです。鬼子母《きしも》というのも、もともと鬼女《きじょ》であって、他人《たにん》の子《こ》どもをつかまえては食《た》べていたのですが、自分《じぶん》の子《こ》どもに対《たい》してはまことに子煩悩《こぼんのう》でした。そこでお釈迦《しゃか》さまは、鬼子母《きしも》の子《こ》どもを一人《ひとり》おかくしになりました。すると、鬼子母《きしも》は半狂乱《はんきょうらん》になって探《さが》しまわりました。そのときお釈迦《しゃか》さまが、よその子《こ》の母親《ははおや》も同《おな》じ気持《きもち》だよとおさとしになりましたので、はじめて自分《じぶん》の非《ひ》を悟《さと》って仏《ほとけ》のお弟子《でし》になったといいます。

そういう魔力《まりょく》をもった鬼女《きじょ》たちが仏《ほとけ》さまの前《まえ》に進《すす》み出《で》て、声《こえ》を揃《そろ》えて申《もう》しあげました。

「世尊《せそん》、わたくしどもも『法華経《ほけきょう》』を読誦《どくじゅ》し、受持《じゅじ》するものを守護《しゅご》して、いろいろな障《さわ》りがないようにしてあげたいと存《ぞん》じます。もし法師《ほっし》のアラ探《さが》しなどをしようとするものがあっても、その手《て》がかりを封《ふう》じてやりましょう。」

そうして、つぎの呪《しゅ》を説《と》きました。

この人《ひと》に一。ここにおいて二。この人《ひと》に三。この人《ひと》びとに四。この人《ひと》に五。無我《むが》よ六。無我《むが》よ七。無我《むが》よ八。無我《むが》よ九。無我《むが》よ十。すでに興《おこ》りぬ十一。すでに興《おこ》りぬ十二。すでに興《おこ》りぬ十三。すでに興《おこ》りぬ十四。かくして立《た》つ十五。かくして立《た》つ十六。かくして立《た》つ十七。害《がい》を加《くわ》うるものなし十八。害《がい》を加《くわ》うるものなし十九。

「もしなにものかが、わたくしどもの頭《あたま》を足《あし》で踏《ふ》みつけるようなことをしましても、いくらでも忍《しの》びましょう。そのかわり『法華経《ほけきょう》』の法師《ほっし》を悩《なや》ますことがありませんように。また、もろもろの鬼《おに》どもが襲《おそ》って苦《くる》しめることがありませんように。その鬼《おに》どもの魔力《まりょく》で熱病《ねつびょう》にかかって一日《にち》、二日《にち》、三日《にち》、四日《にち》ないし七日《にち》も苦《くる》しむことがありませんように。また絶《た》えず熱病《ねつびょう》に苦《くる》しみつづけることもありませんように。その鬼《おに》どもが男《おとこ》の形《かたち》になり、女《おんな》の形《かたち》になり、童子《どうじ》の形《かたち》になり、童女《どうによ》の形《かたち》になって修行《しゅぎょう》の妨《さまた》げをし、あるいは夢《ゆめ》の中《なか》に現《あら》われて悩《なや》ますこともありませんように。」

こう祈《いの》りをささげてから、さらに偈 三七一・二―三七二・三 を説いて申しあげました。

若《も》し我《わ》が呪《しゅ》に順《じゅん》ぜずして　説法者《せっぽうじゃ》を悩乱《のうらん》せば　頭破《こうべわ》れて七分《ぶん》になること　阿梨樹《ありじゅ》の枝《えだ》の如《ごと》くならん

父母《ぶも》を殺《しい》する罪《つみ》の如《ごと》く　亦油《またあぶら》を圧《お》す殃《つみ》　斗秤《としょう》をもって人《ひと》を欺誑《ごおう》し　調達《ちょうだつ》が破《は》僧罪《そうざい》の如《ごと》く　此《こ》の法師《ほっし》を犯《おか》さん者《もの》は　当《まさ》に是《かく》の如《ごと》き殃《つみ》を獲《う》べし

これも有名《ゆうめい》な偈《げ》です。もしこれほど一心《いっしん》に呪《しゅ》を説《と》いて「法華経《ほけきょう》」の法師《ほっし》を守護《しゅご》しようとしている精神《せいしん》に逆《さか》らって、説法者《せっぽうしゃ》を悩《なや》ますものがあったならば、その罪《つみ》の報《むく》いとして頭《あたま》が阿梨樹《ありじゅ》の枝《えだ》のように裂《さ》けてしまうであろう——というのです。阿梨樹《ありじゅ》という木《き》は、強《つよ》い風《かぜ》で枝《えだ》が折《お》れて地《ち》に落《お》ちるとき、七分八裂《しちぶんはちれつ》になるのだそうです。なぜ頭《あたま》が阿梨樹《ありじゅ》の枝《えだ》のように割《わ》れてしまうのかといえば、その罪《つみ》が父母《ふぼ》を殺《ころ》すのと同《おな》じような大罪《だいざい》であるからだというのです。

また、「油《あぶら》を圧《お》す殃《つみ》」というのは、油《あぶら》を搾《しぼ》るとき、原料《げんりょう》を入《い》れた上《うえ》に重《おも》しをおきます。その原料《げんりょう》には虫《むし》が湧《わ》いてくるそうですが、重《おも》しが適当《てきとう》であると虫《むし》は圧《お》し潰《つぶ》されない。ところが、急《いそ》いでやろうとして重《おも》すぎる重《おも》しをかけると、虫《むし》も押《お》し殺《ころ》しますし、油《あぶら》の味《あじ》もわるくなるというのです。これは、むかしのインドで非常《ひじょう》によくないこととされていたらしいのです。つまり、他《た》のものの生命《せいめい》を尊重《そんちょう》しないで、自《じ》分《ぶん》だけがよければよいという行為《こうい》を強《つよ》く戒《いまし》めたものと思《おも》います。

また、斗秤《はかり》をごまかして人《ひと》を欺《だま》す罪《つみ》と同様《どうよう》だとあります。これは、現代《げんだい》の法律《ほうりつ》においては人殺《ひとごろ》しなどとは比較《ひかく》になりませんが、精神的《せいしんてき》に見《み》ればじつに卑劣《ひれつ》きわまる行為《こうい》であるので、むかしのインドでは大《だい》罪《ざい》とされていたのでしょう。

信《しん》仰《こう》者《しゃ》の和《わ》合《ごう》を破《やぶ》る罪《つみ》

つぎに「調達《ちょうだつ》が破《は》僧罪《そうざい》」とあります。調達《ちょうだつ》というのは提婆《だいば》達多《だった》のことです。提婆《だいば》達多《だった》は、釈尊《しゃくそん》の教団《きょうだん》の和合《わごう》を破壊《はかい》するような行《おこ》ないをしました。「僧《そう》」というのはまえ（四四〇頁《ページ》）にも説明《せつめい》しましたように僧伽《そうぎゃ》（信仰者《しんこうしゃ》の共同体《きょうどうたい》）の略《りゃく》です。同《おな》じ信仰《しんこう》で結《むす》ばれている美《うつく》しい共同体《きょうどうたい》の和合《わごう》を破《やぶ》るようなことは、非常《ひじょう》に大《おお》きな罪《つみ》であることはもちろんです。

そこで、「法華経《ほけきょう》」の説法者《せっぽうしゃ》を悩乱《のうらん》させるものの罪《つみ》は、このような大罪《だいざい》にひとしいものであり、その罪《つみ》の報《むく》いによって頭《あたま》が阿梨樹《ありじゅ》の枝《えだ》のように七分八裂《しちぶんはちれつ》するであろうというわけです。

これを見《み》ますと、いかにもこの羅刹女《らせつにょ》たちが「法華経《ほけきょう》」の敵《てき》に対《たい》する報復《ほうふく》を誓《ちか》っているようですが、やはりそう見《み》てはいけないと思《おも》います。まだ仏弟子《ぶつでし》として大《おお》きな徳《とく》を積《つ》んではいません。ですから、勢《いきお》い余《あま》って激《はげ》しいことばを吐《は》いたと見《み》ることもできましょう。しかし、そうだとすれば、徹底《てってい》した寛容《かんよう》を説《と》かれる釈尊《しゃくそん》が、無条件《むじょうけん》に「善哉《ぜんざい》、善哉《ぜんざい》」とおほめになるはずがありません。

罰《ばつ》の原理《げんり》はまえ（一二八頁《ページ》、五四三頁《ページ》）に述《の》べたとおりであって、その原理《げんり》は厳《げん》として揺《ゆ》らぐものではありません。そして、この偈《げ》をよく検討《けんとう》してみると、「頭《あたま》を割《わ》ってやろう」とはいわず、「頭《あたま》が割《わ》れるであろう」とあり、父母《ふぼ》を殺《ころ》す罪等々《つみとうとう》とおなじような罪《つみ》を「得《え》るであろう」とあります。それは、やはり自《みずか》らの罪《つみ》によって自《みずか》ら罰《ばっ》せられるという原理《げんり》のとおりの表現《ひょうげん》であります。

三七二・四—一二

さて、この偈《げ》を説《と》き終《お》わった羅刹女《らせつにょ》たちは、仏《ほとけ》さまに、「世尊《せそん》、わたくしどもは、身《み》をもってこの経《きょう》を実行《じっこう》する人《ひと》びとを守護《しゅご》いたし、いつも安穏《あんのん》でいられるよう、もろもろの障《さわ》りがないよう、たとえ毒殺《どくさつ》しようとするものがあってもその毒《どく》を消《け》し去《さ》ってしまいましょう」と申《もう》しあげました。

仏《ほとけ》さまは、満足《まんぞく》そうに慈悲《じひ》の目《め》をもって羅刹女《らせつにょ》たちをごらんになりながら、

「よろしい。そのとおりです。ただたんに『法華経《ほけきょう》』を尊《とうと》いお経《きょう》だとしてあがめる人《ひと》びとを守護《しゅご》するだけでも、はかりしれないほどの功徳《くどく》があるのに、ましてその教《おし》えをよく理解《りかい》（具足《ぐそく》）し、実行《じっこう》し、そして教《おし》えに対《たい》する感謝報恩《かんしゃほうおん》の行《おこ》ないを怠《おこた》らぬものを守護《しゅご》するならば、その功徳《くどく》はまことに比《くら》べるものもないほどでありましょう。皐諦《こうたい》その他《た》の羅刹女《らせつにょ》たちよ、かならずこのような法師《ほっし》を守護《しゅご》するのですよ。」

世尊《せそん》はやさしくそうおっしゃいました。それをうかがっていた多《おお》くの人《ひと》びとは、心《こころ》から感動《かんどう》して、今《こん》後《ご》どのようなことが起《お》ころうとも、境遇《きょうぐう》にどのような変化《へんか》が起《お》ころうとも、いつまでも変《か》わらぬ信仰《しんこう》を持《も》ちつづけようという信念《しんねん》をいよいよ固《かた》くしたのでありました。

妙荘厳王本事品第二十七《みょうしょうごんのうほんじほんだい》

この品《ほん》には、遠《とお》いむかしの、しかも非常《ひじょう》に夢幻的《むげんてき》なことが述《の》べてあるようですが、じつはたいへん現《げん》実的《じってき》な、身近《みぢか》な問題《もんだい》について説《と》かれているのです。それは、まず家庭《かてい》における信仰《しんこう》の問題《もんだい》であります。信仰《しんこう》のちがう親子《おやこ》の問題《もんだい》がそこに展開《てんかい》されます。正《ただ》しい信仰《しんこう》をもつ子《こ》どもと、誤《あやま》った信仰《しんこう》をもつ父親《ちちおや》、その間《かん》に処《しょ》する母親《ははおや》の態度《たいど》、それはまったくそのまま現実《げんじつ》の問題《もんだい》です。

つぎに、指導的立場《しどうてきたちば》にある人《ひと》の信仰《しんこう》の問題《もんだい》が取上《とりあ》げられています。現在《げんざい》の世《よ》の中《なか》では、信仰《しんこう》は個人《こじん》の自由《じゆう》であり、どのような権勢《けんせい》もそれを崩《くず》すことはできません。しかし、広《ひろ》く世《よ》に尊敬《そんけい》されている指導的《しどうてき》立場《たちば》の人《ひと》の信仰《しんこう》は、いかにそれが個人的《こじんてき》な信仰《しんこう》であろうとも、かならず多《おお》くの人《ひと》びとに影響《えいきょう》を与《あた》えずにはおかないものです。妙荘厳王《みょうしょうごんのう》の進退《しんたい》には、その問題《もんだい》が暗示《あんじ》されています。

妙荘厳王《みょうしょうごんのう》も、その二子《し》も、出家《しゅつけ》したのでありますが、もちろん現代《げんだい》においては信仰《しんこう》と日常生活《にちじょうせいかつ》とはけっして相反《あいはん》するものでなく、一体《いったい》のものであります。ですから、ここで出家《しゅつけ》するとか王位《おうい》を譲《ゆず》るというようなことをそのまま解釈《かいしゃく》しては、考《かんが》えを誤《あやま》るおそれがあります。なんの不自由《ふじゆう》もない王家《おうけ》の子息《しそく》が出《しゅっ》家《け》するということは、物質生活《ぶっしつせいかつ》より精神生活《せいしんせいかつ》の安《やす》らかさがはるかにまさっていることを語《かた》っているのですし、妙荘厳王《みょうしょうごんのう》が王位《おうい》を弟《おとうと》にゆずって出家《しゅつけ》したということも、現実《げんじつ》の権勢《けんせい》よりも心《こころ》に築《きず》く王国《おうこく》のほうがはるかに価値《かち》あるものであることを表《あら》わしているのです。「出家《しゅっけ》」ということを、字義《じぎ》のままにとってはいけないのであって、「精神生活《せいしんせいかつ》の転換《てんかん》」という意味《いみ》に解釈《かいしゃく》しなければなりません。

では本文《ほんもん》について、一《ひと》つ一《ひと》つの字義《じぎ》は重要《じゅうよう》なもののほかはまずさしおいて、その物語《ものがたり》の筋《すじ》をたどっていってみましょう。

三七三・一―一二

世尊は、つぎのようなお話《はなし》をお語《かた》りはじめになりました。

はるかなるむかしに、雲雷音宿王華智《うんらいおんしゅくおうけち》仏《ぶつ》という仏《ほとけ》がおられました。国《くに》の名《な》は光明荘厳《こうみょうしょうごん》、その時代《じだい》を喜《き》見《けん》といいました。その仏《ほとけ》の世界《せかい》に妙荘厳《みょうしょうごん》という王《おう》があり、夫人《ぶにん》の名《な》は浄徳《じょうとく》、そして浄蔵《じょうぞう》および浄眼《じょうげん》という二人《ふたり》の王子《おうじ》がありました。

この二人《ふたり》の王子《おうじ》は智慧《ちえ》もすぐれ、慈悲《じひ》の徳《とく》を具《そな》え、そして大神力《だいじんりき》をもっていて、長《なが》い間《あいだ》六波羅蜜《ろくはらみつ》をはじめ、慈《じ》・悲《ひ》・喜《き》（人《ひと》の喜《よろこ》びを共《とも》に喜《よろこ》んでやる心《こころ》）・捨《しゃ》（自分《じぶん》の施《ほどこ》した恩《おん》に対《たい》して報《むく》いを求《もと》めず、自分《じぶん》の受《う》けた怨《あだ》を忘《わす》れてしまう心《こころ》）、それらの道《みち》を助《たす》ける細《こま》かい三十七の行《おこ》ないまで、ありとあらゆる菩薩《ぼさつ》の道《みち》を修行《しゅぎょう》していました。

そのゆえに、煩悩《ぼんのう》を徹底的《てっていてき》に除《のぞ》こうとする三昧《さんまい》（浄三昧《じょうざんまい》）、自《みずか》らの徳《とく》によって周囲《しゅうい》を照《て》らし出《だ》していこうとする三昧《さんまい》（浄光三昧《じょうこうざんまい》）、身《み》の表情《ひょうじょう》・挙動《きょどう》すべてに浄《きよ》らかな徳《とく》を具《そな》えたいという三昧《さんまい》（浄色三昧《じょうしきざんまい》）、自《じ》分《ぶん》の徳《とく》をもって周囲《しゅうい》のものを浄化《じょうか》していこうという三昧《さんまい》（浄照明三昧《じょうしょうみょうざんまい》）、徳《とく》の高《たか》さによってどこまでも荘《しょう》厳《ごん》の身《み》になっていこうという三昧《さんまい》（長荘厳三昧《じょうしょうごんざんまい》）、一切《いっさい》の人間《にんげん》に対《たい》する無限《むげん》の感化力《かんかりょく》のある徳《とく》を具《そな》えたいという三昧《さんまい》（大威徳蔵三昧《だいいとくぞうさんまい》）のすべてに達《たつ》していました。

三七三・一二―三七四・一〇 一方、雲雷音宿王華《おうけ》智《ち》仏《ぶつ》は、妙荘厳王《みょうしょうごんのう》をはじめ一切《いっさい》の衆生《しゅじょう》を導《みちび》こうという慈悲《じひ》の心《こころ》から、「法華経《ほけきょう》」をお説《と》きになることになりました。そこで、浄蔵《じょうぞう》・浄眼《じょうげん》の二王子《おうじ》は、母君《ははぎみ》のところへ行《い》って、

「お母《かあ》さま、雲雷音宿王華智仏《うんらいおんしゅくおうけちぶつ》さまの所《ところ》へおまいりいたしましょう。この世《よ》でいちばん尊《とうと》い『法華経《ほけきょう》』という教《おし》えをお説《と》きになるそうです。わたくしどもも、おともいたします。」

と、申《もう》しました。母君《ははぎみ》がおっしゃるには、

「たいへんいいことですね。けれども、おまえたちも知《し》っているように、お父《とう》さまは婆羅門《ばらもん》の教《おし》えを信《しん》仰《こう》していらっしゃいます。仏《ほとけ》さまの教《おし》えこそ、ほんとうにりっぱな教《おし》えですから、どうかしてお父《とう》さまも仏《ほとけ》さまの教《おし》えを信《しん》じられるように仕向《しむ》けてあげたいものですね。どうです。おまえたち、お父《とう》さまにもおすすめして、ごいっしょするようにしたら……」

しかし、それが不可能《ふかのう》なことは、母君《ははぎみ》にも王子《おうじ》たちにも最初《さいしょ》からわかっていることでした。一言《いちごん》のもとにはねつけられるにきまっています。

「お母《かあ》さま、わたくしたちは仏《ほとけ》さまの子《こ》です。ああ、どうしてこんなまちがった教《おし》えを信《しん》ずる家《いえ》に生《う》まれたのでしょう。」

王子《おうじ》は悲《かな》しそうにつぶやきました。三人《さんにん》はすっかり黙《だま》りこんでしまいました。ややあって母君《ははぎみ》は、ふと思《おも》い出《だ》したように、

「いいことがあります。おまえたち、お父《とう》さまが驚《おどろ》いてしまわれるような奇跡《きせき》を演《えん》じてごらんなさい。そうすれば、きっとおまえたちの意見《いけん》をおききになるようになりますよ。」

と、おっしゃるのです。

三七四・一〇―三七五・一〇 二人はすぐ賛成しました。そして、父君《ちちぎみ》の所《ところ》へ行《い》きますと、いきなり空中《くうちゅう》に飛《と》び上《あ》がりました。そして数《すう》十メートルの空中《くうちゅう》で、すわったり、立《た》ったり、歩《ある》いたりしてみせました。かと思《おも》うと、頭《あたま》のてっぺんからは水《みず》を噴《ふ》き出《だ》し、足《あし》の先《さき》からは火焔《かえん》を吹《ふ》き出《だ》しました。また、空《そら》いっぱいになるような大《おお》きな身体《からだ》になったり、豆粒《まめつぶ》のように小《ちい》さくなったりします。空中《くうちゅう》でパッと姿《すがた》を消《け》したかと思《おも》うと、地《じ》べたからスッと現《あら》われてきます。まるで水《みず》が浸《し》みこむように地《じ》べたにはいっていくかと思《おも》うと、水《みず》の上《うえ》を地《じ》べたの上《うえ》のように歩《ある》くのです。

このさまを見《み》て、父《ちち》の王《おう》はすっかり感心《かんしん》してしまいました。と同時《どうじ》に、子《こ》どもたちがそのような大神《だいじん》力《りき》を得《え》たことがうれしくてなりません。

「いや、じつにおどろいた。いったいおまえたちは、だれからそれを教《おそ》わったのか。先生《せんせい》はだれなのか。」

そこで、王子《おうじ》たちは答《こた》えます。

「お父《とう》さま、雲雷音宿王華智仏《うんらいおんしゅくおうけちぶつ》さまがわたくしどもの先生《せんせい》です。あの菩提樹《ぼだいじゅ》の下《した》で多《おお》くの人《ひと》たちに『法《ほ》華経《けきょう》』を説《と》いていらっしゃる仏《ほとけ》さまです。」

「そうか。そういうえらいお方《かた》がいらっしゃるのか。ちっとも知《し》らなかった。わたしもその仏《ほとけ》さまのみもとにおまいりしてみたいね。」

三七五・一〇―三七七・一 それを聞くと、王子《おうじ》たちはこおどりしながら、空《そら》から飛《と》びおりてきました。そして、母君《ははぎみ》の所《ところ》へ馳《か》けよって、

「お母《かあ》さま。おっしゃったとおり、お父《とう》さまは仏《ほとけ》さまのお教《おし》えにはいろうと発心《ほっしん》なさいました。おかげさまで、わたくしたちは、お父《とう》さまのために仏事《ぶつじ》を行《おこ》なうことができたのです。お母《かあ》さま。もう一《ひと》つお願《ねが》いがあるのです。あの仏《ほとけ》さまのみもとへいって出家《しゅっけ》することをお許《ゆる》しくださいませんか。」

そして、重《かさ》ねて偈《げ》を説《と》いて、――諸仏《しょぶつ》に会《あ》いたてまつるのは、優曇華《うどんげ》の花《はな》の咲《さ》くのを見《み》るよりも、むずかしいことでございます。機会《きかい》をはずせば、修行《しゅぎょう》にはいる障害《しょうがい》（諸難《しょなん》）も、いろいろと起《お》こってまいりましょう。わたくしどもはひたすらに仏《ほとけ》の教《おし》えを学《まな》びたいのです。どうぞ、出家《しゅっけ》して沙門《しゃもん》になるのをお許《ゆる》しください――と、お願《ねが》いいたしました。

母君《ははぎみ》は、一《いち》も二《に》もなく承知《しょうち》してくださいました。

「いいですとも。おまえたちのいうように、仏《ほとけ》さまに会《あ》いたてまつるのは、ほんとうにむずかしいことですからね。」

二人《ふたり》は大喜《おおよろこ》びして、両親《りょうしん》に申《もう》しあげるには、

「お父《とう》さま、お母《かあ》さま、ありがとうございます。お父《とう》さまも、お母《かあ》さまも、どうぞあの雲雷音宿王華智《うんらいおんしゅくおうけち》

仏《ぶつ》さまのみもとへおまいりになってくださいい。優曇波羅華《うどんばらけ》の花《はな》の咲《さ》くのがめったに見《み》られませんように、また片目《かため》の亀《かめ》が大海《たいかい》で浮木《ふぼく》の穴《あな》をみつけることができませんように、仏《ほとけ》さまに会《あ》いたてまつるのは、たいへんむずかしいことでございます。幸《さいわ》いわたくしどもは、前世《ぜんせ》からよい業《ごう》を積《つ》んだ報《むく》いでしょうか、その会《あ》い難《がた》い仏法《ぶっぽう》に会《あ》うことができたのでございます。」

三七七・一―五 それを聞いていた女官《じょかん》たちも、「法華経《ほけきょう》」を求《もと》める心《こころ》を起《お》こしました。浄眼菩薩《じょうげんぼさつ》は久《ひさ》しい以前《いぜん》から「法華経《ほけきょう》」の精神《せいしん》を完全《かんぜん》に体得《たいとく》し、どこまでもそれを実行《じっこう》していく心《こころ》を固《かた》く決定《けつじょう》していました。浄蔵菩薩《じょうぞうぼさつ》も、はるかなむかしから、諸悪《しょあく》からまったく離《はな》れきった清浄《しょうじょう》の心《こころ》になっていたのでありました。それも、けっして自分《じぶん》たちの解脱《げだつ》のためではなく、ひたすらに一切衆生《いっさいしゅじょう》をあわれんでもろもろの悪道《あくどう》から離《はな》れさせてやりたいという菩薩心《ぼさつしん》からのことでありました。また、そうであったからこそ、高《たか》い三昧《さんまい》の境《きょう》に達《たっ》することができたのです。

また、母君《ははぎみ》である王妃《おうひ》も、以前《いぜん》から正《ただ》しい信仰《しんこう》に励《はげ》んで、仏《ほとけ》の尊《とうと》さを深《ふか》く理解《りかい》する力《ちから》（諸仏集三昧《しょぶつしゅうざんまい》）を得《え》、諸仏《しょぶつ》のみ心《こころ》の中《なか》にあるすべての尊《とうと》い教《おし》え（諸仏《しょぶつ》の秘密《ひみつ》の蔵《ぞう》）をことごとく知《し》る身《み》となっていました。

三七七・六―三七八・二 このような境地に達《たっ》していた二人《ふたり》の王子《おうじ》は、方便力《ほうべんりき》をもって父《ちち》の王《おう》を動《うご》かし、仏法《ぶっぽう》を信解《しんげ》し、喜《よろこ》んでその教《おし》えを求《もと》める心《こころ》を起《お》こさせたのです。そこで、それから間《ま》もないある日《ひ》、妙荘厳王《みょうしょうごんのう》は群臣眷属《ぐんじんけんぞく》を引《ひ》き連《つ》れ、浄徳夫人《じょうとくぶにん》は女官《じょかん》やその眷属《けんぞく》を引《ひ》き連《つ》れ、二王子《おうじ》は四万《まん》二千人《せんにん》という大《おお》ぜいの民衆《みんしゅう》を引《ひ》き連《つ》れて、いっしょに仏《ほとけ》さまのみもとへまいりました。一家《いっか》を挙《あ》げ、国《くに》を挙《あ》げて、正《ただ》しい信仰《しんこう》を求《もと》めていったのです。

雲雷音宿王華智仏《うんらいおんしゆくおうけちぶつ》は、王《おう》のために、やさしい教《おし》えからだんだんに順《じゅん》を追《お》って、法《ほう》を説《と》いてお聞《き》かせになりました。王《おう》は、はじめて触《ふ》れることのできた真実《しんじつ》の教《おし》えに、かつて味《あじ》わったことのない喜《よろこ》びを覚《おぼ》えました。

そこで、王《おう》と夫人《ぶにん》は、仏《ほとけ》さまに感謝《かんしゃ》をささげようと、くびにかけていたりっぱな真珠《しんじゅ》のくび飾《かざ》りをバラバラに解《と》いて、その珠《たま》を仏《ほとけ》さまのみ上《うえ》に散《さん》じました。と、その珠《たま》はたちまち虚空《こくう》の中《なか》において四つの柱《はしら》のある美《うつく》しい台《だい》となり、その宝《たから》で飾《かざ》った床《ゆか》の上《うえ》には数知《かずし》れぬ天《てん》の衣《ころも》が敷《し》かれています。そしてその上《うえ》に仏《ほとけ》さまがおすわりになって、美《うつく》しい大光明《だいこうみょう》を放《はな》っておいでになるのです。

妙荘厳王《みょうしょうごんのう》はそれを拝《はい》して、――ああ、仏《ほとけ》さまはありがたいお方《かた》だ、なんともいえない美《うつく》しい、徳《とく》の溢《あふ》れたお相《すがた》をしていらっしゃる――と、ただ感激《かんげき》するばかりです。そのとき、雲雷音宿王華智仏《うんらいおんしゅくおうけちぶつ》は一同《いちどう》にお告《つ》げになりました。

「みなさん。この妙荘厳王《みょうしょうごんのう》がわたしの前《まえ》に合掌《がっしょう》している姿《すがた》をどう見《み》ますか。仏《ほとけ》の教《おし》えに帰依《きえ》した尊《とうと》い姿《すがた》です。この王《おう》は、仏弟子《ぶつでし》となって、仏《ほとけ》となるべきもろもろの道《みち》を一心《いっしん》に修行《しゅぎょう》すれば、かならずその目的《もくてき》を達《たっ》することができるでありましょう。仏《ほとけ》の名《な》を娑羅樹王仏《しゃらじゅおうぶつ》、国《くに》を大光《だいこう》、時代《じだい》を大高王《だいこうおう》と名《な》づけましょう。娑羅樹王仏《しゃらじゅおうぶつ》のもとには、帰依《きえ》した無数《むすう》の菩薩《ぼさつ》や声聞《しょうもん》があり、その国《くに》は平坦《へいたん》な美《うつく》しい国土《こくど》でありましょう。」

法《ほう》に生《い》きる喜《よろこ》びに浸《ひた》りきった王《おう》は、もう宮殿《きゅうでん》に帰《かえ》る気持《きもち》がなくなってしまいました。そこで、王位《おうい》を弟《おとうと》に譲《ゆず》って国政《こくせい》をゆだね、夫人《ぶにん》および二人《ふたり》の王子《おうじ》その他多《たおお》くの眷属《けんぞく》たちと共《とも》に出家《しゅつけ》し、仏道《ぶつどう》の修行《しゅぎょう》にはいりました。そして、それから八万《まん》四千年《せんねん》の間《あいだ》、つねに精進《しょうじん》して「法華経《ほけきょう》」の教《おし》えを修行《しゅぎょう》しましたので、一切浄功徳荘厳三昧《いっさいじょうくどくしょうごんざんまい》（世《よ》を救《すく》うはたらきをしながら、すこしも報《むく》いを求《もと》めぬ美《うつく》しい心《こころ》が決定《けつじょう》して動《うご》かぬ境地《きょうち》）を得《え》ました。

三七八・一一―三八〇・七 そこで、王は高く虚空《こくう》に上《のぼ》って、仏《ほとけ》さまに申《もう》しあげるには、

「世尊《せそん》、わたくしを仏道《ぶつどう》にひき入《い》れてくれたのは、わたくしの二人《ふたり》の子《こ》どもでございます。二人《ふたり》の子《こ》どもがいろいろの奇跡《きせき》を演《えん》じてみせて、わたくしのまちがった信仰《しんこう》を転《てん》じ、仏法《ぶっぽう》の中《なか》に安住《あんじゅう》させてくれました。そして世尊《せそん》にもお目《め》にかからせてくれたのでございます。まことに二人《ふたり》の子《こ》どもは、わたくしにとって善《よ》い友《とも》、善《よ》い指導者《しどうしゃ》でございます。もとよりわたくしにも宿世《しゅくせ》からの善根《ぜんごん》があったからこそ、仏《ほとけ》さまに会《あ》いたてまつることができたのでございましょうが、この子《こ》どもたちは、その善根《ぜんごん》を掘《ほ》り起《お》こして、わたくしに仕合《しあ》わせを与《あた》えるために、わが家《や》に生《う》まれてきたものでございましょう。」

それをお聞《き》きになった雲雷音宿王華智仏《うんらいおんしゅくおうけちぶつ》は、

「そのとおりです。あなたがいわれるとおりです。善根《ぜんごん》を植《う》えておればこそ、いくど生《う》まれ変《か》わっても善《よ》い友《とも》に会《あ》うことができるのです。そしてその善《よ》い友《とも》こそは、人《ひと》を導《みちび》いて仏《ほとけ》の道《みち》へ入《はい》らしめる大切《たいせつ》な、大切《たいせつ》なものですよ。

大王《だいおう》よ。善《よ》い友《とも》に会《あ》うということは、まことに尊《とうと》い因縁《いんねん》です。そのおかげで仏《ほとけ》を見《み》、仏《ほとけ》の智慧《ちえ》を得《え》たいという発心《ほっしん》もするのです。大王《だいおう》よ。あなたの二人《ふたり》の王子《おうじ》をどう考《かんが》えていますか。じつは、この二人《ふたり》は過去《かこ》の世《よ》において数多《かずおお》くの仏《ほとけ》に仕《つか》え、『法華経《ほけきょう》』の教《おし》えを学《まな》び、まちがった教《おし》えを信仰《しんこう》している衆生《しゅじょう》をあわれんで正《ただ》しい教《おし》えに導《みちび》いてやった、そういう人《ひと》なのですよ。」

それをうかがった妙荘厳王《みょうしょうごんのう》は、虚空《こくう》からおりて、仏《ほとけ》のお徳《とく》を口《くち》を極《きわ》めて讃歎《さんたん》し、そして合掌《がっしょう》してもうしあげました。

「仏《ほとけ》さまのお徳《とく》は、たとえようもなく偉大《いだい》なものでございます。いままで聞《き》いたことも見《み》たこともございません。仏《ほとけ》さまの教《おし》えには、考《かんが》え及《およ》ぶことのできないほど大《おお》きな救《すく》いの力《ちから》が具《そな》わっております。その教《おし》えや戒《いまし》めを実行《じっこう》することはすこしも苦痛《くつう》でなく、心安《こころやす》らかに楽《たの》しく行《おこ》なっていくことができます。仏《ほとけ》さま、今日《きょう》からわたくしは、自分《じぶん》の迷《まよ》いの心《こころ》に引《ひ》きずられることをいたしますまい。まちがった考《かんが》え、おごりやうぬぼれの心《こころ》、怒《いか》りうらみの念《ねん》、その他《た》もろもろの悪《わる》い心《こころ》を起《お》こしますまい。このことをお誓《ちか》いいたします。」

そう申《もう》しあげると、仏《ほとけ》を伏《ふ》し拝《おが》んで退出《たいしゅつ》していきました。

これが妙荘厳王一家《みょうしょうごんのういっか》の物語《ものがたり》です。三八〇・七—三八一・三 この物語を語り終《お》わられた世尊《せそん》は、一同《いちどう》にむかっておおせられました。

「この妙荘厳王《みょうしょうごんのう》こそ、ほかでもない。いまの華徳菩薩《けとくぼさつ》その人《ひと》です。また浄徳夫人《じょうとくぶにん》は、いまわたしの前《まえ》にいて、身《み》の光《ひかり》をもって周囲《しゅうい》を照《て》らし出《だ》しているこの荘厳相菩薩《しょうごんそうぼさつ》こそ、その生《う》まれ変《か》わりであり、二人《ふたり》の王子《おうじ》は、現在《げんざい》の薬王菩薩《やくおうぼさつ》・薬上菩薩《やくじょうぼさつ》その人《ひと》です。この薬王《やくおう》・薬上《やくじょう》の二菩薩《ぼさつ》は、このような大功徳《だいくどく》を成就《じょうじゅ》し、無数《むしゅ》の仏《ほとけ》のみもとにおいて人《ひと》を救《すく》い世《よ》を救《すく》う徳《とく》を重《かさ》ね、そして考《かんが》え及《およ》ぶことのできないほどの善《よ》い功徳《くどく》を成就《じょうじゅ》したものであります。ですから、その名《な》を聞《き》いた人《ひと》は、その尊《とうと》い行《おこ》ないに対《たい》して心《こころ》から礼拝《らいはい》しなければなりません。」

世尊《せそん》がこうお説《と》きになりますと、多《おお》くの人《ひと》びとが煩悩《ぼんのう》から離《はな》れて、すべてのものを見《み》る目《め》が清浄《しょうじょう》となることができました。

そこで、この品《ほん》に含《ふく》まれている大切《たいせつ》な意味《いみ》を考《かんが》えていってみましょう。

まず、二王子《おうじ》が父王《ちちおう》の前《まえ》でいろいろな奇跡《きせき》を行《おこ》なってみせたこと、これはなにも仏法《ぶっぽう》によってそんな奇跡《きせき》ができるようになったわけでもなければ、それによって父王《ちちおう》の好奇心《こうきしん》を誘《さそ》ったわけでもありません。その奇跡《きせき》とは、仏法《ぶっぽう》を学《まな》び、信《しん》ずることによって人格《じんかく》が一変《いっぺん》し、したがって日常《にちじょう》の行《おこ》ないがすっかり変《か》わったことを意味《いみ》しているのです。

そして、そういう行《おこ》ないを父王《ちちおう》に見《み》せたということは、実際《じっさい》の行為《こうい》によって仏法《ぶっぽう》の真価《しんか》を証明《しょうめい》し、父《ち》王《おう》の発心《ほっしん》を誘《さそ》い出《だ》したということにほかなりません。

人《ひと》を仏《ほとけ》の教《おし》えに導《みちび》くのに、ただ「仏《ほとけ》の教《おし》えはありがたいものだ」などというだけでは、だれもついてはきません。なぜありがたい教《おし》えであるかということを、如実《にょじつ》に伝《つた》えなければなりません。それには、教《おし》えの内容《ないよう》を説明《せつめい》してあげることが大切《たいせつ》です。相手《あいて》に応《おう》じて、あるいはきわめて平易《へいい》に、あるいは理論《りろん》的《てき》に、あるときは通俗《つうぞく》なたとえを引《ひ》き、あるときは現代科学《げんだいかがく》と照《て》らし合《あ》わせ、とにかく納得《なっとく》のいくように説明《せつめい》してあげることが必要《ひつよう》です。

実証《じっしょう》による導《みちび》きが第《だい》一

しかし、それよりもっと手《て》っ取《と》り早《ばや》いのは、身《み》をもってする実証《じっしょう》です。わたしは仏法《ぶっぽう》を信《しん》じ、行《おこ》なうようになってから、このとおり変《か》わったんですよ――と、生《い》きた事実《じじつ》を見《み》せることが第《だい》一です。それほど強力《きょうりょく》で、直接的《ちょくせつてき》な決《き》め手《て》はありません。

ところが、たまにしか会《あ》わない、あるいは限《かぎ》られた時間《じかん》だけしかいっしょにいない他人《たにん》には、よほど際立《きわだ》った実証《じっしょう》――たとえば病気《びょうき》が治《なお》ったとか、境遇《きょうぐう》が好転《こうてん》したとか――でないかぎり、なかなかそれを示《しめ》すことができません。その点《てん》、日夜《にちや》いっしょに生活《せいかつ》している家庭内《かていない》のものには、日常《にちじょう》の一挙一動《いっきょいちどう》に現《あら》われる小《ちい》さな変化《へんか》も、敏感《びんかん》に感《かん》じとられるものです。ことばの端々《はしばし》にも、親兄弟《おやきょうだい》に対《たい》する態度《たいど》にも、人《ひと》を見《み》る目《め》つきにも、――仏法《ぶっぽう》を信《しん》ずるようになってから、こうも変《か》わったものか――とおどろくほどの変化《へんか》を見《み》ることができます。その実証《じっしょう》が、家族《かぞく》の人《ひと》びとを動《うご》かさずにはいないのです。

家族《かぞく》を導《みちび》くには

それをひっくり返《かえ》していいますと、家庭内《かていない》の人《ひと》を教《おし》えに導《みちび》くには、いくら教《おし》えの内容《ないよう》を説明《せつめい》し、理論的《りろんてき》に納得《なっとく》させても、本人《ほんにん》の生活態度《せいかつたいど》が変《か》わらないかぎり、なかなか効果《こうか》のあがるものではありません。他人《たにん》の前《まえ》では言動《げんどう》をとりつくろうこともできますが、家庭内《かていない》ではだれしも生地《きじ》のままを出《だ》しますから、――いい教《おし》えかもしれないが、それを信《しん》じているあの子《こ》が、あの調子《ちょうし》では――ということになってしまいます。

ですから、家族《かぞく》を導《みちび》くことは、やさしいようでいちばんむずかしいことだといえましょう。中《なか》でもむずかしいのは、子《こ》が父《ちち》を導《みちび》いたり、妻《つま》が夫《おっと》を導《みちび》くことです。父《ちち》なり夫《おっと》なりは、家庭内《かていない》において一応《いちおう》の権威《けんい》をもっています。しかも、社会経験《しゃかいけいけん》も浅《あさ》く純情《じゅんじょう》な若者《わかもの》とちがって、たいていは社会経験《しゃかいけいけん》を重《かさ》ねて、自我《じが》でコチコチに固《かた》まっています。その権威《けんい》と固《かた》まった思想《しそう》とが共同戦線《きょうどうせんせん》を張《は》って、大《おお》きな壁《かべ》をつくっていますから、内心《ないしん》ではいい教《おし》えだなとは感《かん》じていても、なかなかほんとうに踏《ふ》みきることをしないのです。妙荘厳王《みょうしょうごんのう》については、そういう内面的《ないめんてき》な記述《きじゅつ》はありませんけれども、つまりは父親《ちちおや》というもののモデルとして挙《あ》げられているわけです。

理想《りそう》に燃《も》える青年《せいねん》と賢明《けんめい》な母親《ははおや》

理想《りそう》に燃《も》える青年《せいねん》の二王子《おうじ》は、ただひたすらに父《ちち》との思想《しそう》のくいちがい、信仰《しんこう》の相違《そうい》を嘆《なげ》きますが、そこに賢《かしこ》い母親《ははおや》が登場《とうじょう》するのです。母親《ははおや》はけっして正面《しょうめん》から父親《ちちおや》を説《と》き伏《ふ》せようなどとはいいません。それが逆効果《ぎゃくこうか》を呼《よ》ぶことを見抜《みぬ》いているからです。また、自分《じぶん》が仲《なか》に立《た》って話《はな》してやろうということもしません。信仰《しんこう》という真剣《しんけん》な問題《もんだい》について、仲介《ちゅうかい》などという生温《なまぬる》いことは許《ゆる》されるものでないからです。そして、この賢明《けんめい》な母親《ははおや》は、身《み》をもって信仰《しんこう》の結果《けっか》を実証《じっしょう》せよとすすめたのです。

心《こころ》の柔軟《じゅうなん》な父親《ちちおや》

妙荘厳王《みょうしょうごんのう》もえらい父親《ちちおや》でした。信仰《しんこう》の実証《じっしょう》を見《み》て、素直《すなお》にそれを認《みと》めました。柔軟《じゅうなん》な心《こころ》の持主《もちぬし》だったのです。たいていの父親《ちちおや》ならば、素晴《すば》らしい実証《じっしょう》を見《み》せられても、なんのかのと難癖《なんくせ》をつけたり、揚《あ》げ足《あし》をとったりして、自分《じぶん》の古《ふる》い思想《しそう》、誤《あやま》った信仰《しんこう》を捨《す》てようとはしないでしょう。内心《ないしん》では心《こころ》が動《うご》いていながら、権威《けんい》にかかわるという気持《きもち》が、踏《ふ》み切《き》りをじゃまするのです。ところが、この王《おう》の態度《たいど》は見上《みあ》げたものです。真理《しんり》を発見《はっけん》したら、素直《すなお》にその真理《しんり》に従《したが》うのが当然《とうぜん》といえば当然《とうぜん》ではありますが、父親《ちちおや》であり、国王《こくおう》であるという立場《たちば》としては、なかなかこうは踏《ふ》み切《き》れないものです。

この妙荘厳王《みょうしょうごんのう》は、権威《けんい》をとりつくろうような醜《みにく》さももたず、地位《ちい》にこだわることもなく、何《なに》よりも真《しん》理《り》を尊《とうと》び、真理《しんり》を伝《つた》える人《ひと》を尊《とうと》んだのです。それは、自分《じぶん》の息子《むすこ》を「善知識《ぜんちしき》」と呼《よ》んだことにもよく現《あら》われています。

知識《ちしき》というのは知《し》り合《あ》いということで、善知識《ぜんちしき》といえば善《よ》い友《とも》ということになりますが、それには、「友《とも》」であると同時《どうじ》に「指導者《しどうしゃ》」という気持《きもち》の含《ふく》まれたことばです。権勢《けんせい》ならぶものなき国王《こくおう》であり、家庭内《かていない》でも絶対権《ぜったいけん》をもっていた父親《ちちおや》の妙荘厳王《みょうしょうごんのう》が、わが子《こ》を「善知識《ぜんちしき》」と呼《よ》んだ虚心坦懐《きょしんたんかい》さ、ただ真理《しんり》のみを礼拝《らいはい》するそのまっすぐな心《こころ》には、頭《あたま》が下《さ》がるのを覚《おぼ》えます。

さて、これで家庭内《かていない》の信仰問題《しんこうもんだい》は見事《みごと》に解決《かいけつ》しました。一家《いっか》そろって正《ただ》しい信仰《しんこう》にはいり、日々《ひび》が楽《たの》しい法悦《ほうえつ》の生活《せいかつ》となったのです。まさに理想家庭《りそうかてい》といっていいでしょう。

指導的立場《しどうてきたちば》の人《ひと》の信仰《しんこう》

そこで、もう一《ひと》つの重大《じゅうだい》な問題《もんだい》は、王《おう》の信仰《しんこう》が群臣《ぐんしん》・眷属《けんぞく》および国民《こくみん》までを感化《かんか》したということです。こういう指導的立場《しどうてきたちば》にある人《ひと》が正《ただ》しい信仰《しんこう》にはいることの影響《えいきょう》がどれほど大《おお》きなものであるか、それはあくまでも現実《げんじつ》の問題《もんだい》としてよく考《かんが》えなければならないことです。信仰《しんこう》はもともと個人的《こじんてき》なもので、政治《せいじ》とか、権勢《けんせい》とかいうようなものがそれに介入《かいにゅう》すると、不純《ふじゅん》なものになりがちです。すなわち、信仰《しんこう》はあくまでも内《うち》なる心《こころ》から発《はっ》したものであるべきで、いかなる力関係《ちからかんけい》もそれに加《くわ》わってはならないというのが、純粋《じゅんすい》な理論《りろん》でありましょう。

しかし、指導的立場《しどうてきたちば》にある人《ひと》の信仰《しんこう》が多《おお》くの人《ひと》びとに大《おお》きな影響《えいきょう》を与《あた》えたからといって、それが必《かなら》ずしも力関係《ちからかんけい》によるものとは断定《だんてい》できません。おべっかや追従《ついしょう》の気持《きもち》からと考《かんが》えるのは、考《かんが》えるほうの気《き》持《もち》に汚《きたな》いところがあるのであって、真《しん》に尊敬《そんけい》され、信頼《しんらい》されている指導者《しどうしゃ》であれば、その人《ひと》の動向《どうこう》がひとりでに多《おお》くの人《ひと》びとを引《ひ》っ張《ぱ》っていくことはごく自然《しぜん》なことです。

仏道《ぶつどう》においては、すべての人《ひと》が平等《びょうどう》です。一庶民《いちしょみん》と大王《だいおう》とは、仏弟子《ぶつでし》としては同格《どうかく》です。しかし、現《げん》実問題《じつもんだい》として、大王《だいおう》の発心《ほっしん》ということは、その影響力《えいきょうりょく》においては一庶民《いちしょみん》の発心《ほっしん》とは比《くら》べものになりません。それで、雲雷音宿王華智仏《うんらいおんしゅくおうけちぶつ》も、妙荘厳王《みょうしょうごんのう》の発心《ほっしん》を非常《ひじょう》に喜《よろこ》ばれ、その場《ば》において授記《じゅき》されたのです。

ですから、多《おお》くの人《ひと》びとの上《うえ》に立《た》つような人《ひと》は、どうか正《ただ》しい信仰《しんこう》を身《み》につけていただきたいのです。なにも、それを部下《ぶか》におしつける必要《ひつよう》はありません。正《ただ》しい信仰《しんこう》によって、正《ただ》しい、そして気品《きひん》のある職場生活《しょくばせいかつ》を送《おく》られるならば、よい香《かお》りがひとりでにあたりの物《もの》に沁《し》みこんでいくように、その人《ひと》の人格《じんかく》はかならず多《おお》くの部下《ぶか》の人《ひと》たちによい影響《えいきょう》を与《あた》えずにはおかないことでしょう。

この品《ほん》は、そういう意味《いみ》でまことに大切《たいせつ》な、現実《げんじつ》に即《そく》して考《かんが》えねばならぬ問題《もんだい》を多《おお》く含《ふく》んだ章《しょう》であるということができます。そして、妙荘厳王《みょうしょうごんのう》は「権勢者《けんせいしゃ》の真理《しんり》（妙法《みょうほう》）に対《たい》する態度《たいど》」の模範《もはん》として、二王子《おうじ》の行《おこ》ないは「子《こ》の親《おや》に対《たい》する（妻《つま》の夫《おっと》に対《たい》する場合《ばあい》にも通用《つうよう》する）信仰開眼《しんこうかいげん》の方法《ほうほう》」を示《しめ》すものとして、また浄徳夫人《じょうとくぶにん》は「真理《しんり》に対《たい》して進歩的《しんぽてき》な子《こ》どもと、保守的《ほしゅてき》な父親《ちちおや》との中間《ちゅうかん》に立《た》つ母親《ははおや》の態度《たいど》」の手本《てほん》として、味《あじ》わうべき多《おお》くのものをもっていると思《おも》います。

普《ふ》賢《げん》菩《ぼ》薩《さつ》勧《かん》発《ぼっ》品《ぽん》第《だい》二十八

「文殊《もんじゅ》の智《ち》」、「普賢《ふげん》の行《ぎょう》」と、この二菩薩《ぼさつ》は一《ひと》つの対《つい》として考《かんが》えられています。「智《ち》」は、「真理《しんり》を悟《さと》る」ことです。「行《ぎょう》」は「真理《しんり》を行《おこ》なう」ことです。

われわれは迹門《しゃくもん》において「真理《しんり》（理《り》）」を学《まな》びました。その説法会《せっぽうえ》における仏弟子《ぶつでし》の代表《だいひょう》は文殊菩薩《もんじゅぼさつ》でした。つぎに「如来寿量品第十六《にょらいじゅりょうほんだい》」を中心《ちゅうしん》とする一品二半《いっぽんにはん》において「久遠実成《くおんじつじょう》の本仏《ほんぶつ》」を知《し》ることができました。その説法会《せっぽうえ》における仏弟子《ぶつでし》の代表《だいひょう》は弥勒菩薩《みろくぼさつ》でありました。そのあとの流通分《るつうぶん》においては、いろいろな菩薩《ぼさつ》の行《おこ》ないを手本《てほん》として、「実践《じっせん》」について具体的《ぐたいてき》に教《おし》えられました。そして、その最後《さいご》において、いや「法華経《ほけきょう》」全体《ぜんたい》の最後《さいご》において、普賢菩薩《ふげんぼさつ》が登場《とうじょう》するのですが、なぜここで普賢菩《ふげんぼ》薩《さつ》が現《あら》われるかというと、それにはそれとしての深《ふか》い理由《りゆう》があるのです。

この「普賢菩薩勧発品《ふげんぼさつかんぼつぽん》」と、結経《けっきょう》の「観普賢菩薩行法経《かんふげんぼさつぎょうほうきょう》」をよく読《よ》んでみるとわかるように、普賢菩薩《ふげんぼさつ》はつぎの四点《てん》のはたらきを具現《ぐげん》した菩薩《ぼさつ》です。

普賢《ふげん》の四つの行《ぎょう》

1、自《みずか》ら「法華経《ほけきょう》」の教《おし》えを実践《じっせん》する。
2、「法華経《ほけきょう》」の教《おし》えを、あらゆる迫害《はくがい》から守護《しゅご》する。
3、「法華経《ほけきょう》」の教《おし》えを実践《じっせん》するものが自《みずか》ら招《まね》く功徳《くどく》と、それを迫害《はくがい》するものが自《みずか》ら招《まね》く罰《ばつ》を証明《しょうめい》する。

4、「法華経《ほけきょう》」の教《おし》えにそむいたものも、懺悔《さんげ》することによって罪《つみ》から解放《かいほう》されることを証明《しょうめい》する。

すなわち、これらのはたらきを兼《か》ね具《そな》えている普賢菩薩《ふげんぼさつ》が、「法華経《ほけきょう》」の教《おし》えの実践《じっせん》の総《そう》しめくくりとして、わたしは誓《ちか》ってこの四カ条《じょう》を行《おこ》なうから、みなさんは安心《あんしん》してしっかり励《はげ》んでください――と、長《なが》い長《なが》い「法華経《ほけきょう》」の説法会《せっぽうえ》の聴聞《ちょうもん》を終《お》えて、いよいよ新《あたら》しい人生《じんせい》へ出発《しゅっぱつ》しようとする人《ひと》びとへ、はなむけのことばを贈《おく》っているのです。

それは、いわば学校《がっこう》の卒業生《そつぎょうせい》に対《たい》する、学校当局《がっこうとうきょく》のいたれりつくせりの送別《そうべつ》のことばです。卒業生《そつぎょうせい》は、学《まな》びえた教《おし》えをしっかと胸《むね》に秘《ひ》めて巣立《すだ》とうとしているのですが、さて実社会《じっしゃかい》に飛《と》び出《だ》してみると、学校《がっこう》で教《おそ》わったことをどう生《い》かしたらいいのかと、迷《まよ》うことがじつに多《おお》い。あるいは学校《がっこう》で学《まな》んだ教《おし》えが否定《ひてい》されたり、迫害《はくがい》されたりすることもある。――そのときはいつでも学校《がっこう》へおいでなさい。教《おし》えが誤《あやま》りでないことを証明《しょうめい》してあげましょう。そして、それぞれの実際《じっさい》の場合《ばあい》にどう当《あ》てはめて行《おこ》なえばいいかということを、指導《しどう》してあげましょう。もし万一失敗《まんいちしっぱい》したら、その失敗《しっぱい》をとりかえす方策《ほうさく》をも教《おし》えてあげましょう。――こういって、長《なが》くその卒業生《そつぎょうせい》の活動《かつどう》を守《まも》ってやろうというのですから、これほど力強《ちからづよ》いことはないわけです。「法華経《ほけきょう》」の最後《さいご》の章《しょう》において普賢菩薩《ふげんぼさつ》が現《あら》われることには、こういう深《ふか》い意味《いみ》があるのです。

では、本文《ほんもん》にはいることにしましょう。

三八二・一―五　そのとき、多《おお》くの人《ひと》びとを迷《まよ》いから離《はな》れさせる自由自在《じゆうじざい》の力《ちから》（自在《じざい》の神通力《じんづうりき》）と徳《とく》によって多《おお》くの人《ひと》びとを感化《かんか》する偉大《いだい》な力《ちから》（威徳名聞《いとくみようもん》）をもった普賢菩薩《ふげんぼさつ》が、たくさんの大菩薩《だいぼさつ》たちといっしょに東方《とうぼう》の世界《せかい》からこの娑婆世界《しやばせかい》へやってきました。その通《とお》りみちにある国々《くにぐに》はみんな震動《しんどう》し、美《うつく》しい蓮華《れんげ》の雨《あめ》を降《ふ》らし、妙《たえ》なる音楽《おんがく》を奏《そう》して、その一行《いっこう》を供養《くよう》しました。

また、その一行《いっこう》の中《なか》には、人間《にんげん》たちのほかに無数《むすう》の天上界《てんじようかい》の住人《じゆうにん》やいろいろな鬼神《きじん》などがおりましたが、これらもみなりっぱな徳《とく》を具《そな》え、その徳《とく》によって周囲《しゆうい》のものを感化《かんか》する力《ちから》（威徳《いとく》・神通《じんづう》）をもっておりました。

こういう人間以外《にんげんいがい》の鬼神《きじん》たちは、「無量義経《むりようぎきよう》」の最初《さいしよ》に出《で》てきてから、いままで何回《なんかい》となく現《あら》われて説法会《せつぽうえ》につらなっています。しかし、ここには、いままでにかつてないことが述《の》べられています。それは、こういう鬼神《きじん》たちも「各威徳《おのおのいとく》・神通《じんづう》の力《ちから》を現《げん》じて」いるということです。それは当然《とうぜん》のことであって、長《なが》い間《あいだ》「法華経《ほけきよう》」の説法《せつぽう》を聞《き》いてきた結果《けつか》がかれらの身《み》にも現《あら》われて、そのような徳《とく》と力《ちから》を具《そな》えるようになってきているわけです。

三八二・五―三八三・四　その一行は、娑婆世界《ばせかい》の霊鷲山《りようじゆせん》に到着《とうちやく》すると、最高《さいこう》の礼《れい》をもって釈迦牟尼仏《しやかむにぶつ》を礼拝《らいはい》し、その中《なか》から普賢菩薩《ふげんぼさつ》が進《すす》み出《で》て申《もう》しあげました。

「世尊《せそん》、わたくしは宝威徳上王仏《ほういとくじようおうぶつ》の国《くに》におりましたが、この娑婆世界《しやばせかい》において『法華経《ほけきよう》』をお説《と》きになっておられますのをはるかにうかがいまして、多《おお》くの菩薩衆《ぼさつしゅ》と共《とも》に聴聞《ちょうもん》にまいりました。世尊《せそん》、どうぞお教《おし》えください。如来《にょらい》の滅後《めつご》においては、どうしましたらこの『法華経《ほけきょう》』の教《おし》えの真《しん》の功徳《くどく》を得《え》ることができましょうか。」

世尊《せそん》はお答《こた》えになります。

「もし、善男子《ぜんなんし》・善女人《ぜんにょにん》がつぎの四つのことがらを成就《じょうじゅ》すれば、如来《にょらい》の滅後《めつご》においてもこの『法華経《ほけきょう》』の真《しん》の功徳《くどく》を得《え》ることができましょう。その四つのことがらとはなにか。第《だい》一に、諸仏《しょぶつ》に護念《ごねん》されていること、第《だい》二に、もろもろの徳《とく》の本《もと》を身《み》に植《う》えること。第《だい》三に、正《ただ》しい人《ひと》の仲間《なかま》にはいること。第《だい》四に、一切衆生《いっさいしゅじょう》を救《すく》おうという心《こころ》を起《お》こすこと。この四つのことがらを実現《じつげん》できることが条件《じょうけん》です。」

この場合《ばあい》の「法華経《ほけきょう》を得《う》」というのは、「法華経《ほけきょう》」に会《あ》うということではありません。「法華経《ほけきょう》」に会《あ》った人《ひと》がそれを「ほんとうに自分《じぶん》のものにする」ということです。ほんとうに自分《じぶん》のものにするというのは、「真《しん》の功徳《くどく》を得《え》る」ということにほかなりません。

そのためには、四つの条件《じょうけん》が必要《ひつよう》であると教《おし》えられています。これは、「法華経《ほけきょう》」のしめくくりとして、世尊《せそん》がお示《しめ》しになった信仰《しんこう》の要点《ようてん》であって、まことに大切《たいせつ》なことですから、しっかり考《かんが》えてみましょう。

諸仏《しょぶつ》に護《ご》念《ねん》せらる

まず第《だい》一に、「諸仏《しょぶつ》に護念《ごねん》せらるることを為《え》」とあります。これは、「自分《じぶん》は諸仏《しょぶつ》に護念《ごねん》されているという絶対《ぜったい》の信念《しんねん》をもつこと」という意味《いみ》です。一言《いちごん》にしていえば「信仰《しんこう》の確立《かくりつ》」です。これがなければ、いかに教理的《きょうりてき》に「法華経《ほけきょう》」を理解《りかい》しても、それが実生活《じっせいかつ》の上《うえ》に生《い》きてくる度合《どあい》はきわめて低《ひく》いものといわなければなりません。

第《だい》二の「諸《もろもろ》の徳本《とくほん》を植《う》える」というのは、つまり「日常生活《にちじょうせいかつ》に善行《ぜんこう》を積《つ》まずにはいられなくなること」であります。「徳本《とくほん》」というのは、「悟《さと》りを得《え》るための根本《こんぽん》となる善《よ》い心《こころ》」という意味《いみ》です。ところが、その善《よ》い心《こころ》を「植《う》える」というのはどんなことかといいますと、ただ種《たね》をまくとか苗木《なえぎ》を植《う》えるだけではなく、それに水《みず》や肥料《ひりょう》をやって育《そだ》てるという意味《いみ》も加《くわ》わっているのです。

徳本《とくほん》を植《う》える

それでは、善《よ》い心《こころ》を育《そだ》てるものは何《なに》か？　善《よ》い行《おこ》ないをすることが第《だい》一です。これはじつに重要《じゅうよう》なことです。善《よ》い心《こころ》という原因《げんいん》があればこそ善《よ》い行《おこ》ないができるのですけれども、同時《どうじ》に、善《よ》い行《おこ》ないをしてこそ善《よ》い心《こころ》が育《そだ》つのであって、この二《ふた》つはお互《たが》いに循環的《じゅんかんてき》に関連《かんれん》しあっているのです。鶏《にわとり》と卵《たまご》との関《かん》係《けい》とおんなじで、どちらが親《おや》とも子《こ》ともいえないわけです。実際問題《じっさいもんだい》として、たんなる真似事《まねごと》でもいいから善《よ》いことをしてみると、なんとなく快《こころよ》い気持《きもち》になります。ああ、善《よ》いことをするのは、こんなに気《き》持《もち》のよいものか——と、感《かん》じます。そこに、すでに善《よ》い心《こころ》が育《そだ》ちかけているのです。けっして、心《こころ》が先《さき》で行動《こうどう》があとときまったものではありません。その証拠《しょうこ》には、鏡《かがみ》にむかってわざと笑《わら》い顔《がお》をつくってごらんなさい。なんべんもそれをくりかえしていると、ほんとうにおかしくなってきます。あるいは、心《こころ》が明《あか》るくなってきます。反対《はんたい》に、泣《な》きベソをかく真似《まね》をしてごらんなさい。自然《しぜん》に心《こころ》が悲《かな》しく、憂鬱《ゆううつ》になってきます。人間《にんげん》の心理《しんり》というものは、そんなものです。

そこで、本論《ほんろん》にかえって、日《ひ》ごろ善《よ》い行《おこ》ないをすることが、その人《ひと》の心《こころ》に徳《とく》の根《ね》を育《そだ》てることになり、したがって「法華経《ほけきょう》」の教《おし》えが真《しん》にその人《ひと》の身《み》に生《い》きてくるわけです。第《だい》二条《じょう》は、このことを教《おし》えられているのです。

第《だい》三の「正定聚《しょうじょうじゅ》に入《い》り」というのは、「正《ただ》しいことに決定《けつじょう》したものの集《あつ》まりにはいる」という意味《いみ》です。

正定聚《しょうじょうじゅ》に入《い》る

仏法《ぶっぽう》では、人間《にんげん》の団体《だんたい》を三つに分《わ》けて、「正定聚《しょうじょうじゅ》」、「邪定聚《じゃじょうじゅ》」、「不定聚《ふじょうじゅ》」としています。「正定聚《しょうじょうじゅ》」というのは、正《ただ》しいことに決定《けつじょう》したものの集《あつ》まりですから、正《ただ》しい宗教《しゅうきょう》を信《しん》ずる人《ひと》の団体《だんたい》のようなものです。「邪定聚《じゃじょうじゅ》」というのは、わるいことに決定《けつじょう》したものの集《あつ》まりというのですから、まあスリ団《だん》とか暴力団《ぼうりょくだん》などがそれでしょう。つぎの「不定聚《ふじょうじゅ》」というのは善《ぜん》にも悪《あく》にも定《さだ》まっていない人《ひと》たちの集《あつ》まりです。凡夫《ぼんぷ》のたいていの集《あつ》まりはこれで、善《ぜん》にもおもむくけれども、いつ悪《あく》へ走《はし》るかわからない、グラグラしたものです。

ところで、われわれ信仰者《しんこうしゃ》は、どうしてもこの「正定聚《しょうじょうじゅ》」の仲間《なかま》にはいらなければなりません。自分《じぶん》ひとり孤立《こりつ》して法《ほう》を求《もと》めているよりも、同《おな》じ信仰《しんこう》に決定《けつじょう》している仲間《なかま》にはいっていたほうがいいことは、いうまでもありません。おたがいに励《はげ》ましあったり、退転《たいてん》を引《ひ》き止《と》めあうことができます。なにも口《くち》に出《だ》してそうしなくても、仲間《なかま》が集《あつ》まっていっしょに法《ほう》の話《はなし》などを聞《き》くだけでも、おたがいの心《こころ》がしっかりと結《むす》びあって、信仰《しんこう》の力《ちから》が二倍《ばい》にも三倍《ばい》にもなるものです。「正定聚《しょうじょうじゅ》に入《い》り」というのは、このことを教《おし》えられたのであります。

一切衆生《いっさいしゅじょう》を救《すく》う心《こころ》

第四《だい》の「一切衆生《いっさいしゅじょう》を救《すく》うの心《こころ》を発《おこ》す」というのは、もはや説明《せつめい》の要《よう》もありますまいが、自分《じぶん》だけが悟《さと》り、自分《じぶん》だけが救《すく》われるというのでは、ほんとうの成道《じょうどう》ではない、自他共《じたとも》に救《すく》われて、この世《よ》に理想国土《りそうこくど》を建設《けんせつ》するというのが、大乗思想《だいじょうしそう》の根本《こんぽん》です。この根本思想《こんぽんしそう》からはずれてどんなに法《ほう》を求《もと》めたり、修行《しゅぎょう》したりしても、それは空《むな》しいことであって、ほんとうの功徳《くどく》を実現《じつげん》することはできないのです。

四法成就《しほうじょうじゅ》

そこで、この四法《しほう》をきわめてやさしいことばにまとめてみますと、つぎのようになります。

1、自分《じぶん》は仏《ほとけ》さまに生《い》かされているのだということを、確信《かくしん》すること。
2、いつも善《よ》い行《おこ》ないをすることに心《こころ》がけること。
3、いつも正《ただ》しい信仰者《しんこうしゃ》の仲間《なかま》にはいっていること。
4、いつも人《ひと》のためにつくすことをめざすこと。

じつに尊《とうと》いおことばです。いままで、いろいろむずかしい教《おし》えを説《と》いたけれども、それを実行《じっこう》するには、つまり、これだけのことを心《こころ》がければいいのだよ――と、平易《へいい》にまとめてくださったのです。「法《ほ》華経《けきょう》」の教《おし》えの深遠《しんえん》さにすこしたじろぎぎみだった人《ひと》たちも、これをうかがって、なにか新《あたら》しい勇気《ゆうき》を得《え》る思《おも》いがしたことでしょう。

三八三・四―三八四・一
「法華経」の実践面《せんめん》のリーダーである普賢菩薩《ふげんぼさつ》が、末世《まつせ》において衆生《しゆじよう》をどう指導《しどう》したらいいかと思《おも》い悩《なや》んでいたのに対《たい》して、こういう明快《めいかい》な教《おし》えをたまわったのですから、感激《かんげき》しないはずがありません。目《め》を輝《かがや》かせながら、世尊《せそん》を仰《あお》いで申《もう》しあげました。

「世尊《せそん》、ありがとうございます。よくわかりました。わたくしはお誓《ちか》いいたします。後《のち》の五百歳《ごひやくさい》の濁悪《じよくあく》世《せ》の中《なか》で、この教《おし》えを受持《じゆじ》するものがおりましたら、そのものをしっかと守護《しゆご》いたしましょう。もろもろの障《さわ》りを取《と》り除《のぞ》き、いつも安穏《あんのん》に法《ほう》を行《おこ》なえるようにいたしましょう。何《なに》かの隙《すき》をねらって揚《あ》げ足《あし》をとろうという邪心《じやしん》をもっているものがあっても、その隙《すき》を与《あた》えないように守《まも》ってやりましょう。法《ほう》のじゃまをするあらゆるもの、あらゆる悪鬼《あつき》たちをよせつけないようにいたしましょう。

もし、その人《ひと》がどこにいても、この教《おし》えを読誦《どくじゆ》するならば、わたくしは六牙《ろくげ》の白象王《びやくぞうおう》に乗《の》って、大菩《だいぼ》薩衆《さつしゆ》と共《とも》にその場所《ばしよ》へ現《あら》われ、その人《ひと》の修行《しゆぎよう》に感謝《かんしや》し、修行《しゆぎよう》がりっぱに行《おこ》なわれるように守《まも》り、その苦《く》労《ろう》を慰《なぐさ》めてあげましょう。それもひとえに、教《おし》えに対《たい》する感謝《かんしや》のためでございます。」

その人《ひと》を守《まも》るのは、「法華経《ほけきよう》」を供養《くよう》するためである、教《おし》えに感謝《かんしや》するためである――といっていることに、よく心《こころ》を留《と》めなければなりません。ややもすれば、――自分《じぶん》は法華経行者《ほけきようぎようじや》であるから、かならず加護《かご》がある――と、独善的《どくぜんてき》に思《おも》いこんでいる人《ひと》があります。いくら形《かたち》の上《うえ》で法華経行者《ほけきようぎようじや》であっても、ほんとうに教《おし》えを実行《じつこう》しないものに、加護《かご》も功徳《くどく》もあるはずはないのです。「亦法華経《またほけきよう》を供養《くよう》せんが為《ため》の故《ゆえ》なり」の一句《いつく》は、いい戒《いまし》めであります。

なお、ここに「六牙《ろくげ》の白象王《びゃくぞうおう》に乗《の》って」とあります。これは、文殊菩薩《もんじゅぼさつ》が獅子《しし》に乗《の》っているのと対照《たいしょう》をなすものです。獅子《しし》というのは「真理《しんり》（妙法《みょうほう》）」の象徴《しょうちょう》です。獅子《しし》は百獣《ひゃくじゅう》の王《おう》であって、すべてのけものを支配《しはい》し、畏《おそ》るるものがありません。それで、森《もり》の中《なか》を自由自在《じゆうじざい》に歩《ある》きまわっています。そのように、真理《しんり》はすべてを支配《しはい》するものであって、何物《なにもの》にも支配《しはい》されません。この宇宙《うちゅう》の王《おう》です。宇宙《うちゅう》のあらゆる場所《ばしょ》に自由自在《じゆうじざい》に現《あら》われるのです。

それに対《たい》して、象《ぞう》は「徹底《てってい》した実践《じっせん》」の現《あら》われです。あの巨体《きょたい》が、ズシリズシリと進《すす》んでゆくところ、それを妨《さまた》げることのできるものはありません。ゆくてをさえぎる大木《たいぼく》があれば、押《お》し倒《たお》して進《すす》みます。岩石《がんせき》があれば転《ころ》がして除《のぞ》きます。流《なが》れや池《いけ》を渡《わた》るときも、水底《みなぞこ》をしっかと踏《ふ》みつけて歩《ある》いてゆきます。ですから、象《ぞう》は「徹底《てってい》した実践《じっせん》」の象徴《しょうちょう》というわけです。

また六本《ろっぽん》の牙《きば》というのは、六波羅蜜《ろくはらみつ》を表《あら》わしているのです。六波羅蜜《ろくはらみつ》は、いうまでもなく、「自利《じり》・利他《りた》」の実践《じっせん》の教《おし》えです。ですから、仏《ほとけ》の使《つか》いといわれる白象《びゃくぞう》の、しかも六本《ろっぽん》の牙《きば》をもつ巨象《きょぞう》にうち乗《の》って出現《しゅつげん》する普賢菩薩《ふげんぼさつ》は、「いかなる妨害《ぼうがい》をもうち払《はら》う、偉大《いだい》なる法《ほう》の実践者《じっせんしゃ》」の象徴《しょうちょう》といわれなければなりません。

三八四・一—三

つづいて——

「ある人《ひと》が静《しず》かにすわって、じっとこの教《おし》えに思《おも》いを凝《こ》らしているときも、わたくしは白象《びゃくぞう》に乗《の》ってその人《ひと》の前《まえ》に現《あら》われましょう。もしその人《ひと》が『法華経《ほけきょう》』の一句《いっく》または一偈《いちげ》を忘《わす》れてしまうようなことがあれば、わたくしはそれを教《おし》えてやり、いっしょに読誦《どくじゅ》して、その真意《しんい》に精通《せいつう》するようにしてやりましょう。」

静《しず》かにすわって、「法華経《ほけきょう》」の教《おし》えにじっと思《おも》いを凝《こ》らすのは、六波羅蜜《ろくはらみつ》のうちの禅定《ぜんじょう》の行《ぎょう》です。ですから、その行《ぎょう》を修《しゅ》しているときにも、普賢菩薩《ふげんぼさつ》は白象《びゃくぞう》に乗《の》ってその人《ひと》の前《まえ》に出現《しゅつげん》するのです。ということは、その人《ひと》が普賢菩薩《ふげんぼさつ》を思《おも》い出《だ》せば、いつでもすぐその心《こころ》の中《なか》に現《あら》われるということです。

そして、一偈《いちげ》・一句《いっく》を忘《わす》れてしまったら、それを教《おし》えてやろうというのも、むろんそのままの意味《いみ》ではなく、いくら考《かんが》えても教《おし》えの真意《しんい》がつかめないときは、まず「実践《じっせん》」ということに思《おも》いをめぐらしてみると、かならずその真意《しんい》に到達《とうたつ》することができるという意味《いみ》です。「法華経《ほけきょう》」は実践《じっせん》の教《おし》えですから、実践《じっせん》ということを忘《わす》れてその深遠《しんえん》な教理《きょうり》の山奥《やまおく》に踏《ふ》みこんで行《い》きますと、かならず道《みち》に迷《まよ》ってしまいます。そのときは、静《しず》かに立《た》ち止《ど》まって、「法華経《ほけきょう》」というものはせんじつめれば、われを救《すく》い、人《ひと》を救《すく》う実践《じっせん》の教《おし》えだったのだな——と思《おも》いかえしてみると、たちまちそこに正《ただ》しい大《おお》きな道《みち》が発見《はっけん》されるのです。ですから、つぎのようなことがいえるわけです。

三八四・三―一二
「『法華経』の教《おし》えを受持《じゅじ》し、読誦《どくじゅ》するものは、わたくしを思《おも》い出《だ》しさえすれば正《ただ》しい道《みち》を発見《はっけん》できますので、大《おお》いに喜《よろこ》びを感《かん》じて、なおいっそう精進《しょうじん》に励《はげ》むことでございましょう。わたくしを心《こころ》に思《おも》い浮《う》かべることによって、つねに心《こころ》が乱《みだ》れなくなり（三昧《さんまい》）、そして、あらゆる善《ぜん》をすすめ、あらゆる悪《あく》を止《と》める力《ちから》（陀羅尼《だらに》）を得《え》ましょう。そして、その影響《えいきょう》はかならず周囲《しゅうい》のものに及《およ》び、つぎからつぎへと旋《めぐ》り旋《めぐ》っていつしか非常《ひじょう》に多《おお》くの人《ひと》を感化《かんか》することでございましょう。いわゆる旋陀羅尼《せんだらに》、百千万億旋《ひゃくせんまんのくせん》陀羅尼《だらに》でございます。また、仏《ほとけ》さまの教《おし》えを自由自在《じゆうじざい》な方便《ほうべん》をもって説《と》く力《ちから》（法音方便陀羅尼《ほうおんほうべんだらに》）をも得《え》ることでございましょう。

世尊《せそん》、もしずっとのちの世《よ》の濁悪世《じょくあくせ》の中《なか》で、もしこの教《おし》えを心《こころ》から求《もと》め、受持《じゅじ》し、読誦《どくじゅ》し、書写《しょしゃ》し、だんだん修行《しゅぎょう》の道《みち》に深《ふか》くはいっていこうと思《おも》うならば、三七日《さんしちにち》の間一心《あいだいっしん》に精進《しょうじん》しなければなりません。その精進《しょうじん》の日《ひ》が終《お》わったときに、わたくしは六牙《ろくげ》の白象《びゃくぞう》に乗《の》り、多《おお》くの菩薩《ぼさつ》と共《とも》に身《み》を現《あら》わしましょう。一切衆生《いっさいしゅじょう》が喜《よろこ》んで見《み》るような姿《すがた》となって現《あら》われ、法《ほう》を説《と》いてその信仰《しんこう》を一段一段《いちだんいちだん》引《ひ》き上《あ》げてやりましょう。」

精神《せいしん》の習慣《しゅうかん》をつくる

この三七日《さんしちにち》という数字《すうじ》にこだわる必要《ひつよう》はないのですが、われわれはときどきある期間《きかん》を限《かぎ》って、もっぱら信仰《しんこう》の修行《しゅぎょう》にうちこむことが必要《ひつよう》です。現代《げんだい》のような忙《いそが》しい世《よ》の中《なか》で、在《ざい》家《け》の信仰者《しんこうしゃ》が長《なが》い間山《あいだやま》や寺《てら》に籠《こも》ったりなどして修行《しゅぎょう》するのはむずかしいことでありますが、たとえ三日《みっか》でもよい、あるいは日曜《にちよう》の一日《いちにち》だけでもよい、その日《ひ》だけは世事《せじ》を一切忘《いっさいわす》れて、教《おし》えを学《まな》んだり、思索《しさく》したり、あるいは読経《どっきょう》したり、写経《しゃきょう》するというような精進《しょうじん》は、ぜひ行《おこ》ないたいものであります。

それはなぜ必要《ひつよう》であるかといえば、われわれの行為《こうい》にも習慣《しゅうかん》というものがあるように、精神《せいしん》にも習慣《しゅうかん》というものがあります。われわれが深《ふか》く思《おも》うこと、切実《せつじつ》に思《おも》うことが、習慣《しゅうかん》になってしまうのです。たとえば、「学生《がくせい》のデモ隊《たい》が大通《おおどお》りを行進《こうしん》していた」と、ただそれだけのことを聞《き》いたとしましょう。それがどんな意味《いみ》のデモ隊《たい》ということはわからなくても、ある人《ひと》は「ああ、またか」と心《こころ》を暗《くら》くするでしょう。また反対《はんたい》に、「おもしろいぞ、一騒動《ひとそうどう》もちあがるといいのに」と嬉《うれ》しがる人《ひと》もあるでしょう。教育家《きょういくか》なら、思《おも》いはすぐに青少年《せいしょうねん》の教育《きょういく》ということに馳《は》せるでしょうし、証券業者《しょうけんぎょうしゃ》なら瞬間《しゅんかん》に株価《かぶか》への影響《えいきょう》ということを考《かんが》えるでしょう。これらは、すべてその人《ひと》の精神《せいしん》の習慣《しゅうかん》によるものです。

それで、ある期間《きかん》ほかのことはうち忘《わす》れて一心《いっしん》に一《ひと》つのことを思《おも》いつづけると、それが精神《せいしん》の習慣《しゅうかん》になってしまいます。たとえば、三七二十一日間《さんしちにじゅういちにちかん》「自分《じぶん》も、人《ひと》も、仏《ほとけ》さまに生《い》かされているのだ」ということを思《おも》いつづけたとしましょう。その人《ひと》は、あとあとまでも、何《なに》かにつけて、「待《ま》てよ、自分《じぶん》も、あの人《ひと》も、仏《ほとけ》さまに生《い》かされているんだぞ」と、瞬間的《しゅんかんてき》に考《かんが》える習慣《しゅうかん》ができるのです。

その習慣《しゅうかん》の強《つよ》さや永続性《えいぞくせい》は、その思《おも》いつづけたことがどれくらい切実《せつじつ》な問題《もんだい》であるか、どれくらい深《ふか》く考《かんが》えたか、どれくらい長《なが》く考《かんが》えつづけたかによってちがいます。一時《いちじ》間《かん》考《かんが》えてすぐほかのことに気《き》を散《ち》らしたのでは、とても習慣《しゅうかん》にはなりませんが、一日《いちにち》でもそのことばかり深《ふか》く考《かんが》えていたとしたら、そういう心《こころ》の傾向《けいこう》は、あるいは一週間《いっしゅうかん》ぐらいつづくかもしれません。欧米《おうべい》のキリスト教諸国《きょうしょこく》で、日曜《にちよう》にはかならず教会《きょうかい》に行《い》く風習《ふうしゅう》があるのは、そういう意味《いみ》でじつに羨《うらや》しいことだと思《おも》います。

とにかく、三七日《さんしちにち》の間《あいだ》一心《いっしん》に精進《しょうじん》するというのは、――すぐれた信仰者《しんこうしゃ》が心《こころ》の奥深《おくふか》くに大《おお》きな啓示《けいじ》を受《う》けるということもありますが、それは一応《いちおう》さしおくとして――よい精神《せいしん》の習慣《しゅうかん》をつけるということであります。忙《いそが》しくて、とてもまとまった時間《じかん》のとれない人《ひと》は、一日《いちにち》に一時間《いちじかん》でもいいから、深《ふか》く仏《ほとけ》の教《おし》えの世界《せかい》に没入《ぼつにゅう》することにつとめ、それをなるべく頻繁《ひんぱん》にくりかえすことです。そのくりかえしが、やはり精神《せいしん》の習慣《しゅうかん》をつくります。

そういう精進《しょうじん》を行《おこ》なったあとの美《うつく》しく清《きよ》められた気持《きもち》、尊《とうと》い法悦感《ほうえつかん》というものは、たしかに普賢菩薩《ふげんぼさつ》が白象《びゃくぞう》に乗《の》って出現《しゅつげん》されるのを見《み》るような感《かん》じなのであります。

三八四・一二―三八五・二

つぎに、普賢菩薩《さつ》は、「その人《ひと》に陀羅尼《だらに》を与《あた》えましょう。その陀羅尼《だらに》によって、人間以外《にんげんいがい》の魔物《まもの》に修《しゅ》行《ぎょう》のじゃまをされることもなければ、女人《にょにん》によって惑《まど》わされることもありますまい。わたくしがその人《ひと》を守《まも》ってあげましょう」といっていますが、人間以外《にんげんいがい》の魔物《まもの》というのは、現代《げんだい》においては「金銭《きんせん》」とか、「物質《ぶっしつ》」ということになりましょう。これらが正《ただ》しく求《もと》められ、正《ただ》しく使《つか》われるならば、けっして信仰《しんこう》のじゃまをするものではありませんが、えてしてそれらに対《たい》する不当《ふとう》な貪欲《とんよく》が心《こころ》をかき乱《みだ》すものであります。また、女人《にょにん》というのは、男子《だんし》を本位《ほんい》として女人《にょにん》といったまでのことで、女人《にょにん》を本位《ほんい》とすれば男子《だんし》です。一言《いちごん》にしていえば、異性《いせい》ということです。もちろん正《ただ》しい夫婦間《ふうふかん》の愛情《あいじょう》というものは、家庭《かてい》の中《なか》だけでなく、この社会《しゃかい》をつくっている大切《たいせつ》な要素《ようそ》であります。しかし人間《にんげん》には、どうもそれにとらわれて利己的《りこてき》になる傾向《けいこう》があります。もっと大《おお》きな、人間《にんげん》すべてに対《たい》する愛情《あいじょう》というものをそっちのけにしがちです。それどころか、愛情《あいじょう》に溺《おぼ》れてよこしまな行為《こうい》を犯《おか》したりすることが多《おお》いものです。しかし、つねに「普賢《ふげん》の行《ぎょう》」を心《こころ》に思《おも》い浮《う》かべれば、ややもすれば異性《いせい》に惑乱《わくらん》されようとする心《こころ》も、正《ただ》しい道《みち》、広《ひろ》く清《きよ》らかな人間愛《にんげんあい》にたちもどることができるわけです。

三八五・二—八 つづいて普賢菩薩《ふげんぼさつ》は、世尊《せそん》の許《ゆる》しを得《え》て、修行者《しゅぎょうしゃ》を守《まも》るための陀羅尼《だらに》を説《と》きます。

無我《むが》よ一。除我《じょが》よ二。方便《ほうべん》よ三。仁《じん》と和《わ》よ四。甚《はなは》だ柔輭《にゅうなん》なる心《こころ》よ五。下《さ》がる心《こころ》よ六。仏知見《ぶっちけん》のいとぐちよ七。諸仏《しょぶつ》の衆生《しゅじょう》に対《たい》する回向《えこう》よ八。総持《そうじ》の他《た》に対《たい》する感化《かんか》よ九。自行《じぎょう》による布教《ふきょう》よ十。もろもろの展《てん》転《でん》よ十一。大衆《だいしゅ》の集合《しゅうごう》よ十二。もろもろの悪趣《あくしゅ》の消滅《しょうめつ》よ十三。無数《むしゅ》よ十四。教団《きょうだん》を知《し》り尽《つ》くせるものよ十五。三世《ぜ》に変《か》わらぬ教《おし》えよ十六。一切《いっさい》の自我《じが》よりの超越《ちょうえつ》よ十七。一切《いっさい》の真理《しんり》を学《まな》び尽《つ》くせるものよ十八。衆生《しゅじょう》の声《こえ》を聞《き》き分《わ》けるものよ十九。真理《しんり》の喜《よろこ》びよ二十。

三八五・九—三八六・一〇「世尊、大乗の教えを実行《じっこう》し、世《よ》にひろめようとしている人《ひと》（菩薩《ぼさつ》）が、この陀羅尼《だらに》の精神《せいしん》を自覚《じかく》することがありましたならば、それこそ普賢《ふげん》の神力《じんりき》に守《まも》られているゆえと知《し》るべきでございましょう。またもし、この教《おし》えを世界《せかい》じゅうにひろめることに決定《けつじょう》しているものがありますならば、それも普賢《ふげん》の神力《じんりき》のゆえであると思《おも》わなければなりません。

またもし、この教《おし》えを受持《じゅじ》し、読誦《どくじゅ》し、内容《ないよう》を深《ふか》く考《かんが》え、その奥深《おくふか》い意味《いみ》をよく会得《えとく》し、そして教《おし》えのとおり修行《しゅぎょう》するものがありましたならば、その人《ひと》は普賢《ふげん》と同《おな》じ行《ぎょう》を行《おこ》なっているものと考《かんが》えてよろしいでしょう。その人《ひと》は、きっと前世《ぜんせ》から数多《かずおお》くの諸仏《しょぶつ》に仕《つか》えて、もろもろの善行《ぜんこう》を積《つ》んだ人《ひと》でございましょう。こういう人《ひと》は、如来《にょらい》のみ手《て》で頭《あたま》をなでていただくに値《あたい》する人《ひと》といえましょう。

もし、この経《きょう》をただ書写《しょしゃ》しただけだとしても、その人《ひと》はつぎの世《よ》には多《おお》くの天女《てんにょ》に迎《むか》えられて忉利天《とうりてん》に生《う》まれ変《か》わり、安楽《あんらく》な暮《く》らしを送《おく》ることができましょう。まして、それを受持《じゅじ》し、読誦《どくじゅ》し、真意《しんい》を会《え》得《とく》した人《ひと》は、千仏《せんぶつ》のみ手《て》に導《みちび》かれて、この世《よ》においては恐《おそ》れるものなく、また悪道《あくどう》におちいることもなく、来世《らいせ》においては兜率天上《とそつてんじょう》の弥勒菩薩《みろくぼさつ》のもとへ行《い》くことができましょう。そのような大《おお》きな功徳《くどく》があるものと信《しん》じます。」

如来《にょらい》のみ手《て》で頭《あたま》をなでていただく——これは仏《ほとけ》さまにほめていただき、信頼《しんらい》していただくことですから、信仰者《しんこうしゃ》としては無上《むじょう》の喜《よろこ》びです。すなわち、法悦《ほうえつ》の生活《せいかつ》を意味《いみ》します。つぎの忉利天《とうりてん》で娯楽快楽《ごらくけらく》するというのは、法悦《ほうえつ》の世界《せかい》とまではいかなくても、心《こころ》に悩《なや》みがなく、明《あか》るい、安《やす》らかな日々《ひび》を送《おく》ることができるという意味《いみ》です。

弥勒菩薩《みろくぼさつ》の所《ところ》へ行《い》くということは、弥勒菩薩《みろくぼさつ》のような慈悲《じひ》の心《こころ》を具《そな》えて、日々《ひび》菩薩行《ぼさつぎょう》に励《はげ》む身《み》になるという意味《いみ》です。さきに、「法華経《ほけきょう》」の教《おし》えの三つの柱《はしら》を代表《だいひょう》する菩薩《ぼさつ》として、文殊菩薩《もんじゅぼさつ》（智《ち》）、弥勒菩薩《みろくぼさつ》（慈《じ》）、普賢菩薩《ふげんぼさつ》（行《ぎょう》）をあげましたが、弥勒菩薩《みろくぼさつ》は慈悲《じひ》の代表《だいひょう》ですから、釈迦牟尼如来《しゃかむににょらい》の後継《あとつ》ぎないし代理《だいり》をするものとして、「補処《ふしょ》の菩薩《ぼさつ》」といわれているのです。ですから、しばらくは兜率天《とそつてん》という天上界《てんじょうかい》に住《す》んでいるけれども、機《き》が熟《じゅく》すれば娑婆《しゃば》世界《せかい》に現《あら》われ、そこでさらに修行《しゅぎょう》して仏《ほとけ》となる菩薩《ぼさつ》です。ある意味《いみ》では最高《さいこう》の菩薩《ぼさつ》ということができます。さればこそ、仏《ほとけ》とおなじく三十二相《そう》を具《そな》えているわけであります。

そういう菩薩《ぼさつ》ですから、弥勒菩薩《みろくぼさつ》のもとへ行《い》けるということは、つまりこの娑婆世界《しゃばせかい》において慈悲《じひ》の行《おこ》ないをつづけ、そのことに最高《さいこう》の生《い》き甲斐《がい》と喜《よろこ》びを覚《おぼ》えるであろうという意味《いみ》です。

三八六・一〇―三八七・一「この教えを信じ世《よ》にひろめる人《ひと》には、このような功徳《くどく》と利益《りやく》がありましょう。ですから、人生《じんせい》の意義《いぎ》をほんとうにわかった人《ひと》（智者《ちしゃ》）は、この教《おし》えを自《みずか》ら一心《いっしん》に書《か》き、人《ひと》にも書《か》くことをすすめ、受持《じゅじ》し、読誦《どくじゅ》し、正《ただ》しく思索《しさく》し、教《おし》えのとおり修行《しゅぎょう》しなければなりません。智者《ちしゃ》ならば、そうするのが当然《とうぜん》のことでございます。

世尊《せそん》、わたくしは神通力《じんづうりき》をもってこの教《おし》えを守護《しゅご》し、如来《にょらい》のおかくれになりました後《のち》にも、世界《せかい》じゅうにこの教《おし》えをひろめて、絶《た》えることがないようにいたします。」

三八七・二―一一 釈迦牟尼仏は普賢菩薩《ふげんぼさつ》のことばをお聞《き》きになると、満足《まんぞく》そうにおうなずきになりました。

「よくいいました。普賢《ふげん》よ。あなたは、よくこの教《おし》えが世《よ》にひろまることに力《ちから》を尽《つ》くして、多《おお》くの衆生《しゅじょう》の幸福《こうふく》をすすめてくれることと思《おも》います。あなたは、いままでにもすでに非常《ひじょう》に大《おお》きな慈悲《じひ》の行《おこ》ないをしてきています。はるかなむかしから、仏《ほとけ》の境界《きょうがい》に達《たっ》しようという願《ねが》いをもっていました。そのために、まず仏《ほとけ》の教《おし》えを守《まも》る自在《じざい》の力《ちから》を得《え》たいという願《がん》を起《お》こし、それを成就《じょうじゅ》しました。

わたしは、普賢菩薩《ふげんぼさつ》とおなじ信念《しんねん》を持《も》つあらゆる人《ひと》びと（名《な》を受持《じゅじ》せんもの）を、守護《しゅご》してやりましょう。普賢《ふげん》よ。もしこの教《おし》えを受持《じゅじ》し、読誦《どくじゅ》し、正憶念《しょうおくねん》し、修行《しゅぎょう》し、書写《しょしゃ》する人《ひと》がありましたら、その人《ひと》はすなわち釈迦牟尼仏《しゃかむにぶつ》と共《とも》にいることを自覚《じかく》するでしょう。釈迦牟尼仏《しゃかむにぶつ》の口《くち》から直接説法《ちょくせつせっぽう》を聞《き》く実感《じっかん》を覚《おぼ》えるでありましょう。

また、このことを心《こころ》に刻《きざ》んでおかねばなりません。すなわち、その人《ひと》は仏《ほとけ》に心《こころ》からほめられるものであります。その人《ひと》は、釈迦牟尼仏《しゃかむにぶつ》からほんとうに信頼《しんらい》される人《ひと》であります。また、この人《ひと》は、釈迦牟尼《しゃかむに》仏《ぶつ》によって守《まも》られるものであります。」

衣《ころも》で覆《おお》われるというのは、仏《ほとけ》さまがしっかりと抱《いだ》いていてくださるというのです。仏《ほとけ》さまに抱《いだ》かれているということは法悦《ほうえつ》と安心《あんじん》の極致《きょくち》であります。そして、どのような障害《しょうがい》も、その人《ひと》の信仰心《しんこうしん》と実行力《じっこうりょく》をそこなうことはできないのです。

三八七・一二―一二
それから、世尊《せそん》は、そのような人《ひと》は、世《よ》の中《なか》の物質的《ぶっしつてき》な楽《たの》しみや肉体的《にくたいてき》な楽《たの》しみに貪著《とんじゃく》しないであろう、また、仏教以外《ぶっきょういがい》の教《おし》えにはまりこんでしまうこともなく、遊《あそ》びの文字《もじ》に心《こころ》を奪《うば》われることもないであろう――とおおせられています。

「この貪著《とんじやく》せじ」ということばに、よく心《こころ》をとめなければなりません。けっして幸福《こうふく》な、楽《たの》しい生活《せいかつ》を送《おく》ることがよくないのではなく、それにとらわれ（著《じやく》し）、満足《まんぞく》することを知《し》らず、欲《よく》に欲《よく》を重《かさ》ねてゆく（貪《むさぼ》る）ことがよくないのです。また、仏教以外《ぶつきよういがい》の教《おし》えを研究《けんきゆう》することも、けっしてわるいことではありません。むしろ、視野《しや》を広《ひろ》くするために、有効《ゆうこう》なことです。しかし、それにはまりこんでしまってはいけないというのです。「好《この》む」というのは感情的《かんじようてき》にはまりこむことで、そうなると真理《しんり》（妙法《みようほう》）を見失《みうしな》ってしまうからです。

手筆《しゆひつ》というのは、梵文《ぼんぶん》では「詩《し》」となっています。文学《ぶんがく》といってもいいでしょう。文学《ぶんがく》がよくないというのではけっしてありません。つまり、文学《ぶんがく》にしろ何《なに》にしろ、心《こころ》を奪《うば》われて、真理《しんり》を見《み》る目《め》を曇《くも》らせてはいけないという意味《いみ》です。

三八七・二―三八八・二 それから「憙って其《そ》の人及《ひとおよ》び諸《もろもろ》の悪者《あくしや》の若《も》しは屠兒《とに》、若《も》しは豬《ちよ》・羊《よう》・雞《けい》・狗《く》を畜《やしな》うもの、若《も》しは獵《れつ》師《し》、若《も》しは女色《によしき》を衒賣《けんまい》するものに親近《しんごん》せじ」とあります。これは、二八六頁《ページ》にも説明《せつめい》しましたように、そういう人《ひと》に近《ちか》づかないという意味《いみ》ではなく、命《いのち》の大切《たいせつ》さを失《うしな》うようではならないということです。もし仏《ほとけ》の教《おし》えをこの世《よ》にひろめたいという人《ひと》が、そのような職業《しよくぎよう》の人《ひと》に近《ちか》づかないというようなことがあれば、一切衆生《いつさいしゆじよう》を救《すく》うという仏《ほとけ》の真意《しんい》にそむくこと大《だい》なるものがありますから、くれぐれも誤解《ごかい》しないように気《き》をつけなければなりません。

また、この人《ひと》は心《こころ》に飾《かざ》りけがなくまっすぐで（心意質直《しんにしちぢき》にして）、ものを正《ただ》しく考《かんが》えることができ（正《しよう》憶念《おくねん》あり)、徳《とく》をもって大《おお》ぜいの人《ひと》をしあわせにする力《ちから》をもつことができるだろう――とあります。もちろん、精神的《せいしんてき》にしあわせにしてやる力《ちから》のことです。

三八八・三―四 また、この人《ひと》は貪《とん》(欲《よく》ばり)・瞋《じん》(怒《いか》り)・癡《ち》(目《め》の前《まえ》しか見《み》えぬおろかさ)の三毒《さんどく》に悩《なや》まされず、嫉妬《しっと》・我慢《がまん》・邪慢《じゃまん》・増上慢《ぞうじょうまん》の気持《きもち》に心《こころ》を毒《どく》されることがない――とあります。

我《が》慢《まん》

この「我慢《がまん》」というのは、しんぼうという意味《いみ》ではなく、我《が》の慢心《まんしん》です。すなわち、おれがおれが――と、いつも人《ひと》の上《うえ》に立《た》ちたい心《こころ》です。

邪《じゃ》慢《まん》

「邪慢《じゃまん》」というのは、邪《よこしま》なことをしていながら、ちっともわるくないと思《おも》っている慢心《まんしん》です。無反省《むはんせい》な心《こころ》です。

増《ぞう》上《じょう》慢《まん》

「増上慢《ぞうじょうまん》」というのは、すこししか悟《さと》っていないのにすっかり悟《さと》っているように思《おも》い、すこししか知《し》っていないのに大《おお》いに知《し》っているように錯覚《さっかく》する慢心《まんしん》です。

嫉妬《しっと》というのは劣等感《れっとうかん》から生《う》まれるもの。我慢《がまん》・邪慢《じゃまん》・増上慢《ぞうじょうまん》は誤《あやま》った優越感《ゆうえつかん》から生《う》まれるもの。両《りょう》方《ほう》とも正《ただ》しいものの見《み》かたを忘《わす》れていることから起《お》こるのですから、仏《ほとけ》の教《おし》えをほんとうに理解《りかい》して、「正見《しょうけん》」を持《も》つことのできた人《ひと》は、こういう醜《みにく》い心《こころ》を起《お》こすことはないわけです。

少欲知足《しょうよくちそく》

また、「是《こ》の人《ひと》は少欲知足《しょうよくちそく》にして能《よ》く普賢《ふげん》の行《ぎょう》を修《しゅ》せん」とあります。少欲《しょうよく》というのは、世《せ》間的《けんてき》な欲《よく》が少《すく》ないということです。なにも金銭《きんせん》や物質《ぶっしつ》ばかりではありません。地位《ちい》とか、名《めい》誉《よ》とかの欲《よく》もそうです。人《ひと》の愛情《あいじょう》や奉仕《ほうし》を求《もと》める心《こころ》もやはり欲《よく》のうちです。深《ふか》い信仰《しんこう》に達《たっ》した人《ひと》はこういう欲《よく》がきわめて少《すく》なく、淡々《たんたん》としています。ここで気《き》をつけなければならないことは、世間的《せけんてき》な生活《せいかつ》には淡々《たんたん》としているかわりに、真理《しんり》を求《もと》める心《こころ》はじつにさかんでなければならないということです。すなわち真理《しんり》に対《たい》しては大欲《たいよく》をもっていることです。淡白《たんぱく》がいいからといって、真理《しんり》に対《たい》してまで淡白《たんぱく》なのは、これ人生《じんせい》の怠《なま》けものであって、お話《はなし》になりません。

また、「知足《ちそく》」というのは、足《た》るを知《し》るということです。自分《じぶん》の境遇《きょうぐう》に満足《まんぞく》していることです。もちろん、それも世間的境遇《せけんてききょうぐう》のことです。現在《げんざい》の境遇《きょうぐう》を不満《ふまん》に考《かんが》えないで、悠々《ゆうゆう》としているわけです。だからといって、向上心《こうじょうしん》がないというのではありません。向上心《こうじょうしん》はあるのですが、不平不満《ふへいふまん》をもたず、ただ現在《げんざい》の仕事《しごと》にベストを尽《つ》くすのです。ところが、こういう人《ひと》はどうしても周囲《しゅうい》がほうっておかないから不思議《ふしぎ》です。かりにほうっておかれたとしても、精神的《せいしんてき》には王者《おうじゃ》の生活《せいかつ》をしているのですから、本人《ほんにん》はまったく幸福《こうふく》そのものであります。つぎに、

三八八・四―八　「普賢よ、もし如来《にょらい》の滅後《めつご》、後《のち》の五百歳《ごひゃくさい》の世《よ》に、『法華経《ほけきょう》』の教《おし》えを受持《じゅじ》し、読誦《どくじゅ》するものを見《み》たならば、こう思《おも》っていいでしょう。その人《ひと》は長《なが》くたたないうちに仏陀伽耶《ぶっだがや》の菩提樹《ぼだいじゅ》の下《した》にすわり、もろもろの魔《ま》の大軍《たいぐん》をうち破《やぶ》り、最高《さいこう》の智慧《ちえ》を悟《さと》るでありましょう。そして道場《どうじょう》から起《た》ち上《あ》がるや、さかんに教《おし》えを説《と》きひろめるでしょう。その法《ほう》の進軍《しんぐん》のありさまは、車《くるま》の輪《わ》がめぐりめぐって止《とど》まるところを知《し》らないがごとく、太鼓《たいこ》や螺《かい》の響《ひび》きが野《の》に山《やま》に鳴《な》りわたるがごとく、大雲《だいうん》から降《ふ》る雨《あめ》が地上《ちじょう》のあらゆる草木《くさき》

を潤《うるお》すがごとくでありましょう。そうして、天上界《てんじょうかい》・人間界《にんげんかい》のもろもろの大衆《だいしゅ》の中《なか》の師子《しし》の座《ざ》にすわって、多《おお》くの人《ひと》びとの尊敬《そんけい》を受《う》けることでしょう――と。」

これは、釈尊《しゃくそん》の成道《じょうどう》・伝道《でんどう》のご様子《ようす》そのままでありますが、それはつまり、「法華経《ほけきょう》」を受持《じゅじ》し、読《どく》誦《じゅ》するものは、たしかに仏《ほとけ》になれる資格《しかく》をもったものであるという保証《ほしょう》にほかならないのです。

三八八・八―三八九・一 つぎに、またそのような人《ひと》は、物質生活《ぶっしつせいかつ》に貪欲《とんよく》や執着《しゅうじゃく》をもつことがないだろうとあります。「資生《ししょう》の物《もの》」というのは、日常生活《にちじょうせいかつ》に必要《ひつよう》な物資《ぶっし》のことです。つぎに「所願虚《しょがんむな》しからじ」とあります。その人《ひと》の願《ねが》いとするものは、一切《いっさい》の人《ひと》びとがほんとうに幸福《こうふく》になるようにということですが、その願《ねが》いはかならずかなえられるだろうというのです。だから「現世《げんぜ》に於《お》て其《そ》の福報《ふくほう》を得《え》」るという結果《けっか》になります。

物質生活《ぶっしつせいかつ》に貪著《とんじゃく》しないということは、つまり利己心《りこしん》がないことです。一切《いっさい》の人《ひと》びとが幸福《こうふく》になるように願《ねが》うということも、利己《りこ》をはなれた慈悲《じひ》の心《こころ》です。そういう大《おお》きな心《こころ》をもっていると、現世《げんぜ》においてその報《むく》いが得《え》られることは、じつに確《たし》かなことです。なぜならば、その人自身《ひとじしん》の生活《せいかつ》は喜《よろこ》びと、安《やす》らぎと、希望《きぼう》に満《み》ちたものになるからです。

法種《ほっしゅ》を断《た》つ罪《つみ》

三八九・一―五 つぎに、もしかりに「法華経《ほけきょう》」の教《おし》えを信《しん》じそれを説《と》きひろめる人《ひと》を見《み》て、――おまえは気《き》が狂《くる》ったのではないか、そんなムダなことをして、なんにもなりはしないぞ――などと、軽蔑《けいべつ》したり、そしったりするものがあったら、その人《ひと》はなんど生《う》まれ変《か》わっても盲目《もうもく》の身《み》に生《う》まれるであろうとあります。ここで謗法《ほうぼう》の結果《けっか》として受《う》ける報《むく》いについて、さまざまなことがのべられてありますが、それはあくまでも正法《しょうぼう》に対《たい》する謗法《ほうぼう》の戒《いまし》めなのです。したがって、そのような状態《じょうたい》にある人《ひと》を裁《さば》いたり、差別《さべつ》したりすることは、仏《ほとけ》さまのお心《こころ》に背《そむ》くというより以前《いぜん》に、人間《にんげん》としてしてはならないことなのです。そのことを重々心《じゅうじゅうこころ》しなければなりません。

では、そんな言動《げんどう》がなぜ大《おお》きな罪《つみ》であるかといいますと、法《ほう》の車《くるま》の輪《わ》がどこまでも転《ころ》がっていこうとするのを、途中《とちゅう》で止《と》めてしまうからです。ここに一人《ひとり》の悪人《あくにん》がいて、どろぼうをしたり、詐欺《さぎ》をしたりしたとします。むろんそれは仏《ほとけ》の五戒《ごかい》に背《そむ》き、人《ひと》を泣《な》かせる悪行《あくぎょう》に相違《そうい》はありません。しかし、その人《ひと》は刑務所《けいむしょ》に入《い》れられて罪《つみ》の報《むく》いをさせられます。世間《せけん》の人《ひと》は、その人《ひと》を見《み》て、悪《わる》いことをするものではないな——という気持《きもち》になります。だから、その悪《あく》の及《およ》ぶところは比較的狭《ひかくてきせま》いわけです。

ところが、正《ただ》しい教《おし》えのひろまるのを妨害《ぼうがい》するような言動《げんどう》は、法律的《ほうりつてき》には罪《つみ》になりませんけれども、その影響《えいきょう》はじつに甚大《じんだい》なるものがあります。もしその教《おし》えがひろまっていけば、どれだけ多《おお》くの人《ひと》が幸《こう》福《ふく》を得《え》るかわかりません。また、どれだけ多《おお》くの人《ひと》が悪《あく》の道《みち》から更生《こうせい》するかわかりません。そういう末《すえ》ひろがりにどこまでもひろがっていくはずの教《おし》えの流《なが》れを、パッタリ断《た》ち切《き》ってしまうことを「法種《ほっしゅ》を断《た》つ」といって、目《め》には見《み》えませんけれども、その罪《つみ》は測《はか》りしれないものがあるのです。謗法《ほうぼう》の罪《つみ》の大《おお》きさの意味《いみ》は、じつにここにあるといわなければなりません。

ですから、そのあとに、その謗法《ほうぼう》の結果《けっか》としての状態《じょうたい》が、いろいろ象徴的《しょうちょうてき》にあげられているわけです。

三八九・五―七
最後に、世尊《せそん》は、

「是《こ》の故《ゆえ》に普賢《ふげん》、若《も》し是《こ》の経典《きょうでん》を受持《じゅじ》せん者《もの》を見《み》ては、当《まさ》に起《た》って遠《とお》く迎《むか》うべきこと、当《まさ》に仏《ほとけ》を敬《うやも》うが如《ごと》くすべし。」

と、おおせられて、二処三会《にしょさんえ》にわたる「法華経《ほけきょう》」の説法《せっぽう》の結《むす》びのことばとされております。

「法華経《ほけきょう》」の教《おし》えの中《なか》には、如来《にょらい》の全身《ぜんしん》がましますのですから、その教《おし》えを信《しん》じ、実行《じっこう》するものは、仏《ほとけ》と同様《どうよう》に尊《とうと》いのであるとおおせられているのです。まことにありがたいおことばであります。


この説法《せっぽう》をうかがった非常《ひじょう》に多《おお》くの菩薩《ぼさつ》たちは、百千万億《ひゃくせんまんのく》の人《ひと》びとを展転《てんでん》に感化《かんか》しようと発奮《はっぷん》し、また無数《むすう》の菩薩《ぼさつ》たちは、普賢菩薩《ふげんぼさつ》とおなじような実践力《じっせんりょく》をもつ自信《じしん》を得《え》ました。そして、その菩薩行《ぼさつぎょう》に邁進《まいしん》する大決心《だいけつしん》を固《かた》めたのであります。

三八九・七―一一
世尊は、この品《ほん》を説《と》き終《お》わりになりますと、身《み》じろぎもしないでじっと世尊《せそん》を仰《あお》ぎ見《み》ている無数《むすう》のお弟子《でし》たちを、慈愛深《じあいぶか》いおん目《め》で愛《いとお》しそうにお見渡《みわた》しになり、そして静《しず》かに去《さ》って行《い》かれました。普賢《ふげん》をはじめとする菩薩《ぼさつ》の一同《いちどう》、舎利弗《しゃりほつ》をはじめとする声聞《しょうもん》の一同《いちどう》、そのほか天上界《てんじょうかい》、人間界《にんげんかい》、その他《た》のあらゆる生《せい》あるものは、ありがたい思《おも》いに胸《むね》をふくらませ、仏《ほとけ》さまのおことばの一《ひと》つ一《ひと》つをしっかと胸《むね》にかみしめながら、世尊《せそん》を伏《ふ》し拝《おが》んで、その場《ば》を去《さ》って行《い》ったのでありました。

仏説観普賢菩薩行法経《ぶっせつかんふげんぼさつぎょうほうきょう》

このお経《きょう》を「法華経《ほけきょう》」の結経《けつきょう》として合《あ》わせ読《よ》むようになったのは、いつ、だれが始《はじ》めたのかわかっていません。しかし、それを始《はじ》めた人《ひと》はじつに偉《えら》い人《ひと》だったと思《おも》います。なぜならば、このお経《きょう》は、釈尊《しゃくそん》が「法華経《ほけきょう》」のつづきとしてお説《と》きになったのだといっても通用《つうよう》するぐらい、内容的《ないようてき》にぴったりしており、「法華経《ほけきょう》」を実生活《じっせいかつ》に生《い》かすための具体的方法《ぐたいてきほうほう》を説《と》いた尊《とうと》い教《おし》えであるからです。

その具体的方法《ぐたいてきほうほう》とは何《なに》かといえば、懺悔《さんげ》にほかなりません。その懺悔《さんげ》ということの真《しん》の意味《いみ》と方法《ほうほう》を、徹底的《てっていてき》に教《おし》えられたのがこのお経《きょう》であって、別名《べつめい》として俗《ぞく》に「懺悔経《さんげきょう》」と呼《よ》ばれているほどであります。

では、懺悔《さんげ》とはどういうことかといいますと、これには二段《だん》の意味《いみ》と方法《ほうほう》があります。

導師《どうし》や同信《どうしん》の人《ひと》への懺悔《さんげ》　第一段《だいだん》は、普通一般《ふつういっぱん》にいう懺悔《さんげ》です。自分《じぶん》の過去《かこ》における心《こころ》や行《おこ》ないの過《あやま》ちを告白《こくはく》することです。そうすることによって、われわれの心《こころ》は洗《あら》い清《きよ》められます。罪《つみ》の意識《いしき》から解《かい》放《ほう》されるので、なんともいえないすがすがしい気持《きもち》になるのです。事実《じじつ》、法座《ほうざ》などで指導者《しどうしゃ》や同信《どうしん》の人《ひと》びとにそういう告白《こくはく》をしただけで、病気《びょうき》が治《なお》ったり、家庭《かてい》の不和《ふわ》が解消《かいしょう》したりした人《ひと》は、数《かぞ》えきれないほどであります。オーストリアのフロイト博士《はくし》を始祖《しそ》とする精神分析医《せいしんぶんせきい》たちも、この原理《げんり》を応用《おうよう》して数《かず》多《おお》くの病人《びょうにん》を治《なお》してきました。現在《げんざい》も、アメリカあたりではさかんに行《おこ》なわれて、りっぱな成績《せいせき》を挙《あ》げています。

もちろん、病気《びょうき》が治《なお》るなどというのは、懺悔《さんげ》に伴《ともな》って起《お》こる付随的《ふずいてき》な結果《けっか》であって、懺悔《さんげ》のほんとうの価値《かち》は、われわれの仏性《ぶっしょう》が洗《あら》い出《だ》されることにあります。人間《にんげん》すべて平等《びょうどう》に仏性《ぶっしょう》を持《も》っていることは、「法華経《ほけきょう》」によってはっきり理解《りかい》できました。われわれはたしかに仏性《ぶっしょう》という無価《むげ》の宝石《ほうせき》を持《も》っているのだという自覚《じかく》を、「法華経《ほけきょう》」によって得《え》ることができました。いわば、「法華経《ほけきょう》」は仏性顕現《ぶっしょうけんげん》の教《おし》えであったといってもいいでしょう。

ところが、掘《ほ》り出《だ》したばかりの宝石《ほうせき》は、まだ泥土《どろつち》にまみれていて、ほんとうの輝《かがや》きはありません。どうしてもその泥土《どろつち》を洗《あら》い落《お》とさなければ、尊《とうと》い宝石《ほうせき》の真価《しんか》が現《あら》われないのです。その泥土《どろつち》を洗《あら》い落《お》とす行為《こうい》が、つまり第《だい》一段《だん》の意味《いみ》の懺悔《さんげ》です。日常生活《にちじょうせいかつ》に起《お》こるさまざまな迷《まよ》いが、われわれの仏性《ぶっしょう》の表面《ひょうめん》を覆《おお》いかくしている——その泥土《どろつち》をきれいな水《みず》でザブザブ洗《あら》い落《お》とすことが、この懺悔《さんげ》です。

仏《ほとけ》にむかってなす懺悔《さんげ》

ところが、人《ひと》に対《たい》して懺悔《さんげ》するのは懺悔《さんげ》の第《だい》一段階《だんかい》です。これは、ぜひ通過《つうか》しなければならない段階《だんかい》ですが、だんだん信仰《しんこう》が進《すす》んできますと、直接仏《ちょくせつほとけ》に対《たい》して懺悔《さんげ》するようになるのです。つねに仏《ほとけ》の教《おし》えに照《て》らして、自分《じぶん》の足《た》りないところや誤《あやま》ったところを反省《はんせい》し、さらに深《ふか》く仏《ほとけ》の教《おし》えを学《まな》び、思索《しさく》して、上《うえ》へ上《うえ》へと進《すす》んでゆく——これが、懺悔《さんげ》の奥義《おくぎ》であり、真《しん》の懺悔《さんげ》というべきであります。

たとえていえば、それは自分《じぶん》の仏性《ぶっしょう》という宝石《ほうせき》に絶《た》えず磨《みが》きをかける行《ぎょう》といっていいでしょう。掘《ほ》り出《だ》した宝石《ほうせき》についている泥土《どろつち》を洗《あら》い落《おと》しただけでは、まだまだほんとうの輝《かがや》きは発《はっ》しません。宝石《ほうせき》の表面《ひょうめん》には、まじりものの鉱物《こうぶつ》がコビリついていることもあり、曇《くも》っていることもあります。それにだんだん磨《みが》きをかけていって、まじりものの鉱物《こうぶつ》をこすり落《おと》し、曇《くも》りをすっかり取除《とりのぞ》くことができたとき、はじめてその宝石《ほうせき》はもちまえの燦然《さんぜん》たる光《ひかり》を発《はっ》することができるのです。われわれの仏性《ぶっしょう》も、ちょうどそんなものです。ですから、第《だい》二段《だん》の意味《いみ》の懺悔《さんげ》というのは、自分《じぶん》の仏性《ぶっしょう》を磨《みが》きあげる行《ぎょう》であるといっていいでしょう。

仏性《ぶっしょう》を洗《あら》い出《だ》し磨《みが》きあげる

「常不軽菩薩品第《じょうふきょうぼさつぽんだい》二十」において述《の》べましたように、他《た》の人《ひと》の仏性《ぶっしょう》を顕現《けんげん》するには「拝《おが》み出《だ》す」ことが大切《たいせつ》です。すべての人《ひと》を礼拝《らいはい》するのです。ところが、自分自身《じぶんじしん》に対《たい》しては、もっと厳《きび》しい態度《たいど》が必要《ひつよう》です。すなわち自分《じぶん》の仏性《ぶっしょう》は、「洗《あら》い出《だ》し」「磨《みが》きあげる」のでなければなりません。冷《つめ》たい水《みず》をかけたり、ゴシゴシ磨《みが》いたりするのには、ある種《しゅ》の苦痛《くつう》を伴《ともな》います。その苦痛《くつう》を押《お》し切《き》って、洗《あら》い出《だ》し、磨《みが》きあげていってこそ、仏性《ぶっしょう》は円満完全《えんまんかんぜん》な光《ひかり》を放《はな》つようになるのです。

この「観普賢菩薩行法経《かんふげんぼさつぎょうほうきょう》」は、その第《だい》二段《だん》の意味《いみ》の懺悔《さんげ》について、具体的《ぐたいてき》に、そして徹底的《てっていてき》に教《おし》えられたお経《きょう》であります。では、本文《ほんもん》にはいりましょう。

三九一・一―三九二・七 釈尊が、毘舎離《り》国《こく》の大林精舎《だいりんしょうじゃ》においでになっておられたときのことです。ある日《ひ》、重閣講堂《じゅうかくこうどう》において、多《おお》くの比丘《びく》たちにむかって、こうおおせいだされました。

「わたしは、この世《よ》において説《と》くべきことはほとんど説《と》いてしまいました。それで、これから三カ月《げつ》たったら、この世《よ》を去《さ》ることになりましょう。」

それを聞《き》いた阿難《あなん》は、即座《そくざ》に立《た》ちあがって衣服《いふく》を整《ととの》え、合掌《がっしょう》して世尊《せそん》のまわりを三《み》たびまわると、正《しょう》面《めん》にひざまずいて合掌《がっしょう》し、沈痛《ちんつう》な面持《おもも》ちでじっとお顔《かお》を仰《あお》ぎ見《み》ていました。教団《きょうだん》の長老摩訶迦葉《ちょうろうまかかしょう》と弥勒《みろく》菩薩《ぼさつ》も、合掌《がっしょう》して礼拝《らいはい》し、お顔《かお》をじっと見上《みあ》げました。やがて、三人《さんにん》は口《くち》を揃《そろ》えて申《もう》しあげました。

「世尊《せそん》、世尊《せそん》がおかくれになりましたのち、衆生《しゅじょう》はどんな道《みち》によって菩薩《ぼさつ》の心《こころ》を起《お》こし、すべてのものが平等《びょうどう》に救《すく》われる正《ただ》しい教《おし》え（方等《ほうどう》）である大乗《だいじょう》の教《おし》えを修行《しゅぎょう》し、仏《ほとけ》さまと一体《いったい》となれる境地《きょうち》（一実《いちじつ》の境《きょう》界《がい》）をしっかりと考《かんが》えていくことができましょうか。どういたしましたら、仏《ほとけ》の智慧《ちえ》を得《え》たいという（無上菩提《むじょうぼだい》の）心《こころ》を持《も》ちつづけることができましょうか。どういたしましたら、煩悩《ぼんのう》や五欲《ごよく》の現実生活《げんじつせいかつ》から離《はな》れることなく、しかも六根《ろっこん》を清《きよ》め、多《おお》くの罪《つみ》を償《つぐな》うことができましょうか。どういたしましたら、五欲《ごよく》を離《はな》れきれぬ身《み》でありながら、親《おや》から生《う》んでもらったままの目《め》で、煩悩《ぼんのう》に迷《まよ》わされずにものごとの真実《しんじつ》を見《み》ることができますことでございましょうか。」

仏《ほとけ》は、阿難《あなん》にむかっておっしゃいました。

「では、そのことについて説《と》いてきかせますから、しっかりと聞《き》くのですよ。そして、よくよく考《かんが》えなければなりません。

わたしは、いたるところで諸法実相《しょほうじっそう》の悟《さと》りを細《こま》かく説《と》いてきました。しかし、いままた阿難《あなん》から質問《しつもん》があったので、未来世《みらいせ》において仏《ほとけ》になるための道《みち》（大乗無上《だいじょうむじょう》の法《ほう》）を行ずる人《ひと》のため、すなわち普賢《ふげん》の行《ぎょう》を学《まな》び、そのとおりを行《ぎょう》じようとする人《ひと》のために、心《こころ》をどう持《たも》ちどう清《きよ》めるかという方法《ほうほう》（所念《しょねん》の法《ほう》）を説《と》いてきかせることにしましょう。普賢《ふげん》のことをよく知《し》っている人《ひと》も、まだよく知《し》らない人《ひと》も、これからその行《ぎょう》を手本《てほん》として修行《しゅぎょう》すれば、あらゆる罪業《ざいごう》を清《きよ》めることができるのですから、みんなのためにくわしく説明《せつめい》しようと思《おも》います。

三九二・七―三九三・六 阿難よ、普賢菩薩《ぼさつ》は東方《とうぼう》の浄妙国土《じょうみょうこくど》という所《ところ》に生《う》まれた人《ひと》です。その国土《こくど》については『雑華経《ざつけきょう》』の中《なか》で説明《せつめい》しましたから、ここではその要点《ようてん》だけを述《の》べることにします。

阿難《あなん》よ。大乗《だいじょう》の教《おし》えを習《なら》おうとするもの（誦《じゅ》せん者《もの》）、実行《じっこう》しようとするもの（修《しゅ》せん者《もの》）、それによって仏《ほとけ》の境界《きょうがい》に達《たっ》しようと決定《けつじょう》したもの（大乗《だいじょう》の意《こころ》を発《ほっ》せん者《もの》）——そういう人《ひと》はつまり、普賢菩薩《ふげんぼさつ》の行《おこ》ないを見《み》てそれを手本《てほん》としようとするもの（普賢菩薩《ふげんぼさつ》の色身《しきしん》を見《み》んと楽《ねが》わん者《もの》）であり、大乗《だいじょう》の教《おし》えによればかならず仏《ほとけ》になれるという確信《かくしん》を得《え》たいもの（多宝仏《たほうぶつ》の塔《とう》を見《み》たてまつらんと楽《ねが》わん者《もの》）であり、久遠実成《くおんじつじょう》の仏《ほとけ》およびその現《あら》われである諸仏《しょぶつ》の救《すく》いを自覚《じかく》したいと願《ねが》うもの（釈迦牟尼仏《しゃかむにぶつ》及《およ》び分身《ふんじん》の諸仏《しょぶつ》を見《み》たてまつらんと楽《ねが》わん者《もの》）であり、眼《げん》・耳《に》・鼻《び》・舌《ぜつ》・身《しん》・意《い》の六根《ろっこん》を清《きよ》めようと思《おも》うものでありますが——そのような人《ひと》は、つぎに述《の》べる観法《かんぽう》（心《こころ》の持《も》ちかた、考《かんが》えかた）をしっかり修行《しゅぎょう》しなければなりません。

この観法《かんぽう》に達《たつ》した人《ひと》は、眼《まなこ》の曇《くも》り（障礙《しょうげ》）が除《のぞ》かれて、心《こころ》の徳《とく》が身《み》の行《おこ》ないに現《あら》われていく過程《かてい》を、まざまざと見《み》ることができましょう。たとえ三昧《さんまい》にはいらなくても、仏《ほとけ》の教《おし》えをしっかりと受持《じゅじ》し、読《どく》誦《じゅ》することを怠《おこた》らなければ、ひとりでに仏《ほとけ》の教《おし》えを日々《ひび》の行《おこ》ないの上《うえ》に現《あら》わしていこうと、ひたすら努《ど》力《りょく》するようになります。そのようにして、つねに大乗《だいじょう》の教《おし》えを思《おも》いつづけて三七二十一日《さんしちにじゅういちにち》にいたれば、その人《ひと》は、まさしく普賢菩薩《ふげんぼさつ》と共《とも》にいるという自覚《じかく》を得《え》ることができましょう。罪業《ざいごう》の深《ふか》いものは七七《しちしち》日《にち》の後《のち》、もっと罪業《ざいごう》の深《ふか》いものは一度《いちど》生《う》まれ変《か》わってから、または、二度《にど》、三度《さんど》生《う》まれ変《か》わってからその境地《きょうち》に達《たつ》する人《ひと》もありましょう。その人《ひと》のもつ業《ごう》によって報《むく》いもちがうわけですから、一様《いちよう》にはいえません。」

煩悩《ぼんのう》を断《だん》ぜず
五欲《ごよく》を離《はな》れず

ここには、大切《たいせつ》なことがらがいろいろあります。中《なか》でも大事《だいじ》なのは、どうしたら「煩悩《ぼんのう》を断《だん》ぜず五欲《ごよく》を離《はな》れずして、諸根《しょこん》を浄《きよ》め諸罪《しょざい》を滅除《めつじょ》することを得《え》」るかが主題《しゅだい》になっていることです。われわれの修行《しゅぎょう》の理想《りそう》とするところは、あらゆる煩悩《ぼんのう》を断《だん》じ、五欲《ごよく》を離《はな》れることです。しかし、出家沙門《しゅつけしゃもん》の身《み》ならともかく、在家《ざいけ》の信仰者《しんこうしゃ》としては、普通人《ふつうじん》の日常生活《にちじょうせいかつ》をいとなみながらの信《しん》仰《こう》でありますから、それはたいへんにむずかしいことです。身辺《しんぺん》には、いつも五欲《ごよく》の本《もと》になるようなことがらが、つぎからつぎへと起《お》こっています。まわりには、煩悩《ぼんのう》の種《たね》になるような「人《ひと》」と「物《もの》」がいっぱいあります。

理想《りそう》としてはそのすべてから解脱《げだつ》しなければならないのではありますけれども、現実《げんじつ》の問題《もんだい》として、最初《さいしょ》からそれを要求《ようきゅう》するのは無理《むり》なことです。しかし、それにもかかわらず、信仰者《しんこうしゃ》であるかぎりは、つねに窮極《きゅうきょく》の理想《りそう》へ向《む》かって進《すす》まなければならない。それならば、理想《りそう》と現実《げんじつ》のあいだに横《よこ》たわるギャップ（隙間《すきま》）をどうして埋《うず》めればいいのか？　そういう末世《まっせ》の信仰者《しんこうしゃ》の実際問題《じっさいもんだい》について教《おし》えられたのが、このお経《きょう》であるわけです。

但誦持《ただじゅじ》するが故《ゆえ》に　このことは、このお経《きょう》をつらぬいて流《なが》れている大方針《だいほうしん》であって、「三昧《さんまい》に入《い》らざれども但誦《ただじゅ》持《じ》するが故《ゆえ》に」というところにもその精神《せいしん》が現《あら》われています。この観法《かんぽう》の功徳《くどく》は、たとえ三《さん》昧《まい》に入《はい》らずとも、ただ大乗《だいじょう》の教《おし》えを一心《いっしん》に受持《じゅじ》し、読誦《どくじゅ》しさえすればしだいに普賢菩薩《ふげんぼさつ》の行《ぎょう》に近《ちか》づくことができると説《と》かれているのです。三七日《さんしちにち》でそれができる人《ひと》もあり、三度《さんど》生《う》まれ変《か》わる間《あいだ》かかる人《ひと》もあるでしょうが、とにかく一歩《いっぽ》一歩《いっぽ》確実《かくじつ》にその境地《きょうち》に近《ちか》づいていけるということは、われわれにとっては、非常《ひじょう》に力強《ちからづよ》い励《はげ》ましといわなければなりません。

三九三・七—三九六・三　つぎに、普賢菩《ぼ》薩《さつ》の具《そな》えておられる徳《とく》と、そのはたらきについて、たいへん象徴的《しょうちょうてき》な、美《うつく》しい文章《ぶんしょう》で述《の》べられています。そのおのおののことばに含《ふく》まれている意味《いみ》だけを簡単《かんたん》に説明《せつめい》することにしましょう。そうすれば、全体《ぜんたい》の意味《いみ》はおのずからわかってくることと思《おも》います。「普賢菩薩《ふげんぼさつ》は身量無辺《しんりょうむへん》・音声《おんじょう》無辺《むへん》・色像無辺《しきぞうむへん》なり」というのは、普賢菩薩《ふげんぼさつ》の徳《とく》とそのはたらきが測《はか》りしれないほど大《おお》きいことをいってあるのです。しかし、この娑婆世界《しゃばせかい》の人《ひと》を教《おし》え導《みちび》くのには、われわれとあまりかけ離《はな》れた存在《そんざい》であったら、親《した》しみも感《かん》じないし、また、とうていあんなにはなれないと、最初《さいしょ》からあきらめてしまいがちですから、普通人《ふつうじん》と変《か》わらない相《すがた》で出現《しゅつげん》されるのです。まえに述《の》べた「半歩主義《はんぽしゅぎ》」の具現者《ぐげんしゃ》であります。「三障《さんしょう》」というのは、貪《とん》・瞋《じん》・癡《ち》です。娑婆世界《しゃばせかい》の人《ひと》はこの三つの障《さわ》りが重《おも》いのであるから、まず身近《みぢか》なことから導《みちび》いていこう――というのが普賢菩薩《ふげんぼさつ》のはたらきであります。だから、実践力《じっせんりょく》の象徴《しょうちょう》である象《ぞう》、しかも清浄無垢《しょうじょうむく》の白象《びゃくぞう》に乗《の》っておられるというわけです。「六牙《ろくげ》」とは六波羅蜜《ろくはらみつ》をかたどり、七支《しちし》とは「不殺生《ふせっしょう》・不偸盗《ふちゅうとう》・不邪淫《ふじゃいん》・不妄語《ふもうご》・不悪口《ふあっく》・不綺語《ふきご》・不両舌《ふりょうぜつ》」の七戒《かい》をかたどるものとされています。

それから、象《ぞう》の大《おお》きさや美《うつく》しさがさまざまに形容《けいよう》してありますが、それは仏《ほとけ》の教《おし》えを実行《じっこう》することがどんなに美《うつく》しいことであるか、大《おお》きな価値《かち》のあることであるかを象徴《しょうちょう》してあるのです。

つぎに、象《ぞう》の牙《きば》にある池《いけ》の蓮華《れんげ》の上《うえ》に美《うつく》しい女《おんな》が出現《しゅつげん》し、また多《おお》くのいい音《ね》を出《だ》す楽器《がっき》や美《うつく》しい鳥《とり》が現《あら》われるとありますが、これは、仏《ほとけ》の教《おし》えを実行《じっこう》すれば、周囲《しゅうい》の人《ひと》びともひとりでに浄化《じょうか》されるということを表《あら》わしています。

つぎに、象《ぞう》の鼻《はな》に金色《こんじき》の花《はな》があって、それはまだ莟《つぼ》んでいるとあります。これは、信仰《しんこう》の莟《つぼみ》はふくらんでいるけれども、まだすっかり悟《さと》りきっていないありさまを表《あら》わしています。そのことを自覚《じかく》したら、懺悔《さんげ》して、一心《いっしん》に菩薩行《ぼさつぎょう》の教《おし》えを究《きわ》めていけ、そうすれば、かならず信仰《しんこう》の花《はな》は開《ひら》いて、金色《こんじき》の光《ひかり》を放《はな》つのである――というのです。

その花《はな》には仏《ほとけ》の相《すがた》をもった人《ひと》（化仏《けぶつ》）がおられ、その化仏《けぶつ》の眉間《みけん》から出《で》た金色《こんじき》の光《ひかり》が象《ぞう》の目《め》の中《なか》にはいり、目《め》から出《で》て耳《みみ》にはいり、耳《みみ》から出《で》て頭《あたま》の上《うえ》を照《て》らす、というようなことが述《の》べられています。これはつまり、仏《ほとけ》の教《おし》えを実行《じっこう》する一《ひと》つ一《ひと》つの行為《こうい》の中《なか》に、仏《ほとけ》のみ心《こころ》が通《かよ》っているということにほかなりません。

象《ぞう》の頭《あたま》の上《うえ》にいる化人《けにん》の持《も》っている金輪《こんりん》は、人《ひと》びとを自由自在《じゆうじざい》に治《おさ》めることのできる指導力《しどうりょく》を示《しめ》し、摩尼珠《まにしゅ》は、ものごとの実相《じっそう》を見通《みとお》す智慧《ちえ》の力《ちから》を示《しめ》し、金剛杵《こんごうしょ》は悪《あく》や罪《つみ》を打《う》ち砕《くだ》く破邪《はじゃ》の力《ちから》を示《しめ》しています。仏《ほとけ》の教《おし》えを実行《じっこう》する人《ひと》には、そういう力《ちから》が自然《しぜん》と具《そな》わってくるのです。

その金剛杵《こんごうしょ》を象《ぞう》に向《む》けると、象《ぞう》は歩《ある》きだします。すなわち、教《おし》えの実行《じっこう》はまず悪《あく》や罪《つみ》を打《う》ち砕《くだ》く懺悔《さんげ》から始《はじ》まるというのです。その象《ぞう》は七尺《しちしゃく》の空中《くうちゅう》を歩《ある》くのですが、それでも地上《ちじょう》に印文《いんもん》（足跡《あしあと》）がつきます。これもたくみな譬《たと》えであって、理想《りそう》に向《む》かって進《すす》む（空中《くうちゅう》を歩《ある》く）うちにも、ちゃんと現実《げんじつ》に結果《けっか》が現《あら》われていくことをいってあるのです。その足跡《あしあと》は、車《くるま》の輪《わ》のような形《かたち》をして、その一《ひと》つ一《ひと》つから大《おお》きな蓮《はす》の花《はな》が生《は》え出《だ》し、一《ひと》つ一《ひと》つの蓮華《れんげ》の上《うえ》にまた象《ぞう》を生《しょう》ずる。そして、七千《せん》もの象《ぞう》たちが大《おお》きな白象《びゃくぞう》のあとについて行《い》く――というのは、ある人《ひと》が仏《ほとけ》の教《おし》えを実行《じっこう》すると、その感化《かんか》によって、あとからあとから教《おし》えにはいる人《ひと》が生《しょう》じ、先《さき》の人《ひと》を手本《てほん》にして教《おし》えを実行《じっこう》していくようになるという意味《いみ》です。

そこで、改《あらた》めて大白象《たいびゃくぞう》の姿《すがた》がいろいろと述《の》べられ、その上《うえ》に結跏趺坐《けっかふざ》（足《あし》を組《く》んですわる）している普《ふ》賢菩薩《げんぼさつ》の行《ぎょう》のはたらきが説《と》かれていますが、これはまえのところと似《に》ていますから、だいたい理解《りかい》できることと思《おも》います。

三九六・四―六 その象は、周囲《しゅうい》のものを美《うつく》しく感化《かんか》しながら静《しず》かに歩《ある》いてゆき、大乗《だいじょう》の教《おし》えを一心《いっしん》に修行《しゅぎょう》しているものがいると、その前《まえ》で立《た》ち止《ど》まり、口《くち》を開《ひら》きます。象《ぞう》の牙《きば》の上《うえ》には美《うつく》しい女《おんな》がいて、諸法実相《しょほうじっそう》の悟《さと》りを説《と》く大乗《だいじょう》の教《おし》えをたたえます。すなわち、一心《いっしん》に修行《しゅぎょう》を励《はげ》めば、かならずその悟《さと》りを得《え》るようになるという意味《いみ》です。

三九六・六―一〇 諸法実相の悟《さと》りを得《え》た行者《ぎょうじゃ》は、大《おお》いに心《こころ》の喜《よろこ》びを覚《おぼ》えますから、ますます深《ふか》く経典《きょうてん》を読誦《どくじゅ》し、十方《じっぽう》の諸仏《しょぶつ》、多宝仏塔《たほうぶつとう》および釈迦牟尼仏《しゃかむにぶつ》を拝《おが》み、また普賢《ふげん》をはじめとする大菩薩《だいぼさつ》を拝《おが》んで、「もし自分《じぶん》に前世《ぜんせ》からの福《ふく》があれば、普賢菩薩《ふげんぼさつ》のあらゆるお相《すがた》を見《み》ることができるでしょう。どうか、菩薩《ぼさつ》の広《ひろ》いお心《こころ》をもって、ハッキリしたお相《すがた》をお示《しめ》しください」という誓願《せいがん》を起《お》こさずにはいられないのです。

誓願《せいがん》を起《お》こすというのは、ただ願《ねが》うだけではありません。それに対《たい》してあらゆる努力《どりょく》をすることです。三九六・一一―三九七・二 ですから、この願《ねが》いを起《お》こしたら、昼夜《ちゅうや》に十方《じっぽう》の仏《ほとけ》を拝《おが》み、懺悔《さんげ》の法《ほう》を行《ぎょう》じ、大乗《だいじょう》の教《おし》えを読誦《どくじゅ》し、深《ふか》くその意味《いみ》を考《かんが》え、実践《じっせん》（事《じ》）を誓《ちか》い、またその教《おし》えを持《たも》つものを敬《うやま》い、一切《いっさい》の人《ひと》びとに仏《ほとけ》を見《み》るような思《おも》いで対《たい》しなければならない（仏性《ぶっしょう》を見《み》る）、また父母《ふぼ》を見《み》るような思《おも》いで対《たい》しなければならない（感謝《かんしゃ》をもって見《み》る）――こういう努力《どりょく》をしてこそ、普賢菩薩《ふげんぼさつ》の徳《とく》と行《ぎょう》の尊《とうと》さをもっと深《ふか》く自覚《じかく》することができるのであると教《おし》えられているのです。

三九七・二―一一 すなわちその人《ひと》は、諸法《しょほう》の実相《じっそう》を見通《みとお》す仏《ほとけ》の智慧《ちえ》（白毫《びゃくごう》の光明《こうみょう》）も実践《じっせん》（普賢菩薩《ふげんぼさつ》）から生《う》まれるのだということを悟《さと》り、実行《じっこう》によってこそ三十二相《そう》を具《そな》えた仏《ほとけ》の身《み》にもなりうるのだということも自覚《じかく》できます。また、その感化《かんか》（大光明《だいこうみょう》）によって、周囲《しゅうい》の多《おお》くの人《ひと》びとを菩薩《ぼさつ》の境界《きょうがい》に引《ひ》き入《い》れることができるという強《つよ》い自信《じしん》も得《え》られるようになります。

また、善《よ》い行《おこ》ない（化象《けぞう》）が多《おお》くの善《よ》い行《おこ》ない（化象《けぞう》）を生《う》み、それがネズミ算式《ざんしき》に殖《ふ》えていって、十方無量無辺《じっぽうむりょうむへん》の世界《せかい》に善《よ》い行《おこ》ないがいっぱいになるという理想社会《りそうしゃかい》の実現《じつげん》をも、深《ふか》く確信《かくしん》することができるようになります。

三九七・一一―三九八・三 そういう自覚を得《え》ますと、信仰者《しんこうしゃ》の心《こころ》の喜《よろこ》びはいよいよ深《ふか》まります。しかし、法《ほう》の修行《しゅぎょう》において満足《まんぞく》ということはありえませんから、ますます高《たか》い境地《きょうち》に達《たっ》したいと願《ねが》うのです。そこで、心《こころ》の中《なか》に、

――菩薩《ぼさつ》（大慈大悲者《だいじだいひしゃ》）よ、どうぞもっと深《ふか》く仏《ほとけ》の教《おし》えにはいることができますようお導《みちび》きください――と念《ねん》じます。その心《こころ》はもろもろの菩薩《ぼさつ》の心《こころ》に通《つう》ぜぬはずはありませんから、その助《たす》けによってかならず大乗経《だいじょうきょう》の教《おし》えの奥義《おくぎ》を会得《えとく》するようになるわけです。そして、もろもろの菩薩《ぼさつ》に讃歎《さんたん》されるほどの境地《きょうち》に達《たっ》せられます。この境地《きょうち》を、普賢菩薩《ふげんぼさつ》と共《とも》にいることを自覚《じかく》する（観《かん》ずる）行《ぎょう》の第《だい》一の段階《だんかい》（最《さい》初《しょ》の境界《きょうがい》）と名《な》づけるというのです。

三九八・四—八
このような境界《きょうがい》に達《たつ》した人《ひと》が、なおも昼夜《ちゅうや》に大乗《だいじょう》の教《おし》えを念《ねん》じておれば、眠《ねむ》りの中《なか》においてさえ、普賢菩薩《ふげんぼさつ》に教《おし》えを聞《き》く夢《ゆめ》を見《み》るだろうとあります。

夢《ゆめ》に普賢菩《ふげんぼ》薩《さつ》を見《み》る

夢《ゆめ》に見《み》るということが、このあとにもたびたび出《で》てきますが、これには二《ふた》つの意味《いみ》があります。

第《だい》一の意味《いみ》は、目《め》が覚《さ》めているときは、ちゃんと意識《いしき》がありますから、つとめて大乗《だいじょう》の教《おし》えを念《ねん》じていることができますが、眠《ねむ》っているときの心《こころ》（かくれた心《こころ》＝意識下《いしきか》の自己《じこ》）は、自分《じぶん》の思《おも》うように左右《さゆう》できるものではありません。好《す》きな夢《ゆめ》を見《み》たいと思《おも》っても、寝言《ねごと》をいうまいと思《おも》っても、睡眠中《すいみんちゅう》の自分《じぶん》を調御《ちょうぎょ》することは不可能《ふかのう》といっていいのです。

ところが、ほんとうに深《ふか》い信仰《しんこう》に達《たつ》した人《ひと》は、夢《ゆめ》の中《なか》にも菩薩《ぼさつ》を見《み》、法《ほう》を聞《き》くことができます。普賢《ふげん》菩薩《ぼさつ》が現《あら》われて——あなたもきっと菩薩《ぼさつ》の境界《きょうがい》に達《たつ》することができますよ——といって力《ちから》づけたり、また——あなたは教《おし》えのここのところを忘《わす》れてはいないか、ここのところを考《かんが》えちがいしてはいないか——と、注意《ちゅうい》したり、その意味《いみ》を教《おし》えてくださったりするのです。

夢《ゆめ》に見《み》るということの第《だい》二の意味《いみ》は、睡眠中《すいみんちゅう》のことばかりをいってあるのではなく、ほんとうに深《ふか》い信仰《しんこう》に達《たつ》した人《ひと》は、ふと閃《ひらめ》くように教《おし》えの真理《しんり》を悟《さと》るというようなことが多《おお》いもので、そういう啓示《けいじ》もしくは悟得《ごとく》というようなものを指《さ》して、夢《ゆめ》に見《み》るといっているのです。

しかし、ふと心《こころ》に閃《ひらめ》いた啓示《けいじ》は、まだしっかりと自分《じぶん》のものになっていない、夢《ゆめ》を見《み》ているようなものです。その啓示《けいじ》を一心《いっしん》に考《かんが》え究《きわ》めていって、どこからつついても真理《しんり》であることにまちがいないという確信《かくしん》を得《え》たとき、はじめて自分《じぶん》のものになり、そして他《た》へ伝《つた》える価値《かち》のある教《おし》えになるわけです。

三九八・八―九 さて、このような行《ぎょう》を日々《ひび》くりかえしてゆきますと、心《こころ》が非常《ひじょう》に利《さと》くなって、真実《しんじつ》がすっかり解《わか》ってくるようになります。そして、普賢菩薩《ふげんぼさつ》（実践《じっせん》）のおかげをもって、十方《じっぽう》の諸仏《しょぶつ》を憶念《おくねん》するようになる――すなわち、いままでは、菩薩《ぼさつ》の境地《きょうち》に近《ちか》づくことが目標《もくひょう》だったのですけれども、そこからもう一歩《いっぽ》進《すす》んで、仏《ほとけ》の境地《きょうち》を考《かんが》えるようになってくるのです。

三九八・九―一〇 そして、なにごとにしても正《ただ》しい心《こころ》で正《ただ》しく思《おも》うようになり、心眼《しんがん》をもって東方《とうぼう》の仏《ほとけ》を見《み》たてまつる、すなわちまだ遠《とお》くてたしかではないが、仏《ほとけ》の尊《とうと》さがほぼ解《わか》るようになるというのです。

「東方《とうぼう》の」というのは、いままでもずいぶん出《で》てきましたが、東《ひがし》は太陽《たいよう》の出《で》る方角《ほうがく》で、ものごとの始《はじ》まる所《ところ》を示《しめ》し、反対《はんたい》に西《にし》は太陽《たいよう》の沈《しず》む方角《ほうがく》で、ものごとの納《おさ》まる所《ところ》を示《しめ》しているのです。死《し》んでから西方《さいほう》極楽浄土《ごくらくじょうど》へ行《い》くというのも、その思想《しそう》によるものです。ここでは、その人《ひと》のほんとうの信仰《しんこう》が始《はじ》まったばかりの時期《じき》ですから、「東方《とうぼう》の仏《ほとけ》」を見《み》たてまつるわけです。

三九八・一一 「一仏を見《み》たてまつり已《お》って、復一仏《またいちぶつ》を見《み》たてまつらん」というのは、真理《しんり》は一《ひと》つでありますから、一《ひと》つの真理《しんり》を悟《さと》れば、つぎからつぎへと真理《しんり》の現《あら》われを見《み》ることができるという意味《いみ》です。

三九八・一一―三九九・一 こうして、東方の諸仏《しょぶつ》を見《み》たてまつることができれば、心眼《しんがん》はますますすぐれたものになりますので、十方世界《じっぽうせかい》の一切《いっさい》の諸仏《しょぶつ》を見《み》たてまつることができるようになるのです。

三九九・一―五 そういう境地《きょうち》に達《たつ》すると、心《こころ》の喜《よろこ》びはますます深《ふか》くなりますが、そうなっても満足《まんぞく》しないで、いよいよ懺悔《さんげ》しなければならないということが、つぎに教《おし》えられています。ここのところで、ほんとうの懺悔《さんげ》の行《ぎょう》は、たんなる罪《つみ》の告白《こくはく》ではないことがよくわかります。すなわち、懺悔《さんげ》とは「仏性《ぶっしょう》を洗《あら》い出《だ》す」ことにとどまらず、「仏性《ぶっしょう》を磨《みが》きあげる」ことであることがわかるのです。

目《め》を閉《と》ずれば則《すなわ》ち見《み》、目《め》を開《ひら》けば則《すなわ》ち失《うしな》う　では、具体的《ぐたいてき》にどう懺悔《さんげ》しなければならないかといいますと、いま述《の》べたような高《たか》い境地《きょうち》に達《たっ》しても、つぎのように考《かんが》えなければならないというのです。すなわち、――自分《じぶん》は大乗《だいじょう》の教《おし》えによって菩薩《ぼさつ》（大士《だいじ》）とはどんな尊《とうと》い人《ひと》であるかを知《し》ることができた。そして、菩薩《ぼさつ》の行《ぎょう》を学《まな》び、それを実行《じっこう》することによって、自分《じぶん》も仏《ほとけ》さまと共《とも》にいるのだという自覚《じかく》を得《え》ることができた。しかし、その自覚《じかく》はまだはっきりしたものではない。目《め》を閉《と》じて静《しず》かに精神《せいしん》を集中《しゅうちゅう》すれば、たしかに仏《ほとけ》さまと共《とも》にいることを実感《じっかん》できるけれども、目《め》を開《ひら》いて現実《げんじつ》の世界《せかい》を見《み》わたすと、もう仏《ほとけ》さまのお姿《すがた》はどこか遠《とお》くへ霞《かす》んでしまう。まだまだ自分《じぶん》の信仰《しんこう》は不十分《ふじゅうぶん》なのだ――と。

この「目《め》を閉《と》ずれば則《すなわ》ち見《み》、目《め》を開《ひら》けば則《すなわ》ち失《うしな》う」というのは、じつにいいことばです。まことにそのとおりで、だれしも心《こころ》に思《おも》い当《あ》たることでしょう。

三九九・五―一一

そこで、そのように心《こころ》に念《ねん》じたら、全身全霊《ぜんしんぜんれい》を投《な》げ出《だ》して仏《ほとけ》さまを拝《おが》み、一心《いっしん》に合掌《がっしょう》して――諸仏世尊《しょぶつせそん》は十力《じゅうりき》・無畏《むい》・十八不共法《ふぐほう》・大慈《だいじ》・大悲《だいひ》・三念処《さんねんじょ》をお具《そな》えになり、最上《さいじょう》の尊《とうと》い相《すがた》をもってつねに世間《せけん》にいらっしゃいます。それなのに、わたくしはどんな罪《つみ》があって仏《ほとけ》さまと共《とも》にあるという自覚《じかく》をほんとうにはっきりと得《え》ることができないのでございましょう――と、心《こころ》の中《なか》で声《こえ》を出《だ》して唱《とな》えるのです。

十《じゅう》 力《りき》

「十力《じゅうりき》」とは、仏《ほとけ》の具《そな》えておられる十《とお》のはたらきで、われわれ法華経行者《ほけきょうぎょうじゃ》にとっても非常《ひじょう》に大切《たいせつ》なことですから、簡単《かんたん》に解説《かいせつ》しますと、1、ものごとをするのに適切《てきせつ》な時《とき》と場合《ばあい》を見分《みわ》ける力《ちから》、2、ものごとの原因《げんいん》と結果《けっか》を過去《かこ》・現在《げんざい》・未来《みらい》の三世《さんぜ》にわたって明《あき》らかに知《し》る力《ちから》、3、周囲《しゅうい》に左右《さゆう》されずにいつも落着《おちつ》いておられる境地《きょうち》を知《し》る力《ちから》、4、教《おし》えを聞《き》く人《ひと》の機根《きこん》を見分《みわ》ける力《ちから》、5、教《おし》えを聞《き》く人《ひと》の理解《りかい》のしかた（傾向《けいこう》）を知《し》る力《ちから》、6、相手《あいて》の人《ひと》の身《み》の上《うえ》を見抜《みぬ》く力《ちから》、7、相手《あいて》が今後《こんご》どうなっていくかを察知《さっち》する力《ちから》、8、ものごとのかくれた真実《しんじつ》を見抜《みぬ》く力《ちから》、9、相手《あいて》がどういう運命《うんめい》をもって生《う》まれてきたかを見抜《みぬ》く力《ちから》、10、習気《じっけ》（迷《まよ》いを去《さ》ってもそのあとに残《のこ》っている迷《まよ》いの習性《しゅうせい》）を除《のぞ》いてやる力《ちから》。

「十八不共法《ふぐほう》」とは、仏《ほとけ》だけが具《そな》えているという十八の徳《とく》をいうのですが、これはあまり専門的《せんもんてき》になりますので、説明《せつめい》は省略《しょうりゃく》します。

三《さん》念《ねん》処《じょ》

「三念処《さんねんじょ》」とは、仏《ほとけ》の衆生《しゅじょう》に対《たい》する態度《たいど》を「初念処《しょねんじょ》、二念処《にねんじょ》、三念処《さんねんじょ》」と三つに分《わ》けて示《しめ》されたものです。

仏《ほとけ》は、衆生《しゅじょう》が仏《ほとけ》をたたえても、たたえられたことを喜《よろこ》びとされないで、たたえた衆生《しゅじょう》の心《こころ》を喜《よろこ》んでくださるのです。これを初念処《しょねんじょ》といいます。

また、仏《ほとけ》は、仏《ほとけ》をののしったり、のろったりする人《ひと》があっても、ご自身《じしん》のためにはすこしも悲《かな》しんだり怒《おこ》ったりなさらない。そんなことをする人《ひと》の心《こころ》を、かわいそうだと深《ふか》くあわれみ、悲《かな》しまれます。これを二念処《にねんじょ》といいます。

また、衆生《しゅじょう》の中《なか》には、仏《ほとけ》の教《おし》えに帰依《きえ》した人《ひと》としない人《ひと》とがありますが、仏《ほとけ》はその二種類《しゅるい》の人《ひと》に対《たい》して分《わ》けへだてをなさらない。平等《びょうどう》に慈悲《じひ》をおかけになってくださる。なぜならば、すべて平等《びょうどう》に仏性《ぶっしょう》をもっているからです。こういう一視同仁《いっしどうじん》のお心《こころ》をもって衆生《しゅじょう》をごらんになっておられることを、三念処《さんねんじょ》といいます。

これらは仏《ほとけ》のみ心《こころ》をいったことではありますが、われわれが教《おし》えをひろめる行《おこ》ないをするときの態度《たいど》も、この境地《きょうち》を理想《りそう》としなければなりません。

さて、――どうしてわたくしは、仏《ほとけ》さまと共《とも》にいるという自覚《じかく》を、ほんとうにはっきりとつかむことができないのでしょう――と、心《こころ》に念《ねん》じたら、自分《じぶん》のいままでの行《おこ》ないをかえりみ、修行《しゅぎょう》の足《た》りないところを徹底的《てっていてき》に反省《はんせい》するのです。それが懺悔《さんげ》です。その懺悔《さんげ》の心《こころ》が徹底《てってい》してきますと、普賢菩薩《ふげんぼさつ》がその人《ひと》のところに現《あら》われて、寝《ね》ても覚《さ》めてもそばを離《はな》れなくなります。夢《ゆめ》の中《なか》でも教《おし》えを聞《き》くことができ、目《め》が覚《さ》めてからも、法《ほう》を聞《き》きえた心《こころ》の喜《よろこ》びを現実《げんじつ》に感《かん》じるのです。これはつまり、普賢菩薩《ふげんぼさつ》と心《こころ》が通《かよ》いあうようになるという意味《いみ》です。

三九九・一一―四〇〇・一

このようにして三七日《にち》を過《す》ぎますと、善《ぜん》を固《かた》く持《たも》って失《うしな》わず悪《あく》を押《お》さえて起《お》こさせない力《ちから》（陀羅尼《だらに》）を得《え》、さらに進《すす》んでその力《ちから》を他《た》へ及《およ》ぼす感化力《かんかりょく》（旋陀羅尼《せんだらに》）を得《え》ます。そのために、諸仏《しょぶつ》や菩薩《ぼさつ》のお説《と》きになるこの上《うえ》ない教《おし》えをしっかりと心《こころ》にとどめて、忘《わす》れるようなことがなくなるのです。

釈迦牟尼仏《しゃかむにぶつ》のみ法《ほう》を説《と》きたもう

四〇〇・一―六

そうなると、夢《ゆめ》の中《なか》にも過去《かこ》の世《よ》の七仏《しちぶつ》のお姿《すがた》を見《み》ることができますが、その中《なか》でただ釈迦牟尼仏《しゃかむにぶつ》だけがわれわれのために法《ほう》を説《と》いてくださるのです。そのほかの仏《ほとけ》は、釈迦牟尼仏《しゃかむにぶつ》のお説《と》きになる大乗《だいじょう》の教《おし》えを口々《くちぐち》におほめになるのです。

ここは非常《ひじょう》に大切《たいせつ》なところです。過去《かこ》の世《よ》の諸仏《しょぶつ》も尊《とうと》い仏《ほとけ》さまにはちがいないのですが、娑婆世界《しゃばせかい》のわれわれに教《おし》えを説《と》いてくださるのは釈迦牟尼如来《しゃかむににょらい》だけです。限《かぎ》りない過去《かこ》から存在《そんざい》する真理《しんり》（妙法《みょうほう》）も、釈迦牟尼如来《しゃかむににょらい》の教《おし》えを通《つう》じてこそ、知《し》ることができるのです。ですから、われわれはただひたすら釈迦牟尼如来《しゃかむににょらい》に帰依《きえ》すればよいのであって、そうすれば、自動的《じどうてき》に他《た》の諸仏《しょぶつ》（真理《しんり》のさまざまな現《あら》われ）にも帰依《きえ》することになるわけです。ここには、その意味《いみ》が深《ふか》く含《ふく》まれていることを読《よ》みとらなければなりません。

仏《ほとけ》のお姿《すがた》を夢《ゆめ》に見《み》るというのは、すなわちつねに仏《ほとけ》と共《とも》にあるという自覚《じかく》をおぼろげながら得《え》るということです。おぼろげながらでも、その自覚《じかく》を得《え》れば、その人《ひと》はますます喜《よろこ》びに満《み》ちて、あまねく十方《じっぽう》の仏《ほとけ》を礼拝《らいはい》します。すると、普賢菩薩《ふげんぼさつ》がその人《ひと》の前《まえ》に現《あら》われて、なぜいままでは仏《ほとけ》を見《み》たてまつることができなかったかといえば、それは宿世《しゅくせ》の業縁《ごうえん》によるものであると、過去《かこ》の心《こころ》の罪《つみ》（黒悪《こくあく》）を明《あか》るみにさらけだし（発露《ほつろ》し）てくださるでしょう。

これは、普賢菩薩《ふげんぼさつ》の力《ちから》によって、自《みずか》らの心《こころ》の罪《つみ》にハッと気《き》がつくことをいうのであって、すなわち仏《ほとけ》さまの前《まえ》でする懺悔《さんげ》であります。「口《くち》に自《みずか》ら発露《ほつろ》せよ」とありますが、この場合《ばあい》心《こころ》の中《なか》でことばに出《だ》して懺悔《さんげ》することを意味《いみ》しています。

四〇〇・七―九
その懺悔が終《お》わると、心《こころ》は洗《あら》い清《きよ》められ、仏性《ぶっしょう》はますます磨《みが》きだされますから、仏《ほとけ》がいつも自分《じぶん》のそばにおられるという自覚《じかく》が安定《あんてい》してきます（諸仏現前三昧《しょぶつげんぜんざんまい》を得《え》る）。そして、東方《とうぼう》の阿閦仏《あしゅくぶつ》をはじめ、十《じっ》方《ぽう》の諸仏《しょぶつ》とその国土《こくど》をはっきり見《み》ることができるようになります――すなわち、仏《ほとけ》と仏《ほとけ》を知《し》ったものの世界《せかい》はどんなものであるかが、はっきりとわかってくるわけです。

四〇〇・九―一二
そうすると、また夢《ゆめ》の中《なか》で、象《ぞう》の頭《あたま》の上《うえ》に非常《ひじょう》に強《つよ》い金剛力士《こんごうりきし》がいて金剛杵《こんごうしょ》を六根《ろっこん》（眼《げん》・耳《に》・鼻《び》・舌《ぜっ》・身《しん》・意《い》）の汚《けが》れにつきつけているのを見《み》るというのです。金剛杵《こんごうしょ》というのは、まちがった考《かんが》えを打《う》ち砕《くだ》く武器《ぶき》ですから、六根《ろっこん》の汚《けが》れを打《う》ち砕《くだ》く勢《いきお》いを示《しめ》しているわけです。すなわち、懺悔《さんげ》の心《こころ》が動《うご》いている証拠《しょうこ》です。そこで、普賢菩薩《ふげんぼさつ》が現《あら》われて、六根清浄懺悔《ろっこんしょうじょうさんげ》の法《ほう》を説《と》かれる――ということは、懺悔《さんげ》によって、身《み》も心《こころ》も清《きよ》められていく自覚《じかく》を得《え》ることができるという意味《いみ》です。

四〇〇・一二―四〇二・二
すなわち、仏《ほとけ》さまと共《とも》にいるのだという確信《かくしん》（諸仏現前三昧《しょぶつげんぜんざんまい》）を持《たも》ち、普賢菩薩《ふげんぼさつ》の教《おし》えである「法《ほう》の実《じっ》践《せん》」を怠《おこた》らなければ、われわれの六根《ろっこん》から煩悩《ぼんのう》の曇《くも》りが次第《しだい》にぬぐい去《さ》られて、正《ただ》しくものごとを見《み》、聞《き》くことができるようになるのです。そうなると、身《み》も心《こころ》も喜《よろこ》びに満《み》ちて、自然《しぜん》と悪《わる》い考《かんが》えなどが起《お》こらなくなり、「心《こころ》を是《こ》の法《ほう》に純《もっぱ》らにして法《ほう》と相応《そうおう》せん」、すなわち心《こころ》がこの大乗《だいじょう》の教《おし》え一本《いっぽん》にうちこまれて、まじりけがなくなり、そして心《こころ》がどう動《うご》いても、それがひとりでに教《おし》えにかなうようになるのです。そうすると、その人《ひと》が徳《とく》によって周囲《しゅうい》を感化《かんか》する力《ちから》（旋陀羅尼《せんだらに》）はますます大《おお》きなものになり、また仏《ほとけ》と共《とも》にあるという自覚《じかく》はいよいよ強《つよ》いものになるのです。そのもろもろの仏《ほとけ》は、右《みぎ》の手《て》をさしのべて行者《ぎょうじゃ》の頭《あたま》をなでられ、つぎのようにおおせられるでしょう。

――なんじは、まことにりっぱである。大乗《だいじょう》の教《おし》えを身《み》に行《おこ》ない、あらゆる徳《とく》を身《み》に具《そな》えようと志《こころざ》し、大乗《だいじょう》の教《おし》えを心《こころ》に守《まも》っているものである。諸仏《しょぶつ》もみな、むかし菩提心《ぼだいしん》を起《お》こしたときは、なんじと同様《どうよう》であった。いまの心《こころ》をしっかりと守《まも》って失《うしな》ってはならない。われらも長《なが》い前世《ぜんせ》に、大乗《だいじょう》の教《おし》えを実《じっ》行《こう》したからこそ、現在《げんざい》の清浄正遍知《しょうじょうしょうへんち》の身《み》となったのである。なんじも修行《しゅぎょう》につとめ励《はげ》んで、怠《おこた》ってはならない。

この大乗《だいじょう》の教《おし》えは、諸仏《しょぶつ》のただ一《ひと》つの宝《たから》である。十方三世《じっぽうさんぜ》の諸仏《しょぶつ》にとって、最《もっと》も大切《たいせつ》なもの（眼目《げんもく》）である。この教《おし》えから、もろもろの如来《にょらい》は生《う》まれるのである。この教《おし》えを持《たも》つものは、すなわち仏《ほとけ》の身《み》を自分《じぶん》の身《み》とするものであり（仏身《ぶっしん》を持《たも》ち）、仏《ほとけ》の身代《みが》わりとして仏《ほとけ》のわざを行《おこ》なう（仏事《ぶつじ》を行《ぎょう》ずる）ものである。

この人《ひと》は仏《ほとけ》の使《つか》いであり、諸仏世尊《しょぶつせそん》の衣《ころも》によって守《まも》られるものであり、諸仏如来《しょぶつにょらい》の真実《しんじつ》の法《ほう》の子《こ》である。なんじ、怠《おこた》らず大乗《だいじょう》の教《おし》えを行《ぎょう》じて、伸《の》びてゆく法《ほう》の種《たね》を断《た》ちきらぬようにしなければならない。いまこそ、なんじの目《め》には東方《とうぼう》の諸仏《しょぶつ》がはっきりと見《み》られることであろう――

四〇二・三―一〇
仏のみ声が、このように心《こころ》の中《なか》にひびきわたるのを聞《き》くと、行者《ぎょうじゃ》はあらゆる仏《ほとけ》の世界《せかい》の美《うつく》しさを目《め》の前《まえ》に見《み》ることができます。ということは、仏《ほとけ》の教《おし》えの尊《とうと》さと、その教《おし》えを説《と》くこと（宝樹《ほうじゅ》および宝座《ほうざ》）の尊《とうと》さを深《ふか》く知《し》ることができ、その教《おし》えがあまねくゆきわたれば、人《ひと》びとも、社会《しゃかい》も、世界全体《せかいぜんたい》もどんなに美《うつく》しくなるかという見通《みとお》しが、はっきりついてくることを意味《いみ》しています。

仏《ほとけ》を見失《みうしな》う　それでも、この人《ひと》は心《こころ》の奥底《おくそこ》から満足《まんぞく》することができません。なぜならば、ただ宝地《ほうち》・宝《ほう》座《ざ》及《およ》び宝樹《ほうじゅ》だけを見《み》て、諸仏《しょぶつ》のお姿《すがた》が見《み》えないからだというのです。まえにはたしかに諸《しょ》仏《ぶつ》を見《み》たてまつったのですから、ここに述《の》べられていることはなんだか矛盾《むじゅん》しているように思《おも》えるかもしれませんが、それは矛盾《むじゅん》でもなんでもありません。ひとたびは仏《ほとけ》と共《とも》にあるという自覚《じかく》を強《つよ》く得《え》ることができても、まだ菩薩《ぼさつ》の境界《きょうがい》に達《たっ》していない人《ひと》は、他《た》のことにちょっと心《こころ》を奪《うば》われていると、その自《じ》覚《かく》がすぐ遠《とお》のいてしまうのです。

ですから、――四〇二・一一―四〇三・二ああ、わたくしにはまだ足《た》りないところがあって、仏《ほとけ》を見失《みうしな》ったのだ。もうしわけない――と懺悔《さんげ》すれば、たちまちその一《ひと》つ一《ひと》つの宝座《ほうざ》の上《うえ》に仏《ほとけ》のいらっしゃるのが見《み》えてくるわけです。

四〇三・二―六ふたたび諸仏《しょぶつ》を見《み》たてまつって、心《こころ》に深《ふか》い喜《よろこ》びを覚《おぼ》えると、また一心《いっしん》に大乗《だいじょう》の教《おし》えを読誦《どくじゅ》し、実行《じっこう》しなければなりません。このことが大切《たいせつ》です。仏《ほとけ》と共《とも》にある自覚《じかく》を得《え》たからといって、増上慢《ぞうじょうまん》におちいって、怠《おこた》ってはならないのです。なおいっそう教《おし》えを学《まな》び、実行《じっこう》しなければなりません。なぜならば、われわれの日常生活《にちじょうせいかつ》においては、五欲《ごよく》や煩悩《ぼんのう》の雲《くも》がつぎからつぎに押《お》し寄《よ》せてきますから、うっかりすると心《こころ》がかき曇《くも》り、仏《ほとけ》と共《とも》にある自覚《じかく》を見失《みうしな》いがちになるからであります。

そうして、さらに大乗《だいじょう》の教《おし》えを誦習《じゅしゅう》しますと、心《こころ》にひびきわたる声《こえ》があって、——ああ、よかった（善哉《ぜんざい》・善哉《ぜんざい》）、大乗《だいじょう》の教《おし》えによってこそ、諸仏《しょぶつ》のみ心《こころ》に通《かよ》うことができたのだ——と、深《ふか》く自得《じとく》することができるのですが、それでもまだ、心《こころ》のどこかに満足《まんぞく》できないものがあります。それはなぜかといいますと、諸仏世尊《しょぶつせそん》は見《み》たてまつったけれども、釈迦牟尼仏《しゃかむにぶつ》・分身《ふんじん》の諸仏《しょぶつ》および多宝仏塔《たほうぶっとう》を見《み》たてまつることができないこと、すなわち、仏《ほとけ》のみ心《こころ》に通《かよ》う自覚《じかく》は得《え》られたけれども、なぜその仏《ほとけ》がこの世《よ》に出《で》られて、衆生《しゅじょう》のために法《ほう》を説《と》かれたのかという真実《しんじつ》のみ心《こころ》が、ほんとうに胸《むね》に落《お》ちるようには解《わか》っていない。なんとなく不十分《ふじゅうぶん》な感《かん》じがするのです。ほんとうの信仰者《しんこうしゃ》というものは、これぐらい自分《じぶん》の信仰《しんこう》に対《たい》してきびしい態度《たいど》をもつものです。そして、それもやはり懺悔《さんげ》なのです。

四〇三・七—四〇四・一一

心の中にひびくこういう声《こえ》を聞《き》いたら、これではいけないと自《みずか》らを励《はげ》まして、また一心《いっしん》に大乗《だいじょう》の教《おし》えをくりかえし読誦《どくじゅ》し、そして実行《じっこう》します。そうすると、その功徳《くどく》をもって、釈迦牟尼仏《しゃかむにぶつ》が霊鷲山《りょうじゅせん》において、多《おお》くの大衆《たいしゅう》にむかって「法華経《ほけきょう》」をお説《と》きになり、大乗《だいじょう》の根本義《こんぽんぎ》である諸法実相《しょほうじっそう》についてのべられているのを見《み》ることができましょう。

そうしたら、またさらに懺悔《さんげ》するのです。ほとんど悟《さと》ることはできたけれども、もう一息《ひといき》のところがはっきりとつかめない。まだ自分《じぶん》の信仰《しんこう》は足《た》りないのだ——と思《おも》うことが、これまた懺悔《さんげ》です。懺悔《さんげ》の心《こころ》が起《お》これば、かならず仏《ほとけ》を恋慕渇仰《れんぼかつごう》する思《おも》いがつのってきます。どうしても仏《ほとけ》の真意《しんい》に直入《ちょくにゅう》したいと願《ねが》わずにはおられません。そこで、霊鷲山《りようじゆせん》のほうへむかって合掌《がつしよう》し、「如来《によらい》は、いつもこの世《よ》にいらっしゃいます。そのことをわたくしは確信《かくしん》いたしております。どうぞわたくしをあわれとおぼしめして、はっきりとお姿《すがた》を拝《おが》ませていただきとうございます――」と、念《ねん》じるのです。

すでに釈迦牟尼仏《しやかむにぶつ》を見《み》たてまつっているのに、さらに「身《み》を現《げん》じたまえ」と願《ねが》うのは、おかしいように思《おも》えますが、これは、仏《ほとけ》の真実《しんじつ》のみ心《こころ》をもっとはっきり、もっと深《ふか》くつかみたいという願《ねが》いにほかなりません。

そう念《ねん》じて、霊鷲山《りようじゆせん》を心《こころ》に思《おも》い浮《う》かべますと、まえに「法華経《ほけきよう》」が説《と》かれたときのような美《うつく》しいありさまが眼前《がんぜん》に展開《てんかい》するのですが、ここに大切《たいせつ》なことがいろいろあります。

第《だい》一に釈迦牟尼仏《しやかむにぶつ》の眉間《みけん》の光《ひかり》で多《おお》くの分身《ふんじん》の諸仏《しよぶつ》が見《み》えたということ。これは、釈迦牟尼仏《しやかむにぶつ》の教《おし》えに帰依《きえ》すれば、あらゆる仏《ほとけ》の心《こころ》と相通《あいつう》ずるようになる、すなわち釈迦牟尼仏《しやかむにぶつ》の教《おし》えられた真理《しんり》(妙法《みようほう》)を悟《さと》れば、あらゆる教《おし》えの真《しん》の意味《いみ》がわかってくるという意味《いみ》です。

第《だい》二に、分身《ふんじん》の諸仏《しよぶつ》が「妙法華経《みようほけきよう》」と同《おな》じ教《おし》えを説《と》かれるということです。すべての教《おし》えは「法華《ほけ》経《きよう》」に統一《とういつ》されていることが、ここでも証明《しようめい》されています。

第《だい》三に、百億無量《ひやくおくむりよう》の諸大菩《しよだいぼ》薩《さつ》の行《ぎよう》が、みな普賢菩《ふげんぼ》薩《さつ》と同《おな》じであるということ。これは、菩《ぼ》薩《さつ》の尊《とうと》さは何《なに》よりもまず実践《じつせん》にあるという意味《いみ》です。

第《だい》四に、もろもろの分身仏《ふんじんぶつ》の眉間《みけん》の光《ひかり》が釈迦牟尼仏《しやかむにぶつ》の頂《いただき》に流入《るにゆう》すると、分身仏《ふんじんぶつ》の全身《ぜんしん》から金色《こんじき》の光《ひかり》が発《はっ》し、その光《ひかり》の中《なか》に無数《むすう》の化仏《けぶつ》のお姿《すがた》が見《み》えたということ。これは、仏《ほとけ》の教《おし》えがつぎからつぎへ際限《さいげん》もなくひろがっていくことを表《あら》わしています。真理《しんり》の光《ひかり》のおよぶところ、真理《しんり》に合《あ》っているものはその光《ひかり》を反映《はんえい》して、たちまち光《ひかり》を発《はっ》します。仏性《ぶっしょう》を迷《まよ》いや罪《つみ》によって覆《おお》いかくしているものは、光《ひかり》を受《う》けても光《ひか》りません。ですから、懺悔《さんげ》によって迷《まよ》いや罪《つみ》をぬぐい去《さ》らねば、いつまでも迷《まよ》いのままのすがたでいるわけです。

四〇四・一二―四〇五・三　そこで、普賢菩薩《さつ》は眉間《みけん》の光《ひかり》を行者《ぎょうじゃ》の心《こころ》にそそぎ入《い》れます。ということは、つまり、懺悔《さんげ》によってほんらいの仏性《ぶっしょう》を徹底的《てっていてき》に洗《あら》いだすことを意味《いみ》します。そうすると、行者《ぎょうじゃ》は、ああ、自分《じぶん》は過去《かこ》の世《よ》に無《む》数《すう》の仏《ほとけ》に仕《つか》えて大乗《だいじょう》の教《おし》えを受《う》けたのに、生《う》まれ変《か》わるごとにまた迷《まよ》いを生《しょう》じて仏性《ぶっしょう》をおおいかくしていたのだ。しかし、教《おし》えを受《う》けたことはけっして無《む》に帰《き》してはいない。その因縁《いんねん》によって、いまこうして仏《ほとけ》を見《み》たてまつることができたのだ――と、過去《かこ》の世《よ》の自分《じぶん》の姿《すがた》をありありと見《み》ることができます。そして、いままで自分《じぶん》のいた暗《くら》い世界《せかい》が、急《きゅう》にパッと明《あか》るくなったような大《おお》きな悟《さと》りを得《え》るのです。と同時《どうじ》に、多《おお》くの他《た》の人《ひと》びとを教化《きょうけ》する力《ちから》が、ひとりでに身《み》についてくるのを覚《おぼ》えるでしょう。

こうして、「豁然《かつねん》として大悟《たいご》」したのですから、いよいよこのへんで修行《しゅぎょう》も懺悔《さんげ》もおしまいにしていいかというと、とんでもない話《はなし》です。自分《じぶん》では悟《さと》ったつもりでも、仏《ほとけ》の悟《さと》りに比《くら》べれば大《おお》きなへだたりがあるはずです。それで、どこまでもどこまでも自分《じぶん》の仏性《ぶっしょう》に磨《みが》きをかけることを怠《おこた》ってはならないのです。

四〇五・四—七 その人《ひと》は、三昧《さんまい》にはいっているときばかりでなく、普通《ふつう》のときでも、仏《ほとけ》の教《おし》え（分身《ふんじん》の諸仏《しょぶつ》）がだんだんひろまって、大乗経典《だいじょうきょうでん》を受持《じゅじ》するものが限《かぎ》りがなく（瑠璃《るり》の地《じ》の蓮華《れんげ》聚《じゅ》の如《ごと》く）ふえていくさまが、手《て》にとるように見《み》えるようになります。また、普賢菩薩《ふげんぼさつ》の分身《ふんじん》である多数《たすう》の菩薩《ぼさつ》が、大衆《たいしゅう》の中《なか》で教《おし》えを説《と》いている様子《ようす》も見《み》えます。

仏《ぶつ》・法《ほう》・僧《そう》・戒《かい》・施《せ》・天《てん》を念《ねん》ぜよ

四〇五・七—四〇六・一 つぎに、その菩薩《ぼさつ》たちが、行者《ぎょうじゃ》の六根《ろっこん》を清《きよ》めるためにいろいろなことを命《めい》ずるのですが、それは、大乗《だいじょう》の経典《きょうでん》に出《で》てくる菩薩《ぼさつ》たちの行《おこ》ないと自分《じぶん》の行《おこ》ないを比《くら》べ合《あ》わせて、自分《じぶん》の足《た》りないところを反省《はんせい》することをいってあるのです。いわゆる虚空《こくう》の声《こえ》です。心《こころ》の底《そこ》からひびいてくる声《こえ》です。

その声《こえ》はまず、「汝当《なんじまさ》に仏《ほとけ》を念《ねん》ずべし」と命《めい》じます。――おまえは仏《ほとけ》さまに帰依《きえ》していると思《おも》っているだろうが、その帰依《きえ》の念《ねん》はまだまだ十分《じゅうぶん》ではないぞ、もっと全身全霊《ぜんしんぜんれい》を投《な》げ出《だ》して仏《ほとけ》さまに溶《と》けこんでいかなければ、ほんものではないぞ――と、その声《こえ》はいいきかせるのです。

また、その声《こえ》は「汝当《なんじまさ》に法《ほう》を念《ねん》ずべし」と命《めい》じます。――おまえはそれで、仏《ほとけ》の教《おし》えというものがすっかり解《わか》ったつもりか。増上慢《ぞうじょうまん》ではないのか。仏《ほとけ》の教《おし》えは非常《ひじょう》に奥深《おくぶか》いものだ。もっともっと深《ふか》く学《まな》び、深《ふか》く考《かんが》えなければ、とうていほんとうのところはわからないのだぞ――と、心《こころ》の声《こえ》は叫《さけ》ぶのです。

また、その声《こえ》は「汝当《なんじまさ》に僧《そう》を念《ねん》ずべし」と命《めい》じます。――仏《ほとけ》さまの教《おし》えをこの世《よ》にひろめるには同信《どうしん》者《しゃ》の団結《だんけつ》と和合《わごう》が絶対《ぜったい》に必要《ひつよう》だ。おまえは、そのことに力《ちから》を尽《つ》くしているか。まだまだ不十分《ふじゅうぶん》ではないのか。もっと私《わたくし》というものを忘《わす》れて、同信者《どうしんしゃ》の団体《だんたい》のために尽《つ》くすのだ——と、心《こころ》の声《こえ》は励《はげ》ますのです。

その声《こえ》は、また、仏《ほとけ》さまから与《あた》えられた戒《いまし》めはよく守《まも》っているか、布施《ふせ》（ここでは特《とく》に教《おし》えをひろめる法施《ほうせ》）の行《ぎょう》に不足《ふそく》はないか、煩悩《ぼんのう》や苦《くる》しみからすっかり離《はな》れ去《さ》った境地《きょうち》（天《てん》）に達《たっ》しているか——と、きびしく問《と》いかけます。

この「仏《ぶつ》」、「法《ほう》」、「僧《そう》」、「戒《かい》」、「施《せ》」、「天《てん》」の六つがすっかり具《そな》わったときこそ、悟《さと》り（菩提心《ぼだいしん》）がひらかれたというのである。そしてこの六つを行《ぎょう》ずることこそ、菩薩《ぼさつ》となる道《みち》である——というのです。それで行者《ぎょうじゃ》は、諸仏《しょぶつ》の前《まえ》に自分《じぶん》の至《いた》らないところを告白《こくはく》し、まごころから懺悔《さんげ》しなければならなくなるわけです。

つぎに、その懺悔《さんげ》の心《こころ》（内心《ないしん》の声《こえ》）があげられています。

四〇六・二—九 すなわち、——自分《じぶん》はながい間《あいだ》不完全《ふかんぜん》な見《み》かたでものを見《み》てきた。そのために、現象《げんしょう》として目《め》の前《まえ》に現《あら》われるものにとらわれ、五官《ごかん》を喜《よろこ》ばせるようなことがらだけを貪《むさぼ》り、それに執着《しゅうじゃく》してきた。そのために、智慧《ちえ》の足《た》りないものに生《う》まれ、そしてまた目《め》の前《まえ》の現象《げんしょう》に迷《まよ》ったり執着《しゅうじゃく》することをくりかえしてきた。現象《げんしょう》にまどわされて、真実《しんじつ》を見《み》る目《め》がくらまされていたのだ。そのため、ただもう表面《ひょうめん》の恩愛《おんない》のとりこになってしまっていた。いわば、日々目《ひびめ》の前《まえ》に起《お》こる現象《げんしょう》に鼻面《はなづら》を引《ひ》きずりまわされ、三界《さんがい》をグルグルとさまよっていたのだ。こうして煩悩《ぼんのう》に追《お》い使《つか》われて心《こころ》が疲《つか》れきっている（弊使《へいし》）ために、ものごとの実相《じっそう》がまるっきり見《み》えないようになってしまっていた。

ところが、ありがたいことに、いま大乗方等経典《だいじょうほうどうきょうてん》を学《まな》ぶことができた。この教《おし》えの中《なか》には、十方《じっぽう》の諸《しょ》仏《ぶつ》は永遠《えいえん》の生命《いのち》をもったお方《かた》であると説《と》かれている。いまやその新《あたら》しいものの見《み》かたがひらけてきたのだ。再出発《さいしゅっぱつ》だ。しかし、ながい間《あいだ》ものの見《み》かたが誤《あやま》って（眼根不善《げんこんふぜん》）いたのだから、いま見《み》ることのできた真実《しんじつ》は、はたして真実《しんじつ》を尽《つ》くしている（審実《しんじつ》）かどうか、どうも心《こころ》もとないことだ。だから、心《こころ》の底《そこ》からひびいてくることばに従《したが》って、釈迦牟尼仏《しゃかむにぶつ》をはじめとする諸仏《しょぶつ》に一心《いっしん》に心《こころ》を向《む》け、いままでのものの見《み》かたがまちがっていたこと（眼根《げんこん》の所有《しょう》の罪咎《ざいぐ》）を懺悔《さんげ》しなければならないのだ――

こういう心《こころ》を起《お》こし、そしてつぎのように念《ねん》じなければならないというのです。

「諸仏《しょぶつ》や菩薩《ぼさつ》は、慧眼《えげん》をもって衆生《しゅじょう》の仏性《ぶっしょう》を平等《びょうどう》に見《み》てくださいます。その慧眼《えげん》から流《なが》れ出《で》る清《きよ》らかな教《おし》えの水《みず》によって、わたくしの心《こころ》の汚《けが》れを洗《あら》い去《さ》ってくださいませ。」

眼根《げんこん》の罪《つみ》

四〇六・一〇―四〇七・三

こう念じたら、あまねく十方《じっぽう》の仏《ほとけ》を礼《らい》し、釈迦牟尼仏《しゃかむにぶつ》にむかい、またその教《おし》えにむかって、つぎのように懺悔《さんげ》のことばを説《と》くのです。

「わたくしはいままで、迷《まよ》いのゆえにものごとの見《み》かたを誤《あやま》り、ものごとを見《み》るたびに重《おも》い罪《つみ》を重《かさ》ねてまいりましたので、その罪《つみ》が心《こころ》を蔽《おお》い、心《こころ》を汚《けが》し、諸法《しょほう》の実相《じっそう》を見《み》ることができません。願《ねが》わくは仏《ほとけ》さまの大慈《だいじ》をもって、このようなわたくしをあわれみ、お救《すく》いくださいませ。また普賢菩薩《ふげんぼさつ》は教《おし》えの船《ふね》に乗《の》って一切《いっさい》の人《ひと》びとを悟《さと》りの彼岸《ひがん》に渡《わた》らせてくださるお方《かた》です。どうぞ、わたくしが過去《かこ》のあやまちを懺悔《さんげ》しますのに、お力《ちから》をお添《そ》えくださいませ。」

四〇七・三―一〇 こう三度唱え、全身全霊《ぜんしんぜんれい》を投《な》げ出《だ》して大乗《だいじょう》の教《おし》えを正《ただ》しく思《おも》いかえし、そしてけっして忘《わす》れないようにする……これが「眼根《げんこん》の罪《つみ》」を懺悔《さんげ》する法《ほう》であるというのです。こうして、諸仏《しょぶつ》のみ名《な》を唱《とな》え、感謝《かんしゃ》の心《こころ》をささげて眼根《げんこん》のあやまちを懺悔《さんげ》すれば、ほんとうに仏《ほとけ》と共《とも》にあるという自覚《じかく》を深《ふか》めることができ、永久《えいきゅう》に悪道《あくどう》に落《お》ちることはありません。また、大乗《だいじょう》の教《おし》えにより、つねに一切衆生《いっさいしゅじょう》を救《すく》おうという心《こころ》を持《も》つようになりますから、その人《ひと》は善《ぜん》をすすめて悪《あく》をとどめる陀羅尼菩薩《だらにぼさつ》の仲間入《なかまい》りをすることができるのです。こういう心《こころ》でいることを正念《しょうねん》といい、これからはずれた心《こころ》、すなわち他《た》を救《すく》おうというのではなく、もっぱら自分《じぶん》のためばかりを考《かんが》える心《こころ》を、邪念《じゃねん》といいます。

このように反省《はんせい》して、ものの見《み》かた考《かんが》えかたの根本《こんぽん》を改《あらた》めることができたら、その境地《きょうち》を「眼根初境界《げんこんしょきょうがい》の相《そう》」と名《な》づけるのであります。

四〇七・一一―四〇九・二 つぎに、そうして眼根《げんこん》を清《きよ》めることができても満足《まんぞく》してはならない、ますます心《こころ》をこめて大乗経典《だいじょうきょうでん》を読誦《どくじゅ》し、昼夜六時《ちゅうやろくじ》に仏《ほとけ》のみ前《まえ》にひざまずいて、また懺悔《さんげ》せよとあります。なんといって懺悔《さんげ》するかといえば、――釈迦牟尼仏《しゃかむにぶつ》および分身《ふんじん》の諸仏《しょぶつ》と共《とも》にあるという自覚《じかく》は得《え》たけれども、その教《おし》えが絶対《ぜったい》の真実《しんじつ》の境地《きょうち》であるということが、まだ徹底的《てっていてき》には理解《りかい》できていない心持《こころもち》だ（多宝仏《たほうぶつ》の塔《とう》を見《み》たてまつらず）。やはり自分《じぶん》の眼《め》は濁《にご》っているのだろう――と反省《はんせい》するのです。

多宝仏《たほうぶつ》とは、「法華経《ほけきょう》」にもありましたように、釈迦牟尼如来《しゃかむにによらい》の説《と》かれた教《おし》えが真実《しんじつ》であることを証《しょう》明《めい》するために出現《しゅつげん》される仏《ほとけ》です。

こうして、自分《じぶん》に対《たい》して徹底的《てっていてき》にきびしく、自分《じぶん》の心《こころ》をいつわることのない行者《ぎょうじゃ》は、ほんの毛筋《けすじ》ほどでも理解《りかい》の徹底《てってい》しないところがあれば、自分《じぶん》のいたらぬことを責《せ》めて懺悔《さんげ》するのです。そうして七日《にち》を過《す》ぎると、その懺悔《さんげ》は報《むく》いられて、多宝仏《たほうぶつ》のお姿《すがた》を見《み》ることができるようになる、すなわち仏性《ぶっしょう》が、まるで目《め》の前《まえ》に湧《わ》きでたかのようにアリアリと見《み》えてくるようになるというのです。多宝如来《たほうにょらい》は、普現色《ふげんしき》身三昧《しんざんまい》にはいっておられます。普現色身三昧《ふげんしきしんざんまい》というのは、どこにでもあまねくお姿《すがた》を現《あら》わされるということですから、われわれの心《こころ》がそこに至《いた》りさえすれば、いつでも見《み》たてまつることができるわけです。

そこで多宝仏《たほうぶつ》は、大音声《だいおんじょう》を出《だ》して、懺悔《さんげ》によってこの境地《きょうち》にまで達《たっ》した行者《ぎょうじゃ》をおほめになり、またその境地《きょうち》にまで教《おし》え導《みちび》かれた釈迦牟尼仏《しゃかむにぶつ》をたたえられます。行者《ぎょうじゃ》は、ありがたさに感激《かんげき》しながら、また普《ふ》賢菩薩《げんぼさつ》を念《ねん》じ、まだほかに悔《く》い改《あらた》めることはないでしょうかと、教《おし》えを請《こ》うのです。

耳根《にこん》の罪《つみ》

すると、普賢菩薩《ふげんぼさつ》（心《こころ》の声《こえ》）はこう教《おし》えます。

――自分《じぶん》は長《なが》い間《あいだ》耳《みみ》のあやまちも重《かさ》ねてきている。心《こころ》に迷《まよ》いがあるために、外《そと》からひびいてくる声《こえ》に引《ひ》っぱりまわされている。快《こころよ》いことを聞《き》けば、それにまどわされて執着《しゅうじゃく》し、不快《ふかい》なことを聞《き》けば、百八《ひゃくはち》の煩悩《ぼんのう》が燃《も》えさかり、人《ひと》に敵対《てきたい》する心《こころ》や復讐心《ふくしゅうしん》を起《お》こすのである。迷《まよ》いの心《こころ》（悪耳《あくに》）でものごとを聞くから、その報《むく》いとしていろいろなわるい行《おこ》ない（悪事《あくじ》）をするようになる。また、いつも人《ひと》のいうことをわるいほうへわるいほうへと解釈《かいしゃく》する癖《くせ》がつき（恒《つね》に悪声《あくしょう》を聞《き》いて）、そのために一《ひと》つの迷《まよ》いが縁《えん》となってつぎからつぎへと迷《まよ》いが生《しょう》じてくるのである。顚倒《てんどう》した心《こころ》でものごとを聞《き》くために、心《こころ》があるいは瞋恚《しんに》とか嫉妬《しっと》というような悪道《あくどう》に落《お》ち、仏《ほとけ》の教《おし》えとは縁《えん》のない極端《きょくたん》な世界《せかい》（辺地《へんち》）や、まちがった考《かんが》え（邪見《じゃけん》）に走《はし》って、教《おし》えに耳《みみ》を傾《かたむ》けなくなってしまうのである。

ところが、今日《こんにち》ようやく無限《むげん》の功徳《くどく》を蔵《ぞう》する大乗《だいじょう》の教《おし》えを誦持《じゅじ》するようになり、その因縁《いんねん》によって十《じっ》方《ぽう》の仏《ほとけ》のみ心《こころ》と相通《あいつう》ずるようになった。仏性《ぶっしょう》も、目《め》に見《み》えるほどハッキリとつかむことができた。しかし、修行《しゅぎょう》にはこれで十分《じゅうぶん》ということはない。もっともっと自分《じぶん》の悪《あく》をえぐり出《だ》して、懺悔《さんげ》しなければならないのだ――こう心《こころ》の声《こえ》は命《めい》ずるのです。

ここのところには、特《とく》に思《おも》い当《あ》たるふしが多《おお》いことと思《おも》います。人《ひと》のいうことを聞《き》いてわるく気《き》をまわすのは、凡解《ぼんかい》の身《み》の悲《かな》しい癖《くせ》です。とりわけ、人《ひと》づてに聞《き》いた場合《ばあい》にそれがひどいのです。そして、一度《いちど》わるく解釈《かいしゃく》すると、それが先入主《せんにゅうしゅ》となって、憎《にく》しみや恨《うら》みの心《こころ》がつぎからつぎへとつのっていくのです。これは、われわれの日々《ひび》の生活《せいかつ》において、ほんとうに心《こころ》すべきことであります。

四〇九・一一―四一〇・四

そこで、行者はさらに合掌《がっしょう》して、つぎのように念《ねん》じなければならないのです。

「完全無欠《かんぜんむけつ》の智慧《ちえ》を具《そな》えている仏《ほとけ》さま。わたくしがいま進《すす》んでいるこの道《みち》が、まちがいなく仏《ほとけ》さまのみもとへまいる道《みち》でありますならば、どうぞそれをお証《あか》しください。大乗《だいじょう》の教《おし》えを学《まな》んで、すべての人《ひと》が平等《びょうどう》に仏性《ぶっしょう》を持《も》っていることを悟《さと》ってこそ、ほんとうの慈悲《じひ》の行《おこ》ないができるものと、わたくしは信《しん》じております。どうぞ、わたくしの懺悔《さんげ》をお聞《き》きください。」

この「方等経典《ほうどうきようでん》は為《こ》れ慈悲《じひ》の主《しゅ》なり」という一句《いっく》は大切《たいせつ》なことばです。「方《ほう》」は正《ただ》しいということで、人間《にんげん》のふみ行《おこ》なうべき正《ただ》しい道《みち》の教《おし》えという意味《いみ》、「等《どう》」は等《ひと》しいということで、どんな人間《にんげん》でも実行《じっこう》できる教《おし》えという意味《いみ》ですから、方等経典《ほうどうきようでん》といえばつまり大乗《だいじょう》の教《おし》えを指《さ》しているのです。

その大乗《だいじょう》の教《おし》えというものは慈悲《じひ》の主《しゅ》である、すなわち慈悲《じひ》の行《おこ》ないの大本《おおもと》になる教《おし》えであるというのです。ですから、大乗《だいじょう》の教《おし》えによって、すべての人《ひと》が平等《びょうどう》に仏性《ぶっしょう》を具《そな》えていることを悟《さと》ってこそ、ほんとうに慈悲《じひ》の心《こころ》が湧《わ》き、慈悲《じひ》の行《おこ》ないができるわけです。

つぎに、その懺悔《さんげ》のことばが説《と》かれています。

「わたくしは長《なが》い間《あいだ》いたらぬ心《こころ》のために、ものごとを聞《き》くのにもまちがった聞《き》きかたをしてまいりました。気持《きもち》のよいことを聞《き》けば、まるで溶《と》けた膠《にかわ》が草《くさ》にくっついて離《はな》れないように、そのことにとらわれてしまうのです。反対《はんたい》に、不愉快《ふゆかい》なことを聞《き》きますと、怒《いか》りや憎《にく》しみや妬《ねた》みの心《こころ》などがムラムラと起《お》こり、冷静《れいせい》な判断力《はんだんりょく》を失《うしな》って、相手《あいて》かまわず悪《わる》い感情《かんじょう》を抱《いだ》くようになり、どこまでいってもキリがありません。そして自分《じぶん》の口《くち》からもつい怒《いか》りの声《こえ》や悪口《わるぐち》など（弊声《へいしょう》）を出《だ》し、それで気《き》がすむかと思《おも》うと、逆《ぎゃく》にますます心《こころ》が暗《くら》くなるのです。いまはじめてその罪《つみ》を悟《さと》ることができましたので、もろもろの仏《ほとけ》さまに懺悔《さんげ》いたします。」

香《こう》・味《み》・触《そく》を貪《むさぼ》る罪《つみ》

四一〇・四—四一一・一　こう懺悔すると、心《こころ》はますます洗《あら》い清《きよ》められ、仏《ほとけ》の境界《きょうがい》にいたる道《みち》を自分《じぶん》が進《すす》んでいることが、はっきり自覚《じかく》できるようになります。

しかし、懺悔《さんげ》はそれで終《お》わりとなるのではなく、普賢菩薩《ふげんぼさつ》（心《こころ》の声《こえ》）はさらにつぎの懺悔《さんげ》をうながします。それは、「香《こう》・味《み》・触《そく》を貪《むさぼ》る」罪《つみ》の告白《こくはく》です。嗅覚《きゅうかく》・味覚《みかく》・触覚《しょっかく》を貪《むさぼ》るとは、つまり快楽《かいらく》に心《こころ》がとらわれることをいいます。そのために、むやみとものごとに好《す》ききらいの別《べつ》（分別《ふんべつ》）を立《た》て、好《す》きなものには欲深《よくぶか》く執着《しゅうじゃく》し、好《す》きなものが目《め》の前《まえ》に現《あら》われたり消《き》えたり（生死《しょうじ》）するごとに、喜《よろこ》んだり悲《かな》しんだりする、おろかな状態《じょうたい》に陥《おちい》るのです。

そこで、心《こころ》の声《こえ》はきびしく教《おし》えます。「汝今応当《なんじいままさ》に大乗《だいじょう》の因《いん》を観《かん》ずべし。大乗《だいじょう》の因《いん》とは諸法実相《しょほうじっそう》なりと」。大乗《だいじょう》の教《おし》えの大本《おおもと》となったものを、よく考《かんが》えよというのです。それは何《なに》かといえば、諸法《しょほう》の実相《じっそう》を見通《みとお》す智慧《ちえ》だというのです。この智慧《ちえ》を具《そな》えていさえすれば、身《み》のまわりに起《お》こったり消《き》えたりする快楽《かいらく》にひきまわされて、心《こころ》を迷《まよ》わせることはなくなるのです。

四一一・一—二　このことに深《ふか》く思《おも》いをいたし、また釈迦牟尼仏《しゃかむにぶつ》をはじめ十方《じっぽう》の諸仏《しょぶつ》を礼《らい》し、供養《くよう》し、過去《かこ》の十悪業《じゅうあくごう》を告白《こくはく》して懺悔《さんげ》せよというのです。十悪業《じゅうあくごう》とは、殺生《せっしょう》・偸盗《ちゅうとう》・邪淫《じゃいん》・妄語《もうご》・綺語《きご》・両舌《りょうぜつ》・悪口《あっく》・貪欲《とんよく》・瞋恚《しんに》・愚痴《ぐち》です。（六一頁《ページ》参照《さんしょう》）。

諸仏如来《しよぶつによらい》は汝《なんじ》が慈父《じぶ》

そう懺悔《さんげ》しおわって、ふたたび大乗経典《だいじようきようでん》を一心《いつしん》に読誦《どくじゆ》しますと、心《こころ》の声《こえ》はさらにつぎの懺悔《さんげ》をうながします。それは舌《した》の罪《つみ》の懺悔《さんげ》です。

そこに、「諸仏如来《しよぶつによらい》は是《こ》れ汝《なんじ》が慈父《じぶ》なり」とありますが、これは大切《たいせつ》なことばです。さきほどから、あまりにもきびしく身《み》を責《せ》める懺悔《さんげ》をくりかえしていますので、そのことを浅《あさ》く受《う》け取《と》る人《ひと》は、なにか胸《むね》のつまるような思《おも》いをするかもしれません。身《み》の罪悪《ざいあく》を監視《かんし》している支配者《しはいしや》のまえにおののきひれ伏《ふ》し、罪《つみ》を告白《こくはく》して、許《ゆる》しを請《こ》うているかのように感《かん》じとる人《ひと》があるかもしれません。

しかし、それは大《おお》きなまちがいです。仏《ほとけ》さまはわれわれの慈父《じふ》なのです。つねに衆生《しゆじよう》を救《すく》うということだけしか考《かんが》えていらっしゃらないのです。ですから、われわれが懺悔《さんげ》によって一皮一皮《ひとかわひとかわ》心《こころ》の汚《けが》れを脱《ぬ》ぎ捨《す》てていくごとに、ほんとうに喜《よろこ》んでくださり、かならずほめてくださるのです。

われわれが懺悔《さんげ》するのは、仏《ほとけ》さまの目《め》が恐《おそ》ろしくてするのではありません。むしろ恋慕渇仰《れんぼかつごう》する仏《ほとけ》さまに喜《よろこ》んでいただこう、ほめていただこうという甘《あま》え心《ごころ》からするのだといってもいいでしょう。「諸仏《しよぶつ》如来《によらい》は是《こ》れ汝《なんじ》が慈父《じぶ》なり」という一句《いつく》には、この意味《いみ》が深《ふか》くこめられているのです。

舌根《ぜつこん》の罪《つみ》

四一二・三―四一三・九

さて、舌《した》の罪《つみ》についての懺悔《さんげ》ですが、むろん、そのもとになるのは心《こころ》の迷《まよ》いであって、「口《くち》は悪業《あくごう》の想《おもい》に動《どう》ぜられて」いろいろな罪《つみ》をつくるのですから、つまるところは心《こころ》を直《なお》さなければならないわけです。しかし逆《ぎゃく》に、口《くち》に出《だ》したことばが、よくない心《こころ》を増長《ぞうちょう》させることも非常《ひじょう》に多《おお》いものです。心《こころ》とことばのどちらも、原因《げんいん》となり、結果《けっか》となるのですから、口《くち》にはよほどの戒心《かいしん》が必要《ひつよう》なのであります。

舌《した》の罪《つみ》には、妄言《もうげん》（うそをつく）、綺語《きご》（口先《くちさき》でごまかす。出《で》まかせをいう）、悪口《あっく》（わるぐち）、両舌《りょうぜつ》（あちらではこちらの悪口《わるぐち》をいい、こちらではあちらの悪口《わるぐち》をいって、人《ひと》の仲《なか》をさく）、誹謗妄語《ひぼうもうご》（事実《じじつ》でないことをならべたてて、人《ひと》をそしる）、邪見《じゃけん》の語《ことば》を讃歎《さんだん》する（まちがった思想《しそう》をほめたたえて、人《ひと》を迷《まよ》わせる）、無益《むやく》の語《ことば》を説《と》く（つまらないことばかりおしゃべりする）などがあります。

「無益《むやく》の語《ことば》」は、生活《せいかつ》のレクリエーションの一種《いっしゅ》で、あまり害《がい》がないように見《み》えますが、意味《いみ》のないおしゃべりばかりしていると、頭《あたま》がバカになってしまって、ほんとうに意義《いぎ》のあることを考《かんが》えたり、話《はな》し合《あ》ったりする習慣《しゅうかん》が薄《うす》れてきますので、ほどほどに慎《つつし》まなければならないのです。

口《くち》はこういったいろいろな悪業《あくごう》をつくり、そのために人《ひと》と人《ひと》が排斥《はいせき》しあったり（闘遘《とうこう》）、お互《たが》いの生活《せいかつ》の平和《へいわ》を乱《みだ》したり（壊乱《えらん》）、正《ただ》しくないことを正《ただ》しいと説《と》いて世《よ》の中《なか》をまどわしたりするものですから、つねに自分《じぶん》の口《くち》から出《だ》したことばについて反省《はんせい》し、懺悔《さんげ》しなければならないというのです。

まことに、舌《した》のあやまちの起《お》こす禍《わざわ》いは、測《はか》りしれないものがあります。正《ただ》しい法《ほう》のひろまるのを断《た》ちきる罪《つみ》をもつくります。そのような悪舌《あくぜつ》は、世《よ》の中《なか》に無限《むげん》にひろがるはずの功徳《くどく》の種《たね》を殺《ころ》してしまうのですから、最大《さいだい》の罪《つみ》といわなければなりません。また、理《り》くつに合《あ》わないこと（非義《ひぎ》）を、あの面《めん》この面《めん》から（多端《たたん》に）こじつけて説《と》くものもあります。それは、まちがった考《かん》え（邪見《じゃけん》）をたたえて、火《ひ》に薪《まき》をくべるようにその邪見《じゃけん》をたきつけるもので、その害《がい》は猛火《もうか》が人《ひと》の身《み》を焼《や》くにもひとしいものです。また、毒《どく》を飲《の》んだ人《ひと》が、皮膚《ひふ》の表面《ひょうめん》には腫《は》れものなどができないのに、内臓《ないぞう》が焼《や》けただれて死《し》んでしまうように、自分《じぶん》ではそれと気《き》づかないうちに正《ただ》しい心《こころ》が失《うしな》われていくのですから、じつに恐《おそ》ろしいことです。

このような舌《した》の罪《つみ》を懺悔《さんげ》して、一心《いっしん》に仏《ほとけ》を礼《らい》したてまつれば、諸仏《しょぶつ》はまた光明《こうみょう》を放《はな》って行者《ぎょうじゃ》の身《み》を照《て》らしてくださいます。すなわち、心《こころ》が洗《あら》い清《きよ》められ、明《あか》るい、喜《よろこ》びに満《み》ちた気持《きもち》になります。そして仏《ほとけ》さまの心《こころ》とじかに通《かよ》いあう実感《じっかん》を覚《おぼ》えて、一切《いっさい》の人々《ひとびと》を救《すく》おうという大慈悲《だいじひ》の念《ねん》が、しみじみと湧《わ》いてくるのです。

そのときに諸仏《しょぶつ》は、行者《ぎょうじゃ》のために「大慈悲及《だいじひおよ》び喜捨《きしゃ》の法《ほう》を説《と》き、亦愛語《またあいご》を教《おし》え六和敬《ろくわきょう》を修《しゅ》せしめん」とあります。「喜《き》」とは人《ひと》の喜《よろこ》びを共《とも》に喜《よろこ》ぶ気持《きもち》、「捨《しゃ》」とは人《ひと》へ施《ほどこ》した恩《おん》も人《ひと》から受《う》けた害《がい》も忘《わす》れてしまう気持《きもち》、ひっくるめて「喜捨《きしゃ》」とは、自分《じぶん》というものを忘《わす》れて人《ひと》のためばかりを考《かんが》えてやる気持《きもち》です。「愛語《あいご》」というのは、やさしいことばということ。「六和敬《ろくわきょう》」とは、同信者《どうしんしゃ》が信仰生活《しんこうせいかつ》や日常生活《にちじょうせいかつ》のいろいろな面《めん》においてお互《たが》いにうち解《と》けあい、敬《うやま》いあっていかなければならぬことを教《おし》えられたもので、身和敬《しんわきょう》・口和敬《くわきょう》・意和敬《いわきょう》・戒和敬《かいわきょう》・見和敬《けんわきょう》・行和敬《ぎょうわきょう》の六つをいいます。

四一三・九—四一四・一二

こういう仏の教えを感得《かんとく》して、行者《ぎょうじゃ》の心《こころ》はいよいよ喜《よろこ》びに満《み》ちるのですが、と同時《どうじ》に、また、もっともっと懺悔《さんげ》しなければならぬことがあるのではないか——という心《こころ》の声《こえ》がひびきわたります。そして、こんどは身体《からだ》と心《こころ》の罪《つみ》について懺悔《さんげ》するのです。

身《み》と心《こころ》の罪《つみ》

身体《からだ》はどんな罪《つみ》をおかしているかといえば、殺生《せっしょう》・偸盗《ちゅうとう》・邪淫《じゃいん》などです。心《こころ》の罪《つみ》とは、いろいろな善《よ》くないことを考《かんが》えることです。身体《からだ》と心《こころ》は一体《いったい》で離《はな》れることのできないものですから、両方《りょうほう》がいっしょになって十悪業《じゅうあくごう》（七二一頁《ページ》参照《さんしょう》）や五無間《むけん》（父《ちち》を殺《ころ》す、母《はは》を殺《ころ》す、阿羅漢《あらかん》を殺《ころ》す、仏身《ぶっしん》を傷《きず》つける、仏弟子《ぶつでし》の和《わ》合《ごう》を破《やぶ》る……の五大悪逆《だいあくぎゃく》で、無間地獄《むけんじごく》へ落《お》ちる）の大罪《だいざい》を犯《おか》すのです。

そういう身《み》と心《こころ》の罪《つみ》は、まるで猿《さる》が枝《えだ》から枝《えだ》へ飛《と》びうつるように、またとりもちがあちこちにくっつくように、やり始《はじ》めたらもうきりがなくなって、つぎからつぎへと罪《つみ》をつくるようになるもので、六根《ろっこん》のすべてにそういう毒気《どっけ》が沁《し》みわたってしまうのです。その毒気《どっけ》は六根《ろっこん》から出《で》た枝葉《えだは》の先《さき》（心《こころ》の小《ちい》さな動《うご》き）までひろがり、三界《がい》のいたるところへ、そして三界《がい》のありとあらゆるものへ悪影響《あくえいきょう》を及《およ》ぼし、またいくら生《う》まれ変《か》わっても（一切《いっさい》の生処《しょうしょ》に）ついてまわるのであります。

そして「十二因縁《じゅうにいんねん》」の法門《ほうもん》で教《おし》えられた十二の苦《くる》しみをつのらせ、八邪《じゃ》・八難《なん》というよくないことがつぎからつぎへと起《お》こってくるというのです。八邪《じゃ》・八難《なん》というのはあまり専門的《せんもんてき》になるのでくわしくは説明《せつめい》しませんが、八邪《じゃ》というのは八つのまちがった心《こころ》と行《おこ》ない、八難《なん》というのは仏《ほとけ》を見《み》たてまつることもできなければ、法《ほう》を聞《き》くこともできない八つの難所《なんしょ》のことをいいます。

こういう身《み》と心《こころ》の悪業《あくごう》を懺悔《さんげ》しなければならないぞ——という空中《くうちゅう》の声《こえ》（心《こころ》の奥《おく》にひびく声《こえ》）を聞《き》いた行者《ぎょうじゃ》は、その空中《くうちゅう》の声《こえ》に対《たい》して、どういう心《こころ》の持《も》ちかたで（何《いず》れの処《ところ》にしてか）懺悔《さんげ》の法《ほう》を行《ぎょう》じたらいいのでしょうかと、真剣《しんけん》に問《と》いかけます。すると、空中《くうちゅう》の声《こえ》はつぎのように教《おし》えてくれるのです。

「応身《おうじん》の釈迦牟尼仏《しゃかむにぶつ》は、じつは久遠実成《くおんじつじょう》の法身《ほっしん》（毘盧遮那仏《びるしゃなぶつ》）であられて、つねに一切《いっさい》の所《ところ》にあまねくおいでになることを深《ふか》く自覚《じかく》すること」、これが懺悔《さんげ》の最終《さいしゅう》の、そして最高《さいこう》の段階《だんかい》であるというのです。

その仏《ほとけ》のいらっしゃる所《ところ》は、常《つね》に平和《へいわ》な光《ひかり》に満《み》ちている世界《せかい》です。そして、その世界《せかい》は、無常《むじょう》なものへの執着《しゅうじゃく》から離《はな》れて常住《じょうじゅう》のものをしっかりとつかまえる修行《しゅぎょう》（常波羅蜜《じょうはらみつ》）によって到達《とうたつ》できたところです。また小我《しょうが》からはなれて、大我《たいが》に目覚《めざ》めたこと（我波羅蜜《がはらみつ》）によって安《やす》らかにいられるところです。また、浄《きよ》らかな心《こころ》で自他《じた》の差別《さべつ》（有相《うそう》）を捨《す》てきることによって達成《たっせい》した（浄波羅蜜《じょうはらみつ》）、平等《びょうどう》なところです。それは、真《しん》の心《こころ》の平和《へいわ》を得《え》ることによって（楽波羅蜜《らくはらみつ》）、苦《くる》しみも悩《なや》みもなくなったところであります。また、ものごとの存在《そんざい》についての、有《あ》るとか無《な》いとかという判断《はんだん》を超越《ちょうえつ》したところです。つまり、この世《よ》の一切《いっさい》の迷《まよ》いや苦《くる》しみから解脱《げだつ》したところであり、完全《かんぜん》に仏《ほとけ》の智慧《ちえ》（般若波羅蜜《はんにゃはらみつ》）が成就《じょうじゅ》したところです。

この仏《ほとけ》の世界《せかい》（是《こ》の色《しき》）は、変化《へんか》することのない絶対《ぜったい》のところ（常住《じょうじゅう》の法《ほう》）でありますから、十方《じっぽう》の仏《ほとけ》の世界《せかい》をこのように観《かん》じて懺悔《さんげ》の法《ほう》を行《ぎょう》じていかなければなりません。それが最大《さいだい》の懺悔《さんげ》であるわけであります。

四一五・一―二 それで、こう観《かん》ずるとき、十方《じっぽう》の仏《ほとけ》は右《みぎ》のみ手《て》をのべて行者《ぎょうじゃ》の頭《あたま》をなでておほめくださるのです。そのおほめのことばがつぎに述《の》べられているのですが、ここもたいへんむずかしいことばが多《おお》いので、一《ひと》通《とお》り通釈《つうしゃく》することにします。何度《なんど》もよく原文《げんぶん》を引《ひ》きあわせながら読《よ》めば、かならずその真意《しんい》を会得《えとく》することができると思《おも》います。

四一五・二―九 大乗経を読《よ》んで心《こころ》が菩薩行《ぼさつぎょう》に決定《けつじょう》したからこそ、諸仏《しょぶつ》は懺悔《さんげ》の法《ほう》を説《と》きたもうのであって、このことが大切《たいせつ》な出発点《しゅっぱつてん》となるわけです。その菩薩《ぼさつ》の行《ぎょう》を行《おこ》なうには、まず結使《けっし》（煩悩《ぼんのう》）はすっかり断《た》ちきっていなくても、その煩悩《ぼんのう》の海《うみ》に没《ぼっ》していないということが大切《たいせつ》です。凡夫《ぼんぷ》の心《こころ》を観《かん》じてみると、定《さだ》まった心《こころ》というものがなく（心《こころ》なし）、いつもグラグラ動揺《どうよう》しています。それはものの見《み》かたが顛倒《てんどう》している（四二〇頁参照《ページさんしょう》）ために起《お》こるものであり、このような心《こころ》（差別相《さべつそう》の心《こころ》）は、真実《しんじつ》でないものを真実《しんじつ》だと見《み》るまちがった考《かんが》え（妄想《もうぞう》）から起《お》こるのです。そのような心《こころ》の動《うご》きは、まるで風《かぜ》のようにとどまるところのないものです。そして、すべてのものごとの真実《しんじつ》のありよう（法相《ほっそう》）は、生《しょう》じたり滅《めっ》したりすることはなく、本来《ほんらい》〈空《くう》〉であります。

何《なに》を罪《つみ》とし、何《なに》を福《さいわい》とするのか。自分《じぶん》の心《こころ》というものもおのずから「空《くう》」なのだから、これが罪《つみ》であり、これが福《さいわい》であると定《さだ》めることもできない。一切《いっさい》のものごとは、このように固定《こてい》した実体《じったい》があるのではなく、不生《ふしょう》・不滅《ふめつ》なのである――こう懺悔《さんげ》して、われわれの心《こころ》というものをよくよく観察《かんさつ》してみると、これが心《こころ》だと思《おも》っていたのは、ほんとうの心《こころ》ではなくて迷《まよ》いの雲《くも》に過《す》ぎず、また世《よ》の中《なか》のすべてのものごと（法《ほう》）も、凡夫《ぼんぷ》がその五官《ごかん》でとらえるようなあり方《かた》でしっかりと実在《じつざい》するのではない（法《ほう》の中《なか》に住《じゅう》せず）ということがわかってくるのです。

ですから、すべてのものごとは、すでに解脱《げだつ》した状態《じょうたい》であり、あらゆる苦《くる》しみのない状態《じょうたい》のものであり、安《やす》らかな涅槃《ねはん》の状態《じょうたい》なのであります。

このことを悟《さと》るのが大懺悔《だいさんげ》であり、大荘厳懺悔《だいしょうごんさんげ》（最《もっと》も美《うつく》しい懺悔《さんげ》）であり、無罪相懺悔《むざいそうさんげ》（ほんとうに罪《つみ》をなくしてしまう懺悔《さんげ》）であります。そして、それは「破壊心識《はえしんしき》」と名《な》づけることもできます。「破壊心識《はえしんしき》」というのは、いいかげんなところで、もう十分《じゅうぶん》だと自分《じぶん》と妥協《だきょう》する気持《きもち》をうち破《やぶ》っていく力《ちから》であります。

四一五・九―四一六・一 こういう懺悔をつづけていけば、その人《ひと》の身《み》も心《こころ》もすっかり清浄《しょうじょう》になり、この世《よ》のさまざまなできごと（法《ほう》）にとらわれず、精神《せいしん》が自由自在《じゆうじざい》なことは流《なが》れる水《みず》のようになることでしょう。そして、いつも普賢菩薩《ふげんぼさつ》および十方《じっぽう》の諸仏《しょぶつ》と共《とも》にあるという心持《こころもち》を、実感《じっかん》としてはっきり感《かん》ずるようになるのです。

そうなりますと、仏《ほとけ》の智慧《ちえ》の極致《きょくち》である無相《むそう》の法《ほう》（諸法実相《しょほうじっそう》）がはっきり会得《えとく》できるようになります。すなわち、「すべてのものごとには固定《こてい》した特別《とくべつ》の相《すがた》はない」ということを心《こころ》の奥底《おくそこ》につかむことができるのです。ですから、空《くう》の窮極《きゅうきょく》の意味《いみ》を説《と》き聞《き》かされても、もうその人《ひと》は驚《おどろ》くことも恐《おそ》れることもありません。時《とき》がくれば菩薩《ぼさつ》として恥《は》ずかしくない境地《きょうち》（菩薩《ぼさつ》の正位《しょうい》）に達《たつ》する資格《しかく》を、身《み》につけているからです。

四一六・二一〇 そこで、仏は阿難《あなん》にむかって、懺悔《さんげ》というのは、ただ罪《つみ》の告白《こくはく》をするだけではない。仏《ほとけ》の心《こころ》に完全《かんぜん》に一致《いっち》するまで、自分《じぶん》の仏性《ぶっしょう》の表面《ひょうめん》にコビリついた汚《けが》れを磨《みが》き落《お》としていって、最後《さいご》には、仏《ほとけ》とおなじ大《だい》慈悲《じひ》をもってあらゆる衆生《しゅじょう》を平等《びょうどう》に見《み》、平等《びょうどう》に救《すく》っていこうという心《こころ》を持《も》つようになること、これが真《しん》の懺悔《さんげ》である——とお説《と》きになります。そして、つづいてつぎのようにお教《おし》えになるのです。

「仏《ほとけ》の滅後《めつご》において仏《ほとけ》の教《おし》えを信《しん》ずるものが自分《じぶん》の悪業《あくごう》を懺悔《さんげ》しようと思《おも》うならば何《なに》よりも大乗《だいじょう》の経典《きょうでん》を読誦《どくじゅ》することが大切《たいせつ》なのです。大乗《だいじょう》の教《おし》えは諸仏《しょぶつ》の眼《まなこ》であります。すなわちこの法《ほう》によって諸仏《しょぶつ》は肉《にく》眼《げん》・天眼《てんげん》・慧眼《えげん》・法眼《ほうげん》・仏眼《ぶつげん》の五眼《げん》を具《そな》えて、あらゆるものごとの実相《じっそう》を見通《みとお》されたのです。

また、仏《ほとけ》の本体《ほんたい》（法身《ほっしん》）も、その現《あら》われである報身《ほうしん》・応身《おうじん》（三六二頁《ページ》参照《さんしょう》）も、大乗《だいじょう》の教《おし》えによってこそ知《し》ることができるのです。まことに、大乗《だいじょう》の教《おし》えは仏教《ぶっきょう》の大眼目《だいがんもく》であって、ほんとうの涅槃《ねはん》を教《おし》えるものです。仏《ほとけ》の三種《さんしゅ》の身《み》は、真《しん》の涅槃《ねはん》を説《と》いた大乗《だいじょう》の教《おし》えから生《しょう》じたもので、人間界《にんげんかい》・天上界《てんじょうかい》のものに福《しあわせ》を与《あた》えてくださる、最《もっと》も感謝申《かんしゃもう》しあげねばならないお方《かた》であります。ですから、大乗《だいじょう》の教《おし》えを読誦《どくじゅ》するものは、仏《ほとけ》の功徳《くどく》を受《う》けて、永久《えいきゅう》にもろもろの悪心《あくしん》・悪事《あくじ》を離《はな》れるのです。仏《ほとけ》の智慧《ちえ》によって生《う》まれ変《か》わるといっていいでしょう。」

こうお説《と》きになった世尊《せそん》は、偈《げ》を説《と》いて重《かさ》ねてお教《おし》えになります。この偈《げ》はとくに大切《たいせつ》な偈《げ》ですから、ずっと一通《ひととお》り解説《かいせつ》することにしましょう。

「四一六・一一—一二 もし心の迷いと業障《ごうしょう》によってものの見《み》かたが誤《あやま》っていることに気《き》がついたならば、一心《いっしん》に大乗《だいじょう》の教《おし》えを誦《じゅ》し、一切衆生《いっさいしゅじょう》を救《すく》おうという仏《ほとけ》のみ心《こころ》にかなうことを念《ねん》じなければならない。これが眼《まなこ》の懺悔《さんげ》であって、よくない行《おこ》ないを消滅《しょうめつ》し尽くすものである。

四一六・一二—四一七・三 また、乱れた心でものを聞《き》いて人間関係《にんげんかんけい》に不和《ふわ》を生《しょう》じ、悪感情《あくかんじょう》が悪感情《あくかんじょう》を生《う》んではてしなく循環《じゅんかん》するような状態《じょうたい》になったならば、ただ大乗《だいじょう》の教《おし》えを誦《じゅ》して、すべての人《ひと》は平等《びょうどう》に仏性《ぶっしょう》をもっていることを深《ふか》く思《おも》わなければならない。そのことを悟《さと》れば、すべてのものごとが正《ただ》しく耳《みみ》にはいってくるようになるであろう。

四一七・三—六 またもし、心《こころ》が快楽《かいらく》に執着《しゅうじゃく》すれば、それに引《ひ》かれて（染《ぜん》に随《したが》って）、さまざまのまちがった感情《かんじょう》（触《そく》）を起《お》こし、その感情《かんじょう》によっていろいろな煩悩《ぼんのう》（塵《じん》）が生《しょう》ずるのである。そのとき大乗経《だいじょうきょう》を誦《じゅ》し、仏《ほとけ》の窮《きゅう》極《きょく》の悟《さと》り（法《ほう》の如実際《にょじつさい》）である諸法《しょほう》の実相《じっそう》を思《おも》えば、すべての悪業《あくごう》が消滅《しょうめつ》して、ふたたび生《しょう》ずることはないであろう。

四一七・六—七 舌は五種の不善業《ふぜんごう》を起《お》こすもとである。それを調《ととの》えて正《ただ》しいことばを出《だ》すようにしたいと思《おも》うならばつねに「人《ひと》のため」ということを念《ねん》じていなければならない。そして、世《よ》の中《なか》の真実《しんじつ》の道理《どうり》（真《しん》）をわきまえ、差別《さべつ》や変化《へんか》を離《はな》れたほんとうの相《すがた》（寂《じゃく》）すなわち万人《ばんにん》に具《そな》わっている仏性《ぶっしょう》というものを見《み》つめ、さまざまに分《わ》けへだて（分別《ふんべつ》）する小《ちい》さな心《こころ》を捨《す》ててしまうことである。これが舌《した》の悪業《あくごう》を除《のぞ》くただ一《ひと》つの道《みち》である。

四一七・八—一〇 心は枝《えだ》から枝へ飛《と》びうつる猿《さる》のように、しばらくもじっとしているものではない。もしその悪《あく》を押《お》さえて正《ただ》しい道《みち》へ引《ひ》き入《い》れ（折伏《しゃくぶく》）ようと思《おも》うならば、つとめて大乗《だいじょう》の教《おし》えを誦《じゅ》し、天地《てんち》万物《ばんぶつ》をつらぬく真理《しんり》を悟《さと》られ（大覚《だいかく》）、すべてのものを救《すく》う力《ちから》を具《そな》え、なにものにも動《うご》かされることのない（無畏《むい》の）仏《ほとけ》の相《すがた》を心《こころ》に思《おも》い浮《う》かべることが第《だい》一である。

四一七・一〇—四一八・一 また、人間の身体は、いろいろなはたらきをするものであるが、そのはたらきは周囲《しゅうい》の事情《じじょう》によってどうにでも変化《へんか》することは、まるで塵《ちり》が風《かぜ》によって飛《と》ばされるようなものである。身体《からだ》の中《なか》には六根《ろっこん》のわがままな欲望《よくぼう》（六賊《ぞく》）が、思《おも》うぞんぶん暴《あば》れまわっているのである。この六根《ろっこん》のあやまった欲望《よくぼう》を滅《めっ》して、いろいろな迷《まよ》い（塵労《じんろう》）から離《はな》れ、常《つね》に涅槃《ねはん》の境地《きょうち》におり、安《やす》らかで、他人《たにん》に求《もと》めることのない心《こころ》（憺怕《たんぱく》）でいたいと思《おも》うならば、ひたすら大乗経《だいじょうきょう》を誦《じゅ》して、仏《ほとけ》の慈悲《じひ》（菩薩《ぼさつ》の母《はは》）を念《ねん》じなければならない。

四一八・一—一二 世の中のためにつくす非常《ひじょう》にすぐれた方法《ほうほう》（勝方便《しょうほうべん》）というものは、こうして大乗《だいじょう》の教《おし》えによって諸《しょ》法《ほう》の実相《じっそう》を思《おも》うことから限《かぎ》りなく生《う》まれてくるものであって、いま説《と》いた六つの教《おし》えが、人間《にんげん》の心《こころ》のはたらき（六情根《ろくじょうこん》）を正《ただ》しくする方法《ほうほう》にほかならないのである。

端坐《たんざ》して実相《じっそう》を思《おも》え

四一八・二—四 これをひっくるめていえば、一切《いっさい》の業障《ごうしょう》はみな妄想《もうぞう》から起《お》こるのである。であるから、もし自分《じぶん》の業障《ごうしょう》を懺悔《さんげ》しようと思《おも》うならば、静《しず》かにすわって、諸法《しょほう》の実相《じっそう》を深《ふか》く考《かんが》えることである。

慧日《えにち》よく消除《しょうじょ》す

罪《つみ》というものは、もともと存在《そんざい》するものではなく、人間《にんげん》の迷《まよ》いから生《しょう》じた仮《かり》の現《あら》われであって、ちょうど霜《しも》や露《つゆ》のようなものである。智慧《ちえ》の太陽《たいよう》が射《さ》せばたちまち消《き》え失《う》せてしまうものである。であるから、ひたすら実相《じっそう》を思《おも》うことによって、六情根《ろくじょうこん》を洗《あら》い清《きよ》めなければならないのである。」

この「若《も》し懺悔《さんげ》せんと欲《ほっ》せば　端坐《たんざ》して実相《じっそう》を思《おも》え　衆罪《しゅざい》は霜露《そうろ》の如《ごと》し　慧日《えにち》能《よ》く消除《しょうじょ》す」という一句《いっく》は、短《みじ》かいことばの中《なか》に仏教《ぶっきょう》の神髄《しんずい》を尽《つ》くしたもので、ほんとうに尊《とうと》いものであります。かならず暗誦《あんしょう》して、胸《むね》に刻《きざ》みつけておくべき句《く》であります。

この偈《げ》を説《と》き終《お》わられた世尊《せそん》は、四一八・五—四一九・一 仏の滅後において大乗《だいじょう》の教《おし》えを持《たも》ち、説《と》きひろめることの功徳《くどく》をお説《と》きになり、また懺悔《さんげ》の功徳《くどく》についてつぎのようにお説《と》きになります。

「わたしも、菩薩《ぼさつ》というものと、仏《ほとけ》というものと、そして大乗《だいじょう》の教《おし》えの真実《しんじつ》の意味《いみ》を知《し》りえたために、長《なが》い間《あいだ》つくった罪《つみ》をすべて消滅《しょうめつ》させることができました。そして、このすぐれた懺悔《さんげ》の法《ほう》によって、仏《ほとけ》となることができたのです。ですから、みんなも、まっすぐに阿耨多羅三藐三菩提《あのくたらさんみゃくさんぼだい》に達《たつ》しようと思《おも》うならば、またそのままの身《み》で十方《じっぽう》の諸仏《しょぶつ》や普賢菩薩《ふげんぼさつ》と共《とも》にあるという自覚《じかく》を得《え》たいならば、身《み》を清《きよ》めて静《しず》かに大乗《だいじょう》の教《おし》えを学《まな》び、その意味《いみ》を深《ふか》く考《かんが》えることです。」

四一九・八―四二〇・五

そうして、これが懺悔《さんげ》というものに対《たい》する正《ただ》しい考《かんが》えかたであって、ほかの考《かんが》えはまちがっていることを、ふたたび強《つよ》くお教《おし》えになります。すなわち、昼夜《ちゅうや》六時《じ》に十方《じっぽう》の仏《ほとけ》を礼《らい》し、大乗経《だいじょうきょう》を誦《じゅ》し、仏《ほとけ》のお悟《さと》りになった最高《さいこう》の悟《さと》りである「空《くう》（すべてのものの仏性《ぶっしょう》の平等《びょうどう》）」をしっかりと考《かんが》えれば、どうしてもすべてのものの仏性《ぶっしょう》を拝《おが》み、それを引《ひ》き出《だ》してあげたいという願《ねが》いが湧《わ》いてくる、その慈悲《じひ》の願《ねが》いが生《しょう》ずれば、指《ゆび》を一度《いちど》はじくぐらいの短《みじ》かい間《あいだ》に、長《なが》い間《あいだ》つくってきた罪《つみ》を消滅《しょうめつ》することができるのである――と、お説《と》きになります。

そして、この懺悔《さんげ》をなすものこそ、ほんとうの仏《ほとけ》の子《こ》である、ただ仏《ほとけ》の教《おし》えがわかったというだけでは、まだほんものではない。懺悔《さんげ》によってすべての人《ひと》の仏性《ぶっしょう》を見《み》ることができ、それを引《ひ》き出《だ》す慈悲《じひ》の行《ぎょう》の実行《じっこう》を決心《けっしん》したとき、はじめて仏《ほとけ》の子《こ》といえるのである――と、お説《と》きになります。

そういう人《ひと》に対《たい》しては、十方《じっぽう》の諸仏《しょぶつ》や菩薩《ぼさつ》が「和上《わじょう》」となるとあります。「和上《わじょう》」というのは、新《あたら》しく出家《しゅっけ》したものが受戒《じゅかい》するときに、かならず仏《ほとけ》の教《おし》えを守《まも》りますという誓《ちか》いを立《た》てるのですが、その場《ば》合導師《あいどうし》としてその誓《ちか》いを受《う》ける人《ひと》のことをいいます。その和上《わじょう》の役《やく》を仏《ほとけ》ご自身《じしん》がつとめてやるとおおせられているのです。

また、あとに「羯磨《かつま》」ということばがありますが、これは受戒《じゅかい》の儀式《ぎしき》のときに、いままでの身《み》と心《こころ》の経歴《けいれき》を告白《こくはく》した文章《ぶんしょう》を書《か》いて読《よ》みあげるものです。そういう告白文《こくはくぶん》を書《か》かなくても、まえに述《の》べたような懺悔《さんげ》をしさえすれば、すでに菩薩戒《ぼさつかい》を受《う》けたと同様《どうよう》であるというのです。

そのことが解《わか》れば、つぎに、菩薩戒《ぼさつかい》を身《み》に具《そな》えようと願《ねが》う行者《ぎょうじゃ》はこう念《ねん》ぜよと教《おし》えられてあることばも、ほぼ理解《りかい》できることと思《おも》います。すなわち、

四二〇・八―四二一・九 諸仏世尊は常に世《よ》に住在《じゅうざい》したもう。我業障《われごうしょう》の故《ゆえ》に方等《ほうどう》を信《しん》ずと雖《いえど》も仏《ほとけ》を見《み》たてまつること了《あきら》かならず。今仏《いまほとけ》に帰依《きえ》したてまつる。唯願《ただねが》わくは釈迦牟尼仏正遍知世尊《しゃかむにぶつしょうへんちせそん》、我《わ》が和上《わじょう》と為《な》りたまえ。文殊師利《もんじゅしり》具大悲者《ぐだいひしゃ》、願《ねが》わくは智慧《ちえ》を以《もっ》て我《われ》に清浄《しょうじょう》の諸《もろもろ》の菩薩《ぼさつ》の法《ほう》を授《さず》けたまえ。弥勒菩薩勝大慈日《みろくぼさつしょうだいじにち》、我《われ》を憐愍《れんみん》するが故《ゆえ》に亦《また》我《わ》が菩薩《ぼさつ》の法《ほう》を受《う》くることを聴《ゆる》したもうべし。十方《じっぽう》の諸仏《しょぶつ》、現《げん》じて我《わ》が証《しょう》と為《な》りたまえ。諸大菩薩各其《しょだいぼさつおのおのそ》の名《な》を称《しょう》して、是《こ》の勝大士《しょうだいじ》、衆生《しゅじょう》を覆護《ふご》し我等《われら》を助護《じょご》したまえ。今日方等経典《こんにちほうどうきょうてん》を受《じゅ》持《じ》したてまつる、乃至失命《ないししつみょう》し設《たと》い地獄《じごく》に堕《お》ちて無量《むりょう》の苦《く》を受《う》くとも、終《つい》に諸仏《しょぶつ》の正法《しょうぼう》を毀謗《きほう》せじ。是《こ》の因縁《いんねん》・功徳力《くどくりき》を以《もっ》ての故《ゆえ》に、今釈迦牟尼仏《いましゃかむにぶつ》、我《わ》が和上《わじょう》と為《な》りたまえ。文殊師利《もんじゅしり》、我《わ》が阿闍梨《あじゃり》と為《な》りたまえ。当来《とうらい》の弥勒《みろく》、願《ねが》わくは我《われ》に法《ほう》を授《さず》けたまえ。十方《じっぽう》の諸仏《しょぶつ》、願《ねが》わくは我《われ》を証知《しょうち》したまえ。大徳《だいとく》の諸《もろもろ》の菩薩《ぼさつ》、願《ねが》わくは我《わ》が伴《ばん》と為《な》りたまえ。我今大乗経典甚深《われいまだいじょうきょうでんじんじん》の妙義《みょうぎ》に依《よ》って仏《ほとけ》に帰依《きえ》し、法《ほう》に帰《き》依《え》し、僧《そう》に帰依《きえ》すと

このように三《み》たび説《と》けと教《おし》えられてあります。まことに、仏教徒《ぶつきょうと》の信仰《しんこう》と願望《がんもう》をいい尽《つ》くしたことばです。「我《わ》が証《しょう》と為《な》りたまえ」および「我《われ》を証知《しょうち》したまえ」というのは、「わたくしがこの誓《ちか》いを実行《じっこう》するかしないか、証人《しょうにん》としてごらんになっていてください」という意味《いみ》です。「勝大士《しょうだいじ》」とは、すぐれた大士《だいじ》すなわち菩薩《ぼさつ》のことです。

ここに、「まかりまちがって地獄《じごく》に落《お》ちるようなことがあっても、仏《ほとけ》の正法《しょうぼう》をそしりません」ということばがありますが、これでこそほんとうの信仰《しんこう》といえましょう。信仰《しんこう》の功徳《くどく》が急《きゅう》に現《あら》われてこないと、すぐ「神《かみ》も仏《ほとけ》もあるものか」などと謗法《ほうぼう》のことばを吐《は》くなどということは、それはみずから救《すく》いの綱《つな》を手放《てばな》す人《ひと》です。正法《しょうぼう》を信《しん》じて地獄《じごく》に落《お》ちることは万《まん》が一《いち》にもあるはずがないのですけれども、たとえそんなことがあったとしても、あくまで正法《しょうぼう》を信《しん》ずるという気持《きもち》こそ、ほんとうに純粋《じゅんすい》な信仰心《しんこうしん》であって、そういうひとこそ、そのまま救《すく》われる人《ひと》であります。

「阿闍梨《あじゃり》」というのは、受戒《じゅかい》の儀式《ぎしき》のとき「和上《わじょう》」の助手《じょしゅ》として受戒者《じゅかいしゃ》にいろいろと指図《さしず》をする役目《やくめ》の人《ひと》です。「当来《とうらい》の弥勒《みろく》うんぬん」というのは、これから後《のち》の世《よ》に仏《ほとけ》にかわって娑婆《しゃば》に出《で》てこられるといわれている弥勒菩薩《みろくぼさつ》に、どうぞ教《おし》えを授《さず》けてくださいと願《ねが》うのです。「我《わ》が伴《ばん》と為《な》りたまえ」というのは、信仰《しんこう》の道連《みちづ》れとしてわたしを指導《しどう》してくださいという意味《いみ》です。

そして、最後《さいご》に、仏法僧《ぶっぽうそう》の三宝《さんぼう》に帰依《きえ》することを誓《ちか》うのですが、これについては四三九—四四一頁《ページ》に詳《くわ》しく述《の》べましたから、省略《しょうりゃく》いたします。

[四二一・九―一一]三宝に帰依することを誓《ちか》ったら、こんどは自分《じぶん》の行《おこ》ないについて、六重《じゅう》の誓《ちか》いを立《た》て、また一切《いっさい》の衆《しゅ》生《じょう》を救《すく》おうという心《こころ》（曠済《こうさい》の心《こころ》）をもって八重《じゅう》の誓《ちか》いを立《た》てるとあります。六重《じゅう》というのは「1殺生《せっしょう》をしない、2盗《ぬす》みをしない、3邪淫《じゃいん》を行《おこ》なわない、4うそをつかない、5酒《さけ》を飲《の》まない、6人《ひと》のあやまちをいいふらさない」の六つの戒《いまし》めを守《まも》ること、八重《じゅう》というのはそれに「7自分《じぶん》のあやまちをかくすようなことをしない、8他人《たにん》のわるいところだけをとりあげて非難《ひなん》するようなことをしない」の二《ふた》つの戒《いまし》めを加《くわ》えたものです。

[四二一・一一―四二二・二]この誓いを立てたら、静《しず》かな場所《ばしょ》で諸仏《しょぶつ》・諸菩薩《しょぼさつ》・大乗《だいじょう》の教《おし》えを供養《くよう》して、「わたしはいま、仏《ほとけ》の智《ち》慧《え》を成就《じょうじゅ》したいという志《こころざし》を起《お》こしました。願《ねが》わくはこの志《こころざし》が一切《いっさい》の人《ひと》びとを救《すく》うことに役立《やくだ》ちますように」と念《ねん》ぜよ――とあります。これが菩薩《ぼさつ》の誓《ちか》いです。

[四二二・二―八]そうして、諸仏《しょぶつ》・諸菩薩《しょぼさつ》を礼《らい》し、大乗《だいじょう》の教《おし》えを念《ねん》じながら一日《いちにち》ないし三七日一心《さんしちにちいっしん》に行《ぎょう》ずれば、出家《しゅっけ》・在家《ざいけ》にかかわらず、そして和上《わじょう》や阿闍梨《あじゃり》その他《た》の指導者《しどうしゃ》はなくても、告白文《こくはくぶん》は書《か》かなくても、大乗《だいじょう》の教《おし》えを受持《じゅじ》し、読誦《どくじゅ》して得《え》られる力《ちから》により、また普賢菩薩《ふげんぼさつ》の助《たす》けによって、戒《かい》・定《じょう》・慧《え》・解《げ》脱《だつ》・解脱知見《げだつちけん》（四一頁参照《ページさんしょう》）の五つの大《おお》きな力《ちから》を成就《じょうじゅ》することができる。諸仏如来《しょぶつにょらい》も、はじめから仏《ほとけ》であったのではなく、すべて大乗《だいじょう》の教《おし》えによって仏《ほとけ》になられたのであることを、ここで改《あらた》めて思《おも》い出《だ》してみることである――と教《おし》えられてあります。

そのつぎに、沙門《しゃもん》（僧侶《そうりょ》）の懺悔《さんげ》と、刹利《せつり》・居士《こじ》（普通一般人《ふつういっぱんじん》と解《かい》していい）の懺悔《さんげ》に分《わ》けて、さらにくわしく説《と》かれてありますが、僧侶《そうりょ》のほうのことはこの本《ほん》の読者《どくしゃ》には直接《ちょくせつ》の関係《かんけい》がありませんから省略《しょうりゃく》することとして、四二三・一〇―四二四・九 普通一般人の懺悔《さんげ》についての教《おし》えのみを解説《かいせつ》することにしましょう。

第《だい》一に、正《ただ》しい心《こころ》をもって、「仏《ほとけ》」と「仏《ほとけ》の教《おし》え」と「仏法《ぶっぽう》を信《しん》ずる教団《きょうだん》」の三宝《さんぽう》を重《おも》んじ、それに背《そむ》くことがあってはいけない。出家《しゅっけ》の人《ひと》びとの修行《しゅぎょう》の障《さわ》りになるようなことをしてはならない。まして梵行人《ぼんぎょうにん》（出家《しゅっけ》）に対《たい》して迫害《はくがい》を加《くわ》えるようなことがあってはならない。いつも六つの大切《たいせつ》なものを念《ねん》ずることを忘《わす》れてはいけない。その六つのものとは、仏《ぶつ》・法《ほう》・僧《そう》・戒《かい》・施《せ》・天《てん》のことです。天《てん》というのは、ここでは「世《よ》の汚《けが》れから離《はな》れる」という意味《いみ》に解《かい》すればいいでしょう。そして、大乗《だいじょう》の教《おし》えを持《たも》つものが不自由《ふじゆう》をしないように面倒《めんどう》を見《み》（供給《くきゅう》し）、感謝《かんしゃ》をささげ、かならず礼拝《らいはい》しなければならない。また、大乗《だいじょう》の深《ふか》い教《おし》えである第《だい》一義空《ぎくう》（諸法実相《しょほうじっそう》）をつねに心《こころ》に思《おも》っていなければならない。これが、普《ふ》通人《つうじん》の第《だい》一の懺悔《さんげ》の法《ほう》である――とあります。

第《だい》二の懺悔《さんげ》とは、父母《ふぼ》に孝行《こうこう》を尽《つ》くし、師長《しちょう》を敬《うやま》うこと。

第《だい》三の懺悔《さんげ》とは、正法《しょうぼう》をもって国《くに》を治《おさ》め、まちがった考《かんが》えで人民《じんみん》をわるいほうへ導《みちび》かないこと。

第《だい》四の懺悔《さんげ》とは、これはインドの風習《ふうしゅう》で、月《つき》に六度《ど》ある特別《とくべつ》な精進日《しょうじんび》に、人《ひと》びとに殺生《せっしょう》を行《おこ》なわしめないこと。これを現実《げんじつ》にあてはめれば、あらゆるものの生命《せいめい》を尊重《そんちょう》する思想《しそう》を人《ひと》びとに植《う》えつけること、といっていいでしょう。

第五《だい》の懺悔《さんげ》とは、まず因果《いんが》の道理《どうり》を深《ふか》く思《おも》うことです。すなわち、よい種《たね》をまけばかならずよい実《み》を結《むす》ぶ、わるい種《たね》をまけばかならずわるい結果《けつか》が現《あら》われるという原理《げんり》をしっかり理解《りかい》することです。その結果《けつか》の現《あら》われに早《はや》い遅《おそ》いはあっても、いつかはそうなることにまちがいはないのです。このことを深《ふか》く思《おも》えば、もうわるいことはできなくなります。

また、「一実《いちじつ》の道《どう》を信《しん》じ」とあります。つまり、仏《ほとけ》に到《いた》る唯一《ゆいいつ》の道《みち》である菩薩道《ぼさつどう》を信《しん》ずることです。そして、久遠《くおん》の仏《ほとけ》はつねにわれわれと共《とも》にあられるということを自覚《じかく》することです。これが第五《だい》の懺悔《さんげ》でありますが、この第五《だい》が最《もっと》も根本的《こんぽんてき》なものであることは、いうまでもありません。

四二四・九―四二五・一 そこで、仏は阿難《あなん》にむかって、最後《さいご》のしめくくりのことばをお述《の》べになります。

「阿難《あなん》よ。もし末世《まつせ》において、このような懺悔《さんげ》の法《ほう》を修習《しゆしゆう》するものがあったならば、その人《ひと》は自《みずか》らを反《はん》省《せい》するというこの上《うえ》もなく美《うつく》しい徳《とく》を身《み》につけ、諸仏《しよぶつ》に守《まも》り助《たす》けられて、長《なが》い年月《としつき》を経《へ》ることなく阿耨《あのく》多羅三藐三菩提《たらさんみやくさんぼだい》を成《じよう》ずることができるでありましょう。」

こうお説《と》き終《お》わりになりますと、多《おお》くの天子《てんし》たちは、あらゆるもののほんとうの相《すがた》や性質《せいしつ》をみることのできる美《うつく》しい心《こころ》をもつようになり、弥勒菩薩《みろくぼさつ》をはじめとする諸大菩薩《しよだいぼさつ》、阿難《あなん》をはじめとする声聞《しようもん》・縁《えん》覚《がく》の人《ひと》びとも、心《こころ》の底《そこ》からの喜《よろこ》びを覚《おぼ》え、この教《おし》えをかならず実践《じつせん》しようという決心《けつしん》を起《お》こして、世尊《せそん》たのであります。

に無限《むげん》の感謝《かんしゃ》をささげました。こうして、「観普賢経《かんふげんきょう》」の説法会《せっぽうえ》は、大《おお》きな感銘《かんめい》をもって終《お》わりとなっ

このお経《きょう》は、密度《みつど》の高《たか》い、そして非常《ひじょう》にむずかしいお経《きょう》ですから、あるいは頭《あたま》にはいりにくいことがあったかもしれませんが、まとめていえば、――懺悔《さんげ》とは、つまり大乗《だいじょう》の教《おし》えを学《まな》び、実行《じっこう》することにある。そして、いいかげんなところで自分《じぶん》と妥協《だきょう》せず、あくまでも心《こころ》の迷《まよ》いや汚《けが》れを一《ひと》つ一《ひと》つぬぐい去《さ》って、自分《じぶん》の仏性《ぶっしょう》を磨《みが》きあげていくところにある。そして、その極致《きょくち》は、法華経《ほけきょう》で教《おし》えられた諸法実相《しょほうじっそう》を悟《さと》るところにあるのだ。また、人《ひと》のため世《よ》のためにつくす菩薩行《ぼさつぎょう》にこそ、懺悔《さんげ》の実践《じっせん》があるのである――ということになります。

懺悔《さんげ》は、宗教生活《しゅうきょうせいかつ》にとって欠《か》くことのできない大切《たいせつ》なことがらです。このお経《きょう》をくりかえしくりかえし読誦《どくじゅ》して、その神髄《しんずい》を悟《さと》り、日々《ひび》実践《じっせん》してゆきたいものであります。

これで、「法華三部経《ほっけさんぶきょう》」はすべて終《お》わりました。全体《ぜんたい》をずっと学《まな》んできて、さてわが身《み》をふりかえってみたとき、自分《じぶん》の現実《げんじつ》が比《くら》べものにならないほどみすぼらしいことに、茫然《ぼうぜん》たる思《おも》いをされるかもしれません。ある人《ひと》が「法華経《ほけきょう》」を読《よ》んで、あまりの深遠《しんえん》さにこわくなってしまったと――告白《こくはく》したということも聞《き》いています。

その気持《きもち》には一応《いちおう》うなずけるものがありますが、しかし、ひっきょうそれは読《よ》みかたが足《た》りないのであって、くりかえして深《ふか》く読《よ》んでいるうちに、「法華三部経《ほっけさんぶきょう》」は、その日《ひ》その場《ば》からわれわれを救《すく》いへ導《みちび》いてくださる教《おし》えであることがわかってくるはずです。そうして、その中《なか》のただ一《ひと》つの教《おし》えからでもいい、ほんのささいなことからでもいいから、実行《じっこう》することがかんじんです。とうてい自分《じぶん》などが及《およ》びもつかない教《おし》えだ——などと思《おも》ってはならぬことは、「法華経《ほけきょう》」の中《なか》にも、何度《なんど》も教《おし》えられてあります。

そのことについて、「百喩経《ひやくゆきょう》」というお経《きょう》の中《なか》にたいへん適切《てきせつ》な例話《れいわ》が説《と》かれていますから、それを紹介《しょうかい》してこの本《ほん》の結《むす》びのことばにかえましょう。

あるところに、たいへん愚《おろ》かな人間《にんげん》がいました。のどが渇《かわ》いてたまらないので、水《みず》を探《さが》してあちこち歩《ある》きまわっていると、幸《さいわ》いシンド河《が》のほとりへ出《で》ました。ところが、その男《おとこ》は川《かわ》べに茫然《ぼうぜん》とたたずんだまま、水《みず》を飲《の》もうともしません。そばにいた人《ひと》が不思議《ふしぎ》に思《おも》って、

「きみは、どうして水《みず》を飲《の》まないのだい？」

と、たずねました。すると、その男《おとこ》は答《こた》えました。

「飲《の》みたくてたまらないんだが、あんまり水《みず》が多過《おおす》ぎて、とても飲《の》み尽《つ》くすことはできそうもない。だから、どうしようかと思《おも》っているんだ。」

「法華経《ほけきょう》」の教《おし》えに対《たい》しても、世《よ》のすべての人《ひと》が、このような考《かんが》えをもつことのないようにしていただきたいと、願《ねが》ってやまないものであります。

索　引

ア

イ

ウ

エ

オ

カ

キ

ス

セ

ソ

タ

チ

ツ

テ

ト

ナ

ニ

ネ

ノ

ハ

ヒ

フ

へ

ホ

マ

ミ

ム

メ

モ

ユ

ヨ

ラ

リ

ル

レ

ロ

ワ

法華経の新しい解釈　ワイド版3

平成24年10月1日　初版第1刷発行
令和5年2月20日　初版第8刷発行

著　者　庭野日敬
発行者　中沢純一
発行所　株式会社佼成出版社
〒166-8535　東京都杉並区和田2-7-1
電話　03-5385-2317（編集）
03-5385-2323（販売）
印刷所　小宮山印刷株式会社
製本所　株式会社若林製本工場

乱丁本・落丁本はお取替えいたします。

ISBN978-4-333-00710-3 C0015